사랑과 죽음의 노래
- 근대 대중가요 작사가론 -

이 저서는 2013년 정부(교육부)의 재원으로 한국연구재단의 지원을 받아 수행된 연구임(NRF-2013S1A6A4A02013169)

사랑과 죽음의 노래

근대 대중가요 작사가론

장유정 지음

경인문화사

일러두기

1. 인용문과 노래 가사 등은 원문이 있는 경우 원문대로 표기하되, 경우에 따라 가독성(可讀性)을 높이기 위해 띄어쓰기만 적용한다.
2. 음반 서지 사항은 제목, 작사자, 작곡자, 가수, 음반회사(음반번호), 발매 연도의 순으로 적는다.
3. 곡종명은 당시의 곡종명을 따른다. 예를 들어, 오늘날의 '트로트'는 당시에는 존재하지 않았던 용어이다. '유행가'라 지칭하던 것에 포함되어 있었을 뿐이다. 따라서 당시의 곡종명을 따라 '유행가'라 표기한다. 다만 '유행가'는 당시에 유행했던 노래를 범박하게 지칭하기도 하므로 필요에 따라 '트로트'를 병기하기로 한다.
4. 각 장의 말미에 원 논문의 출처를 밝힌다.

| 서 막 |

사랑과 죽음을 노래한 근대 대중가요 작사가들

왜 근대 대중가요 작사가론인가?

"사물을 가장 잘 아는 법이 방법적 사랑이고 사랑의 가장 잘 된 표현이 노래이고 그 노래가 신나게 흘러 다닐 수 있는 세상이 가장 좋은 세상이라면, 그렇다면 형은 어떤 사랑을 숨겨 지니고 있습니까?"
-정현종의 〈사랑 사설 하나 -자기 자신에게〉-

근대 대중가요 작사가론을 기획하고 작사가 한명 한명에 대한 논문을 쓰기 시작한 것은 꽤 오래 전부터의 일이다. 일제강점기 대중가요로 박사학위 논문을 쓰기 위해 자료를 수집하면서 대중가요 작사가들에게 관심을 기울였고, 2004년에 서울대 대학원 국어국문학과에서 「일제강점기 대중가요 연구-유성기 음반 자료를 중심으로」란 논문으로 박사학위를 받은 후부터 본격적으로 작사가론을 쓰기 시작했다. 가장 먼저 쓴 근대 대중가요 작사가론은 2005년에 발표한 안서 김억에 대한 것이었다. 안서 김억이 쓴 대중가요 가사를 모아서 소개하고, 그때까지 정체가 밝혀지지 않았던 '김포몽'이 안서 김억의 예명이란 것을 처음으로 밝힌 논문이었다. 그렇게 안서 김억에 대한 논문을 시작으로 해서 약 10년 동안 8명의 작사가론을 완성했다. 이 책은 그 연구의 결과물을 모은 것이다.

사실, 대중가요라는 것이 기본적으로 음악과 문학이 결합하여 만들어진 것이므로 가사만으로 무언가를 말하는 것은 애초부터 한계를 지닐 수밖에 없다. 그럼에도 불구하고 작사가와 그들이 쓴 가사에 주목한 것은 다음의 이유에서이다.

첫째, 노랫말에 작사가의 자의식이 담겨 있기 때문이다. 대중가요는 애초부터 근대의 산물이다. 여기서 '근대의 산물'이라는 것은, 대중가요라는 것이 '작사가와 작곡자가 근대매체를 통해 대중에게 유통시킬 목적으로 창작하여 가수에게 부르게 한 노래'라는 것을 뜻한다. 그 전까지 민요나 잡가 등의 경우에는 작사자와 작곡자가 누구인지 알 수 없었고, 중요하지도 않았다. 그러던 것이 대중가요가 등장하면서 작사자와 작곡자들이 자신들의 정체를 드러냈고 심지어 중요한 구실까지 했다. 단적인 예로, 이하윤은 시인이자 대중가요 작사가이면서 콜럼비아 음반회사의 문예부장을 지내기도 했다. 대중가요와 밀접한 관계를 지녔던 이하윤의 작품에는 이하윤만의 독특한 미감이 드러나기도 한다. 비록 대중가요가 기본적으로 이윤을 내겠다는 상업적인 목적에 따라 만든 것일지라도 특정 작사가가 만든 노랫말에서 그들의 자의식을 살펴볼 수 있다.

둘째, 근대 대중가요 작사가 중에 문인 출신이 많기 때문이다. 초창기 대중가요는 오늘날과 달리 전문 직업 작사가가 거의 없었다. 그에 따라 기존의 극작가나 시인들이 대중가요 작사에 참여하는 일이 많았다. 문인 출신의 작사가가 많다는 것이 그들 작품의 문학성을 담보하지는 않는다. 하지만 그들이 문인 출신이었기 때문에 어휘 선택이나 조어 방법 등에서 의식적으로든 무의식적으로든 노랫말이 지닐 수 있는 문학성을 고려했으리라 짐작한다. 실제로 이 시기에 나온 대중가요 노랫말 중에는 문학성이 뛰어난 작품들이 많다. 그 시절에 나온 대중가요 중에 오늘날까지 절창으로 불리는 것이 많다는 게 이를 증명하기도 한다. 어떤 노래가 생명력을 지닌 채 오랫동안 애창된다는 것은 음악성이든 문학성이든 그 노래가 사람들에게 공감을 얻었다는 것을 의미하기 때문이다.

　이러한 이유로 근대 대중가요 작사가와 그들의 작품을 살펴볼 만하다. 하지만 대중가요 가사를 살펴보는 일이 시를 분석하는 것과 같을 수는 없다. 일단 대중가요의 노랫말은 그 음악적 형식을 고려한 채 만들어진 것이다. 말하자면 노래하기에 적합하도록 창작되었다. 그에 따라 시로 치면, 자유시보다 정형시가 많을 수밖에 없다. 근대시를 논할 때, 보통 1919년에 주요한이 발표한 자유시, 〈불놀이〉를 언급하곤 한다. 형식적으로 자유로운 이러한 시에서 '근대시'의 시작을 보는 것이다. 하지만 대중가요 가사에서 자유시와 같은 형식을 찾는다거나, 또는 그러한 형태의 가사가 나와야만 문학성을 갖추었다고 말할 수는 없다. 대중가요는 애초부터 유절 형식으로 이루어져 있고, 노래하기에 적합하도록 정형시에 가깝게 창작되었기 때문이다.

　그런데 어떤 대중가요 노랫말이 좋게 들리는 것은 단순히 그 가사가 주는 미감 때문만은 아니다. 훌륭한 노랫말이 멋진 선율과 만나 상승효과(synergy effect)를 낼 때, 우리는 그 노래를 선호하고 심지어 그 노래에 열광까지 한다. 그 때문에 노랫말을 분석하면서 음악적 갈래를 고려하고 그에 따라 달라지는 작법이나 특징까지 언급하고자 했다. 물론 당시에 갈래 인식이 명확하거나 완벽했다고 보기는 어렵다. 그러면서도 갈래에 따라 다른 특징이 드러나는 바, 이를 고려하고자 했다. 이렇게라도 음악적 형식을 헤아려 가사의 특징을 파악하고자 했다.

　이 책의 목적은 특정 노래가 어떻게 대중의 선호를 받아 인기가요가 되었나를 밝히는 것이 아니다. 그보다는 그 시절에 활동했던 작사가들의 작품을 수집하고 이를 정리하고 분석하면서 노랫말에 나타나는 특성들을 찾아내는 것에 주력했다. 아울러 각 작사가들의 생애 등을 재정리하면서 기존의 오류를 바로잡고 그들의 삶이 노랫말에 끼친 영향 등도 살펴보려

했다. 특히 작사가마다 선호하는 어휘가 있는 바, 이것이 무엇을 의미하는지도 언급하였다. 이를 위해 어휘빈도수를 따져 보고 이를 실제 작품 분석에 활용하고자 했다.

한편 이 책의 제목을 '사랑과 죽음의 노래'라 붙인 것은 "예술은 본질적으로 사랑과 죽음의 노래"라는 김동규의 말(『멜랑콜리 미학』, 문학동네, 2010, 11쪽)에 동의하기 때문이다. 예술, 노래는 본질적으로 사랑과 죽음의 노래이다. 도대체 인간의 삶에서 사랑과 이별을 노래하지 않는다면 무엇을 노래할 수 있겠는가 말이다. 찰스 다윈이 지적한 것처럼, "인간의 조상은 남성이든 여성이든 둘 다든, 분명한 언어로 사랑한다고 말할 수 있기 전에 멜로디와 리듬으로 서로를 매혹시키려고 했다." 태초에 노래가 있었던 것이다. 그러므로 수많은 노래가 사랑 노래인 것은 그저 자연스러운 일이다.

그리고 우리의 모든 삶의 끝에 죽음이 있다. 마르틴 하이데거의 말처럼, "삶이란 죽음을 향해 걸어가는 행진"을 의미하니까. 삶이 그러하듯, 모든 사랑의 끝에 이별이 있다. 이별 없는 사랑이나 고통 없는 사랑은 없다. 그러므로 모든 사랑은 애초부터 비극인지도 모른다. 그래서 모든 예술 작품이 사랑의 기쁨보다 사랑의 슬픔을 노래하는지도 모른다. 그런데 이는 영감이나 창의성과도 연결이 된다.

뇌 과학 측면에서 볼 때, 창의성과 뇌의 시상(thalamus) 부위의 도파민 수용체의 밀도는 반비례한다고 한다(김종성, 『뇌과학 여행자』, 사이언스북스, 2011, 340쪽). 도파민은 세라토닌과 함께 행복이나 즐거움 등을 느끼도록 해주는 호르몬이다. 그런데 창의성과 도파민 수용체의 밀도가 반비례한다는 것은, 창의성이 행복할 때보다 불행하거나 고통스러울 때 더 많이 나온다는 것을 의미한다. 생각해보면 수많은 예술 작품이 만족이나 풍족함이 아니라 결핍과 상처와 아픔과 고통 속에서 꽃을 피웠다. 노래에도 이별 노래가 많은 이유가 그것이다. 게다가 슬픔은 슬픔을 통해 치유되는 것이 아니던가!

비극적 낭만성과 희극적 세태성

"가장 슬픈 것을 노래한 것이 가장 아름다운 것을 노래한 것이다."
-박재삼-

이 시기 대중가요는 크게 두 가지 차원에서 살펴볼 수 있다. 비극적 낭만성과 희극적 세태성이 그것이다. 아직 완벽한 방법론으로 정착시키지는 못했으나 이 책 중간 중간에 비극적 낭만성을 언급하거나 희극적 세태성을 에둘러 표현하곤 했다. 나름대로 대중가요 가사 연구 방법론으로 고안해보고 싶었으나 이론화시키려면 갈 길이 멀다. 그 때문에 이 책에서는 작가론 각론에서 가볍게 언급하고 지나갔다. 하지만 언젠가는 좀 더 완전한 이론으로 만들어 보고 싶다.

이 시기 희곡이나 대중가요를 '신파(新派)'로 설명하는 입장이 있다. 하지만 이 용어로는 이전 시기 작품의 연속성이나 계승된 측면을 이야기할 수 없고, 동시대 작품 중 신파와 다른 질감을 드러내는 작품을 설명하지 못한다. 아울러 현대에 나오는 수많은 작품들과의 연계성도 설명할 수 없다. 다시 말해, 신파는 오직 특정 시대, 특정 작품에만 적용할 수 있는 용어이다. 신파가 특정 시기 특정 작품에 유효한 용어일 수 있으나, 이는 단절만 설명할 수 있을 뿐 연속선상에서 계승을 말하기엔 부적합하다.

이에 반해 비극적 낭만성과 희극적 세태성은 통시적으로 연속성과 단절성을 아우를 수 있으며, 상반된 두 방향의 모든 작품들을 포섭할 수 있다. 작사가들의 작품은 작가마다 독특한 질감을 드러낸다. 어휘, 주제, 구성 방식 등에서 모두 그러하다. 그러면서도 작가들의 작품은 크게 두 가지 모습을 보여준다. 그것이 비극적 낭만성과 희극적 세태성이다. 그리고 둘 중에서 비극적 낭만성이 더 많이 나타난다. 슬픈 노래가 더 많은 것과 같은 이유이다. 서양의 '멜랑콜리(melancholy)'와 유사한 개념인 비극적 낭만성은 말 그대로 '비극'과 '낭만'이 결합된 것이다. 풀어서 말하면, '슬프도록 아름다운' 내지는 '슬프지만 아름다운'이 되겠다.

그런데 신파와 달리 비극적 낭만성은 근대 이후에 발명되었거나 어느 날 갑자기 출현한 것이 아니다. 상식으로 생각해 봐도, 과거에 나온 수많은 노래에서 우리는 비극적 낭만성을 떠올릴 수 있다. 〈황조가〉나 〈공무도하가〉와 같은 고대 가요에서조차 비극적 낭만성을 떠올릴 수 있는 것이다. 그 시대마다 비극적 낭만성을 표현하는 방식이나 구체적인 내용이 달라질 뿐이지, 모든 작품은 애초에 비극적 낭만성이나 희극적 세태성을 보여준다 해도 틀리진 않을 것이다. '신파'가 아닌 '비극적 낭만성'이라는 용어를 사용하려는 이유가 바로 그것이다. 게다가 실제로 김억, 이하윤, 유도순 등의 가사에서 이전 시기 전통가요와의 연속성을 찾을 수 있다. 이러한 연속성을 아우르며 작품을 분석하려면 '신파'라는 용어로는 한계에 부딪힐 수밖에 없다.

그런가 하면, 비극적 낭만성과 상대되는 개념으로 희극적 세태성을 언급할 수 있다. 희극적 세태성은 코믹 송(comic song)에 해당하는 '만요(漫謠)'에서 찾을 수 있다. 보통 우리나라의 전통적인 정서로 '한(恨)'을 말하곤 한다. 하지만 그 반대편에 '흥'이나 '신명'도 있다. '한'이 '눈물로 눈물 닦기'라면, '흥'이나 '신명'은 '웃음으로 눈물 닦기'이다. 시대마다 작품마다 '비극적 낭만성과 희극적 세태성' 중 하나가 우세하게 나타날 수 있으나, 그 중 한 가지만으로 우리의 삶과 노래를 설명할 수 없다.

그렇다면 희극에 '세태성'을 붙인 이유는 무엇일까? 만요처럼 웃음을 지향하는 노래나 작품의 경우는 당시 사람들이 살고 있는 세상의 상태나 형편을 보여주기 때문이다. 풍자든 해학이든 세태와 관련된 웃음을 보여주는 것을 '희극적 세태성'이라 할 수 있다. 이는 만요뿐 아니라 이전 시기와 이후 시기 예술 작품에서도 종종 볼 수 있다. 가면극이나 현대의 희극 내지 코믹 송(comic song) 등에서 희극적 세태성을 얼마든지 찾을 수 있다.

이처럼 이 시기 대중가요뿐만 아니라 이전 시기와 이후 시기의 대중가요 등의 작품들을 살펴보는데 있어서 비극적 낭만성과 희극적 세태성은 유용할 수 있다. 단절과 계승의 모든 요소들을 아우르면서 비극적 낭만성과 희극적 세태성의 같고 달라진 양상을 찾을 수 있다. 이러한 이론을 정교하게 다듬어 우리나라 작품의 비극적 낭만성과 희극적 세태성을 정리하고 나면, 서양이나 여타 나라의 그것들과 같고 다른 특성도 밝힐 수 있다. 단절이 아닌 계승을 고려하고, 모든 작품들을 아우를 수 있는 이론으로 비극적 낭만성과 희극적 세태성을 정리하고 발전시키고 싶었으나 아직 이론화 초기 단계에 있다.

앞으로 비극적 낭만성과 희극적 세태성을 이론으로 정립시켜 대중가요를 비롯한 다양한 예술 작품을 분석하는 도구로 삼고 싶다. 이 책은 그 작업을 본격적으로 수행하기에 앞서 시험적으로 시도하는 시론으로서의 성격을 지닌다.

내 사랑이 그대에게 가 닿기를

"모든, 닿을 수 없는 것들을 사랑이라 부른다. 모든, 품을 수 없는 것들을 사랑이라 부른다. 모든, 만져지지 않는 것들과 불러지지 않는 것들을 사랑이라 부른다. 모든, 건널 수 없는 것들과 모든, 다가오지 않는 것들을 기어이 사랑이라고 부른다…"

-김훈의 〈바다의 기별〉 중-

'하이퍼그라피아(hypergraphia)'라는 것이 있다. 이 병은 글을 쓰고 싶어 안달이 나 글을 쓰지 않으면 조바심이 나는 증상의 뇌 질환이다. 도스토예프스키가 그 병에 걸렸을 거라 추정하는데, 그는 장편소설 한 편을 27일 만에 썼다 한다. 이런 말을 해도 되는지 모르겠으나, 난 가끔 차라리 내가 그 병에 걸리면 좋겠다는 생각을 한다. '창조적 열병'·'한밤중에 걸리는 질병(midnight disease)'·'신성한 질병' 등으로 불리는 이 병이 난 부럽다.

이 책을 내는 데까지 참으로 많은 시간이 걸렸다. 2005년부터 쓴 작가론을 한편 한편 모았으니 실제로는 13년이 걸린 셈이다. 자꾸만 주저하고 머뭇거리고 서성이고, 바쁘다는 핑계로 부러 외면했던 것은 부족하다는 생각 때문이다. 부족하고 부끄럽다는 생각에 나는 그저 세월만 보냈다. 그리고 더 이상 미룰 수 없는 상황에 이르러서야 나는 책을 낼 수 있었다. 완벽하겠다는 불가능의 꿈을 접고 어깨에 힘을 빼니 나오긴 나오나 보다.

"모든, 닿을 수 없는 것들을 사랑이라 부른다."고 했던가! 내 모든 사랑은 닿을 수 없는 사랑이었다. 그렇게 난 끝없이 사랑에 실패했고 앞으로도 계속 실패할 것이다. 어쩌면 나는 과거에 사는 사람인지도 모르겠다. 영화 〈Midnight In Paris〉 속 주인공이 밤에 1920년대 수많은 예술가를 만나듯, 나는 계속 과거로 가 있곤 한다. 이미 죽어 이 세상 사람이 아닌 그들을 만나 혼자 웃고 울고 글 쓰고 노래하며 시간을 보낸다. 때로 어떤 일은 너무 궁금해서, 혹은 이게 맞는지 저게 맞는지 확신이 서지 않을 때, 타임머신이 있어 그 시절로 가 그들을 직접 만나 그들에게 질문을 건네고 싶은 욕망에 빠지기도 한다. 이러나저러나 결국 이 모든 사랑도 내겐 그저 실패한 사랑이다.

그러므로 이 책은 내 실패한 사랑의 결과물이다. 모든 날이 그러했던 것은 아니겠지만, 지난날의 나는 아프고 외롭고 힘들고 슬프고 서글프고 고독하고 괴로웠다. 그때마다 나는 공부했고 그 덕분에 많은 논문을 쓰며 여기까지 올 수 있었다. 아마 앞으로도 나는 채워지지 않는 결핍과, 시시때때로 나를 괴롭히는 추억과, 뼛속까지 스며드는 그리움과 더불어 살아갈 것이다. 그래도 괜찮다. 결핍과 그리움이, 실패한 사랑이 도리어 나를 살아가게 할 터이니.

그러다 어느날 내 사랑이 그대에게 가 닿는다면 참 좋겠다. 그러므로 나는 그저 바란다. 이 책을 펼칠 그대에게 내 사랑이 가 닿기를, 그대가 실패한 내 사랑 노래에 공감해 주기를.

2018년,
어디선가 따뜻한 바람이 불어오는 사월에
장유정

| 차 례 |

5 ❖ 서막 사랑과 죽음을 노래한 근대 대중가요 작사가들

17 **금릉인** 향수와 향토성을 노래하다

51 **김성집** 일상의 소재화와 해학성을 추구하다

83 **김 억** 민요 전통의 계승과 변이를 보여주다

123 **박노홍** 반복과 상호텍스트성의 가사 작법을 구현하다

147 **유도순** 애상성과 향토성을 지향하다

181 **이하윤** 애상과 슬픔의 정조를 표현하다

217 **조명암** 갈래에 따라 다른 정서를 지향하다

253 **반야월** 낭만적 경향과 사실적 경향의 공존을 보여주다

291 ❖ 종막 감사의 말

금릉인(金陵人)
향수와 향토성을 노래하다

금릉인

Ⅰ. 머리말

　　1981년, 창사 20돌을 기념하면서 MBC에서는 '한국가요 대조사'를 실시하였다. 1926년에 발매된 〈사의 찬미〉부터 1981년 당시에 유행하던 조용필의 〈고추잠자리〉에 이르기까지 60년 동안 인기를 모았던 1천곡의 목록을 만든 후, 설문 조사와 면접 조사를 통해 인기곡 100곡을 정리한 것이다. 100곡의 작사가 분포를 보면, 반야월과 유호가 각각 6곡으로 1위를 차지했다. 이어서 금릉인은, 길옥윤, 이부풍, 손석우와 더불어 3곡으로 공동 2위에 올랐다. 게다가 금릉인이 작사한 〈타향(타향살이)〉은 남녀별 인기베스트 10곡에서 각각 9위와 10위를 차지하였다. 연령대별로 차이가 있기는 했으나, 이 조사를 통해 1960년대 이전에 발매되고 향유되었던 노래가 1980년대 당시에도 여전히 인기가 있었다는 것과, 작사가 금릉인의 위상이 결코 낮지 않다는 것을 확인할 수 있다.[1]

　　이처럼 금릉인은 1980년대까지도 인기곡 작사가로 인구에 회자되곤 했으나 현재 그를 기억하는 사람은 많지 않다. 비록 27살이라는 젊은 나이에 유명을 달리하였으나, 일제강점기에 작사가로 활약했던 금릉인(金陵人: 1910~1937)이 한국 대중가요사에 남긴 발자취는 작지 않다. 1930년대 중반에 오케 음반 회사에서 문예부장을 지냈을 뿐만 아니라 그가 작사한 〈타향〉, 〈사막의 한〉, 〈이원애곡〉 등은 오늘날까지도 애창되고 있기 때문

----
1 『경향신문』 1981년 11월 11일.

이다.

하지만 그에 대한 올바른 평가는 차치하고 그의 신상조차 제대로 밝혀지지 않은 실정이다. 상황이 이러하다 보니, 그와 그의 작품에 대한 학계의 관심은 거의 없다시피 했다.2 더 큰 문제는 현재 인터넷에 유포되어 있는 금릉인의 정보에 오류가 많다는 것이다. 그의 고향은 물론이거니와 그가 작사한 작품명조차 정확하지 않다. 이에 문제의식을 느낀 필자는 금릉인에 대한 정확한 생애를 밝히는 동시에 그가 작사한 작품의 전반적인 양상과 작품에서 드러나는 특징을 살펴보기 위해 본고를 기획하였다.

II. 금릉인의 생애

금릉인의 생애를 살펴보기에 앞서 현재 한국역대인물종합정보시스템과 네이버 지식백과(두산백과)에서 제공하고 있는 금릉인에 대한 정보를 제시하면 다음과 같다.

> 김능인(金陵人)(1911년~미상) 대중가요 작사가. 본명은 승응순(昇應順). 천도교 가정에서 성장하면서 동시를 쓰며, 동인회 '희망사'를 조직하여 그 회장으로 활약하였다. 아동문학가 윤석중(尹石重)과 청소년시절을 함께 보낸 문필가로 한때 신문사 기자생활도 하였다.
> 1920년대 후반 처음으로 대중가요계에 등단하였으며, 1933년 손목인(孫牧人)작곡의 〈타향〉(뒤에 타향살이로 개칭)의 노랫말을 만든 것을 계

---

2 2017년 현재까지 금릉인에 대한 논문은 두 편이 전부이다. 필자가 처음으로 금릉인의 생애와 작품세계에 대한 논문을 작성했고, 이후에 민경탁이 「작가 금릉인의 음악 인생과 가요사적 업적」, 『대중음악』10호, 한국대중음악학회, 2012에서 금릉인을 다루었다.

기로 수많은 노랫말을 지었다. 그 중 대표적인 것으로는 1934년 〈휘파람〉, 1936년 〈짝사랑〉, 1940년 〈이원애곡(梨園哀曲)〉과 〈바다의 교향시〉, 1941년 〈해조곡(海鳥曲)〉과 〈아시나요〉 등이 있다.

그의 노랫말은 대부분 손목인에 의하여 작곡되어 성공을 거두었다. 1930년대의 대표적 대중가요 작사가로 평가된다.[3]

김능인(金陵人)(1911~?)

본명은 승응순(昇應順)이고, 경상북도 김천(金泉)에서 태어났다. 청년시절에는 민족고전음악을 연구하여 동인회 희망사에도 관계하면서 많은 동요를 창작하였다. 한때 신문기자 생활을 하다가 1920년대 후반 대중가요계에 등단, 1933년 손목인(孫牧人) 작곡의 〈타향〉(후에 '타향살이'로 개칭)의 가사를 지은 후 많은 노랫말을 지었다. 대표작으로 〈휘파람〉(1934), 〈짝사랑〉(1936), 〈이원애곡(梨園哀曲)〉(1940), 〈바다의 교향시〉(1940), 〈해조곡(海鳥曲)〉(1941), 〈아시나요〉(1941) 등이 있다. 오케레코드사의 초대문예부장을 지냈으며, 노랫말들은 대부분 손목인이 작곡하여 성공을 거두었다. 1930년대 일제의 압박에 신음하던 우리 민족의 애환을 달래준 작사가로 평가된다.[4]

위에 제시한 것은 금릉인의 생애를 언급한 대표적인 웹 사이트의 내용

---

3 한국역대인물종합정보시스템(2016년 4월 18일 검색).
http://people.aks.ac.kr/front/tabCon/ppl/pplView.aks?pplId=PPL_7HIL_A1911_1_0001385
2018년 4월 현재, 다시 들어가 본 웹 사이트에는 그의 출생연도와 사망연도가 정확하게 수정되었음을 확인했다. 아울러 내용도 일부 축소·수정되었다.

4 두산백과사전(2015년 5월 5일 검색).
http://www.doopedia.co.kr/doopedia/master/master.do?_method=view&MAS_IDX=101013000919881
2018년 4월 현재, 다시 검색하였으나, 두산백과사전의 '김능인' 편은 전혀 수정·보완이 이루어지지 않았음을 확인했다.

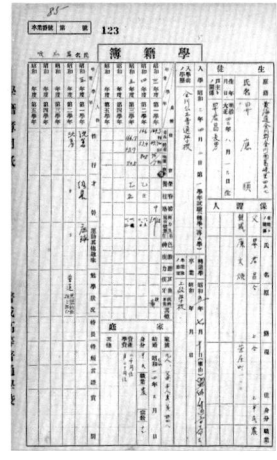

금릉인의 학적부(오영식 제공)

이다. 그러나 위의 내용에는 상당한 오류가 있다. 먼저 인적사항이다. 본명이 승응순인 금릉인의 고향은 경상북도 김천(金泉)이 아니라 황해도 금천(金川)이다. 금릉인은 『삼천리』 1935년 11월호에서 자신의 고향이 '黃海道 金川'이라고 밝힌 바 있다.5 그의 필명인 금릉인은 여기서 나왔다. 즉 황해도 금천의 옛 지명이 '금릉'이었기 때문에 '금릉 사람'이라는 뜻으로 '금릉인'이라 한 것이다. 그러므로 정확하게 하자면 '김능인'이 아니라, '금릉인'이라 쓰고 '금능인'이라고 읽는 것이 맞다.6 최근에 발굴된 보성고 학적부에 따르면, 승응순의 원적은 '황해도 금천군 금천면 갈현리 457번지'이다.7

다음으로 출생연도와 사망연월일이다. 백과사전에는 금릉인이 1911년도에 출생했다고 했으나, 그의 원적에 따르면 명치 43년, 즉 1910년에 태어났다. 그리고 대부분의 인터넷 사이트에서 금릉인의 사망연월일을 '미

---

5 강사랑도 『대서정 한국레코오드 가요사』(한국음반제작가협회, 1967)에서 금릉인의 고향을 '황해도'라고 적시하였다. 아울러 그의 부고 기사를 실은 『매일신보』 1937년 1월 10일자에서도 그의 고향을 '황해도(黃海道) 금천군(金川郡) 갈현리(葛峴里)'라 적은 것을 확인했다.
6 손목인의 증언에 의하면, 실제로 당시에 '김능인'이 아니라 '금릉인'이라 불렀다고 한다(손목인, 『손목인의 인생찬가』, 도서출판HOTWIND, 1991, 47쪽). 본고에서도 이를 따라 '금릉인'으로 표기하기로 한다.
7 보성고에 있던 금릉인의 학적부를 발굴하여 제공해주신 보성고 오영식 선생님께 이 자리를 빌려 감사의 마음을 전한다. 한편 민경탁이 금릉인의 주소를 '갈현리 475번지'라고 적은 것은 '457'의 오기로 보인다(민경탁, 앞의 글, 103쪽).

상'이라 적었으나 1937년에 사망하였다. 『조광』 1937년 2월호 소식란에 아주 간략하게 그의 부고가 실린 것이다. "金陵人(O.K 문예부장) 去二日 金曜日에 葛山里 鄕第에서 二十七年을 一期로 永眠"[8]이라고 적혀 있다. 또한 『매일신보』 1937년 1월 10일자에도 그에 대한 간략한 약력과 더불어 수일 전에 금릉인이 사망하였다는 기사가 다음처럼 실려 있다.

"일즉이 오-케 축음긔회사 문예부장으로 잇든 승응순(昇應順)군은 그 간 신병으로 향리 황해도 금천군 금천면 갈현리(金川郡金川面葛峴里)에서 정양중이든 바 약석이 효도 업시 지난 이일 오전 이시 이십칠세를 일긔로 영면하엿다 한다."(띄어쓰기는 인용자, 이하 동일)

『조광』에서 제시한 날짜인 1937년 1월 2일은 금요일이 아니고 토요일이고, '갈산리'가 아니라 '갈현리'가 맞다. 하지만 『조광』과 『매일신보』에서 모두 금릉인의 사망일을 1937년 1월 2일로 적시한 것을 볼 때, 요일이 틀리기는 했어도 1월 2일에 금릉인이 사망한 것은 맞다고 본다.

그가 1937년에 사망했다면, 그 이후에 발표된 작품은 그의 작품일 수 없다. 실제로 웹 사이트에서 금릉인의 작품이라고 제시한 〈해조곡〉은 이노홍의 작품이고, 〈아시나요〉는 손목인의 작품이다. 다른 작품도 그의 작품이 아니거나 연도를 잘못 표시한 것이 많은데, 〈짝사랑〉은 박영호의 작품이고, 〈이원애곡〉은 금릉인이 1940년이 아니라 1934년에 작사한 작품이다.

한편 한 기사에서 금릉인의 필명을 '추엽생'이라고 적었는데,[9] 이 부분

---

[8] 「소식」, 『조광』 1937년 2월호.
[9] 이준희, 「'오빠는 풍각쟁이'는 저작권 안 걸려요」, 『오마이 뉴스』, 2005년 1월 25일. (http://news.naver.com/main/read.nhn?mode=LSD&mid=sec&sid1=105&oid=047&aid=0000057357)(검색일: 2016년 4월 20일 검색)

에 대해서는 설명이 필요하다. 작사가의 이름에 추엽생이 등장하는 것은 1938년에 발매된 〈지는 석양 어이 하리〉(양상포 작곡, 황금자 노래, 오케)라는 노래에서다. 1938년은 이미 금릉인이 사망한 이후이므로 금릉인 자신이 1938년에 추엽생이라는 필명을 사용하였을 리가 없다. 절의 순서를 바꾸기는 하였으나, 〈지는 석양 어이 하리〉는 금릉인이 1935년에 발표한 〈지는 석양〉(금릉인 작사, 문호월 작곡, 이은파 노래)의 가사를 사용한 곡이다. 금릉인 사후에 누군가가 금릉인의 작품을 사용하면서 '추엽생'이라는 필명을 적었다고 볼 수 있다. 그 때문에 금릉인은 사후에 '추엽생'이란 필명을 갖게 된 것이다.

간혹 그의 필명으로 지목되는 남풍월도 지금으로서는 금릉인의 필명인지에 대해서는 확신하기 어렵다. 금릉인과 남풍월이 각각 한 음반의 앞면과 뒷면에 작사자 이름으로 표기된 경우가 있다. 예를 들어, 금릉인이 작사한 〈싹트는 봄〉 음반 앞면에는 남풍월이 작사한 〈남강행〉(남풍월 작사, 문호월 작곡, 고복수 노래, 오케 1772A)이 수록되어 있다. 그리고 남풍월이 작사한 〈꿈길 천리〉와 금릉인이 작사한 〈앞강물 흘러흘러〉가 같은 음반(오케 1796)의 앞면과 뒷면에 함께 수록되어 있기도 하다. 간혹 동일 인물이 다른 이름을 사용하여 음반의 앞뒷면에 적시하는 경우가 있기는 하다. 하지만 이것만으로 그 두 사람의 관계를 단정하기는 어렵다.

『일제침략하 한국 36년사』에는 1933년에 "협동신무대가 단성사에서 남풍월이 창작한 인정극(人情劇) 〈황금광소곡(黃金狂騷曲)〉과 애욕극(愛慾劇) 〈선구자시대(先驅者時代)〉를 상연했다"고 적혀 있다.10 그렇다면 남풍월은 1933년에 극작을 한데 이어 1934년부터 대중가요 작사를 시작한 것으로 보인다. 남풍월이 작사한 작품으로는 1934년에 발매된 〈묵상〉에서

---

10 국사편찬위원회 편, 『일제침략하 한국 36년사』, http://db.history.go.kr(2011년 7월 4일 검색).

부터 1936년의 〈얼시구 청춘〉까지 약 18곡을 찾을 수 있다. 그는 오케에서 13편, 포리돌에서 5편을 작사하였는데, 두 음반 회사에서 활동한 시기가 겹친다. 1935년은 금릉인이 오케 회사에서 문예부장을 맡고 있던 시기이기도 하다. 만약 금릉인이 '남풍월'이라는 예명을 사용했다면 오케 회사가 아닌 포리돌 회사에서 활동하기 위한 방책이었다고 할 수 있으나 이 또한 단정할 수 없다. 왜냐하면 남풍월이라는 이름이 포리돌 회사뿐만 아니라 오케 회사에서도 보이기 때문이다.

남풍월과 금릉인을 동일인물로 확정하지 못하는 것은 그 가사에서 드러나는 미감의 차이에서도 비롯한다. 남풍월의 작품은 금릉인의 작품에 비해 더 적극적이고 생동감이 넘치는 내용으로 이루어졌다고 볼 수 있다. '호이'라는 후렴을 사용한 〈호이타령〉도 그렇거니와 다음의 〈봄 아가씨〉도 금릉인의 작품에서는 좀처럼 찾기 힘든 밝고 명랑한 내용으로 이루어져 있다.

봄아가씨 우슴에 꼿치 피고 봄아가씨 한숨에 달이 지네
버들피리 소래만 쎄쎄리 쎄쎄리 봄아가씨 가슴은 싱둥생둥싱둥

웨 왓느냐 이봄아 원수의 봄 피지마라 저 꼿아 밉상의 꼿
시냇물 소래만 졸졸졸 졸졸졸 봄아가씨 가슴은 갈팡질팡갈팡

봄아가씨 당기는 다홍댕기 봄아가씨 아양은 꼿빗 아양
종달새 노래만 쎄쎄리 쎄쎄리 봄 아가씨 가슴은 하늘하늘하늘
〈봄아가씨〉(남풍월 작사, 문호월 작곡, 이난영 노래, 오케, 1935년)

'삐삐리', '싱둥생둥싱둥', '갈팡질팡갈팡', '하늘하늘하늘'과 같은 의성어와 의태어의 과도한 사용과 통통 튈 듯 상큼한 '봄 아가씨'의 묘사는

여타 금릉인의 작품에서는 좀처럼 찾아보기 어렵다. 일례로 금릉인이 작사한 〈봄소식〉을 보면, 같은 봄을 〈봄아가씨〉의 봄과 얼마나 다르게 그리고 있는지 알 수 있다.

> 고향의 봄소식은 버들닢 하나 뜨내기 신세라서 집이 그리워
> 길섭헤 느름나무 푸른 그늘에 생각만 천리 만리 풀길이 없소
>
> 바람에 이리저리 흘러단이니 돗대는 놉히 달어 무엇하려오
> 넷정도 한일너라 남강 언덕엔 오늘도 해지도록 안개만 깁소
>
> 고향을 일흔 몸이 사랑도 없고 마음만 오락가락 길도 험하오
> 물가에 주인 일흔 범선도 한 척 서글푼 정한을 이제 또 삼 년
> 〈봄소식〉(금릉인 작사, 김해송 작곡, 고복수, 이난영 노래, 오케, 1936년)

    금릉인 작품 속의 '봄'은 결코 생동감이 넘치는 즐거운 봄이 아니다. 오히려 〈봄소식〉에서의 봄은 고향과 임이 그리운 시적 화자에게 서글픈 정한만을 더해주는 계절일 뿐이다. 게다가 금릉인은 작사할 때 〈봄 아가씨〉와 같은 작품에서처럼 의성어와 의태어를 과용하지도 않는다. 또한 남풍월의 작품 속 시적 화자는 "온길 천리 갈길 천리 숨길도 천리/ 천리 길이 멀다마소/ 님만 게시면 폭풍우가 구질어도 나는 가겟네/ 가시성이 험난해도 나는 가겟네"(〈꿈길 천리〉 남풍월 작사, 손목인 작곡, 고복수 노래, 오케, 1935년)처럼 적극적인 모습을 보여준다. 그러나 금릉인의 작품 속 시적 화자는 수동적이고 소극적이라서 그저 그리워하고 기다리고 아파할 뿐이다.[11]

    하지만 금릉인의 작품 모두에 수동적이고 소극적인 화자가 등장하는

---

[11] 금릉인 작품의 특징은 IV장에서 상술하기로 한다.

것이 아니기 때문에 남풍월과 금릉인을 다른 사람이라 단정할 수도 없다. 다만 사정이 이러하고 남풍월이 금릉인이라는 것을 알려주는 단정적인 증거가 없으므로, 일단 본고에서는 남풍월이 금릉인이라는 것이 확실해질 때까지 남풍월의 작품을 금릉인의 작품과 함께 다루지 않기로 한다.[12]

1930년대 신문과 잡지, 학적부 등을 참조하여 작성한 금릉인의 연보를 제시하면 다음과 같다.[13]

> 1910년 8월 13일 황해도 금천군 금천면 갈현리 출생.[14] 아버지 승군창(昇君昌)과 어머니 염문환(廉文煥)의 장남. 신분은 평민(平民)으로 아버지는 농민(農民).
> 1925년 3월 결혼
> 1926년 『동아일보』 1926년 5월 21일자에 동시 〈참새〉 수록
> 1928년 4월 2일 금천공립보통학교를 거쳐 보성고등보통학교 입학. 이 당시 거주지는 현 중구 다동에 해당하는 다옥정(茶屋町) 123번지. 가족은 총 9인으로, 아버지, 어머니, 본인, 처, 남동생 한 명, 여자동생(妹) 네 명.
> 1929년 『동아일보』 1929년 1월 18일자에 동시 〈눈(雪)〉 수록
> 1930년 7월 10일 맹휴사건으로 보성고보(普成高普)에서 퇴학당함
> 1931년 4월 7일 연희전문 문과(文科) 별과(別科)에 입학[15]

---

[12] 필자는 『오빠는 풍각쟁이야-대중가요로 본 근대의 풍경』, 민음인, 2006, 65쪽에서 금릉인을 김능인이라 표기하고 필명으로 남풍월을 거론하였다. 앞으로 이를 수정하고 보완할 계획이다.
[13] 이 자리를 빌려, 금릉인의 생몰 연대와 관련해 연세대학교 학력조회 회보와 『매일신보』 자료를 공유해주신 민경탁 선생님께 감사의 마음을 전한다.
[14] 웹 사이트와 유정천리에서 발매한 『백년의 인물, 백년의 노래 탄생 100주년 옛가요 명인선집』 음반 책자에서는 금릉인이 태어난 해를 1911년이라 하였으나, 보성고 학적부와 연세대학교 학력조회 회보에 따르면 1910년생이 맞다.
[15] 『동아일보』 1931년 4월 5일, 합격자 명단에서 금릉인의 이름을 찾을 수 있다.

1931년 윤석중 등과 '신흥아동예술연구회' 창립[16]
1932년 동인지 『문학』 창간에 참여[17]
1932년 『소년문학』 집필자로 성경린 등과 함께 참여[18]
1932년 라디오 드라마 연출[19]
1933년 〈무명초〉라는 작품으로 포리돌 회사에서 작사가로 데뷔
1933년 오케 전속 작사가로 활동하는 한편 오케 회사의 문예부장[20] 을 지냄
1937년 1월 2일 병사(病死)

    이상이 간략하게 정리한 금룡인의 연보다. 최근에 발굴된 학적부에 따르면, 금룡인은 보성고보 시절에 성적이 우수한 편이었다. 학교를 그만두면서 3학년 성적은 남지 않게 되었으나 1학년과 2학년의 성적을 보건대, '조선어와 한문'을 잘했고 '역사'는 1학년 4번의 시험에서 모두 100점을 맞았다. 전반적으로 1학년 성적이 좋지만 '실업'의 경우는 2학년 4번의 시험에서 모두 100점을 받아 1학년 때보다 성적이 좋았던 것을 확인하였다. 음악에 해당하는 '창가' 점수는 70점대로 다른 과목에 비해 상대적으로 못하는 편에 속했다.
    금룡인이 대중가요 작사가로 활동하기 이전에 아동문학에 관여했다는

---

16 『동아일보』 1931년 9월 17일.
17 『동아일보』 1932년 3월 8일.
18 『동아일보』 1932년 9월 23일. 『소년문학』 소년문학사에서 건전 프로 아동 문학의 건설 보급과 근로 소년 작가의 지도 양성을 임무로 발행한 월간 잡지이다.
19 『동아일보』 1932년 11월 17일.
20 정확하게 언제부터 금룡인이 오케 회사의 문예부장으로 있었는지 모르겠다. 그러나 『삼천리』 1935년 9월호를 보면 1935년 당시 이철을 지점장, 금룡인을 문예부장으로 칭한 것을 찾을 수 있다. 이를 통해 볼 때, 금룡인은 오케 회사가 한국 음반을 발매하기 시작한 1933년부터 오케 음반 회사와 관련을 맺었고 이후 오케 회사의 문예부장도 지낸 것으로 보인다.

것은 종종 언급되는 사실이다. 그러나 금릉인이 대중가요 작사뿐만 아니라 극작가로 활발한 활동을 했다는 것에 대해서는 거의 언급되지 않았다. 하지만 1937년 1월 10일자 『매일신보』에서 언급한 것처럼 금릉인은 대중가요 가사와 더불어 "연극의 가사와 각본을 통해 한동안 이름을 날렸던" 인물이기도 하다. 본고는 주로 그의 대중가요 가사에 초점을 맞추어 전개되겠으나, 부록에 그가 작성한 극작품의 목록도 함께 제시하여 전반적인 그의 작품 활동의 이해도 돕고자 한다.

III. 작품의 전반적인 양상

금릉인이 창작한 음반 수록 작품 중 지금까지 찾을 수 있는 대중가요 작품의 수는 79편이다. 그리고 이야기 음반 수는 약 28매이다.21 이야기 음반 28매는 같은 제목의 작품이라도 '상'과 '하'로 나뉘어 앞뒷면에 수록된 것을 각각 한 매로 계산한 결과이다.

그가 남긴 이야기 음반의 갈래별 작품 매수를 제시하면 다음과 같다. 고대소설극 2매, 난센스 7매, 비극 2매, 비사극 4매, 비시극 1매, 사전비극 1매, 스케치 1매, 시낭독 1매, (신작)창극조 6매, 지나사극 2매, 청루비극 1매로 집계되었다. 〈장화홍련〉의 각색을 가장 많이 했으며, 과거에서 동시대까지 다양하게 이야기의 배경으로 삼고 있다는 것을 알 수 있다.

위에 제시한 음반 수록 작품뿐만 아니라 동시(童詩)와 음반에 수록되지

---

21 금릉인이 창작한 작품의 목록은 김점도 편, 『유성기음반총람자료집』, 신나라 레코드, 2000; 한국음반아카이브연구단 엮음, 『한국 유성기음반』, 한걸음·더, 2011; 이준희 개인 유행가 목록 등을 참조하여 작성하였다. 아울러 본고에서 제시한 수치는 현재 찾을 수 있는 작품의 수일뿐 앞으로 자료가 더 발견되면 그 수치는 변할 수 있음을 밝혀둔다.

않은 극작품, 그리고 한시[22]까지 합하면 그의 창작 활동의 범위가 매우 넓고 양적으로도 많았다고 할 수 있다. 논의의 편의를 위해 일단 본고에서는 음반 수록 작품에 대해서만 언급하고자 한다. 다만 음반에 수록하지는 않았으나 그가 창작한 것으로 확인되는 극작품을 제시하여 그의 작품 활동에 대한 이해를 돕고자 한다. 그가 창작한 극작품 중에서 일단 확인한 작품의 제목을 제시하면 다음과 같다.

만담	〈염복 질주기〉[23]
양극	〈폭풍의 새벽〉
희극	〈신부생활〉
비극	〈북극광(北極光)〉, 〈불사조〉
시대극	〈사랑 못하는 시대〉
비극	〈춘희〉(금릉인 각색)
	〈일설장한몽(一說長恨夢)〉(금릉인 편)
애욕극	〈애욕(愛慾)과 우정(友情)〉
희극	〈가네 오십(五十)오 구레다노무〉
비극	〈실락원(失樂園)〉(금릉인 편)[24]

위에 제시한 작품의 제목만 보더라도 그가 얼마나 다양한 극작품을 창작했는지 알 수 있다. 비극과 희극, 양극과 시대극 등 다양한 종류의 극작품을 창작하고 각색한 것이다. 앞으로 이 작품들에 대한 수집과 정리, 그리고 분석도 필요할 것이다.

---

22 자료를 조사하는 과정에서 금릉인이 창작한 한시를 몇 편 발견하였다. 그러나 본고의 논의를 벗어나므로 본고에서는 다루지 않기로 한다.
23 『별건곤』 1934년 2월호.
24 〈폭풍의 새벽〉에서 〈실락원〉까지는 국사편찬위원회 편, 『일제침략하 한국 36년사』, http://db.history.go.kr를 참고하여 정리하였다.

그러면 본고에서 주목한 금릉인의 대중가요 가사의 전반적인 양상을 살펴보기로 한다. 처음에 금릉인은 포리돌 회사에서 1933년 5월에 처녀작 〈무명초〉를 발매하였다. 그러나 어찌된 일인지 한 달 뒤인 1933년 6월부터 오케 회사에서 작품을 내었고, 이후 1937년에 작고할 때까지 주로 오케 회사에서 대중가요 작품을 발표하였다.[25]

음반으로 발매된 그의 작품 수를 연도별로 제시하면 다음과 같다. 1933년에 13편, 1934년에 23편, 1935년에 19편, 1936년에 21편, 1937년에 3편을 확인할 수 있었다. 연도별 작품 수만 놓고 보면 그가 대중가요 작사에 주력했던 5년 동안 꾸준하게 지속적으로 작품 활동을 했다고 할 수 있다. 하지만 1937년에 사망하면서 더 이상의 작품 활동을 이어갈 수 없었다.

그럼에도 불구하고 1937년에 세 편의 작품이 발매된 것을 볼 때, 금릉인이 죽기 전에 써 놓은 작품을 금릉인 사후에 발표한 것으로 보인다. 그리하여 송달협이 불러 1937년 6월에 발매된 〈산유화〉가 금릉인의 마지막 작품이자 유작이 된 것이다. 역사에서 '만약'이란 표현은 소용없지만, 그래도 만약에 금릉인이 병으로 그렇게 일찍 죽지 않았다면 더 많은 작품을 남겼을 것이라 생각한다.

한편 노래 음반의 갈래별 작품 수는 다음과 같다. 남해민요 1편, 서정소곡 4편, 신민요 11편, 신작남해민요 1편, 유행가 55편, 유행소곡 3편, 제주민요 1편, 주제가 1편, 재즈송 1편으로 나타났다. 웃긴 내용의 가사로 이루어진 만요는 한 편도 없고 주로 유행가와 신민요를 작사한 것을 볼 때, 금릉인이 기본적으로 순수하고 고지식한 편이었다고 짐작할 수 있다. 이를 증명하듯, 금릉인이 보성고보 시절을 기록한 학적부에는 그의 성격

---

[25] 금릉인이 오케 회사에서 주로 작사 활동을 한 것은 사실이나, 남풍월이 누군지 밝혀지면 이는 달라질 수 있는 진술이다.

이 '침착(沈着)'하다고 적혀 있다.

금릉인이 만든 노래 중에서 주제가는 1935년 9월에 조선극장에서 개봉한 영화 「은하에 흐르는 정열」과 동명의 주제가이다. 금강키네마사가 제작한 이 영화는 안종화가 감독과 각본을 맡고 신일선과 심영 등이 출연하였는데, 주제가는 강남향이 불렀다.

한편 그는 신민요를 비롯한 유행가 작사에 주력하였다. 제목 위 곡종 표기에 '남해민요'나 '제주민요'라 적었으나 작사를 새로 했다는 점에서 모두 신민요에 포함시켜 다룰 수 있다. 그렇다면 그는 신민요를 14곡 정도 발표한 것이다. 집계상으로는 유행가보다 많지 않으나 신민요와 관련된 그의 공적은 적지 않다. 그가 문예부장으로 있던 1930년대 중반은 신민요의 인기가 상당했던 시기다. 그 때문에 각 음반 회사들은 앞 다투어 신민요 창작에 주력하였다. 그리고 여기서 더 나아가 각 지방의 민요를 수집하고 정리하여 음반에 싣는 작업도 진행하였다.

금릉인은 민요를 채집하기 위해 제주도까지 가는 것을 마다하지 않았다. 제주도에 다녀온 그는 제주도의 민요를 소개[26]하는 한편 제주도 민요를 바탕으로 〈별오돌독〉과 〈이어도〉 등의 작품을 짓기도 하였다.

> 水陸二千里! 南海 한가운데는 濟州道라는 情 만코 恨 만흔 섬이 잇슴니다. 이 두 노래는 作詩作曲者가 몸소 이 고장을 踏査하야 代表的 情緒를 그려낸 作品입니다.
> 이 고장 사람, 그 中에도 젊은 女人네들은 大陸男子 以上으로 經濟의 實權을 잡고 잇거니와 그대로 젊은 그들은 恒常 꿈을 그립니다. 그러나 꿈이 잇서 恨이 생기고 다시 恨의 모히는 곳에 꿈을 그립니다.[27]

....
26 금릉인, 「제 고장서 듯는 민요 정조, 제주도 멜로디」, 『삼천리』 1936년 8월호.
27 한국음반아카이브연구단 엮음, 『유성기음반』 3권, 한걸음·더, 2011, 645쪽.

인용문은 금릉인 작사 문호월 작곡의 〈이어도〉라는 작품을 광고한 내용이다. 광고문을 통해서 그가 제주도의 정서를 알기 위해 작곡자와 함께 직접 제주도를 답사하였음을 확인할 수 있다. 답사를 통해 제주도의 실상을 파악하고 제주도의 전설과 민요를 채록하여 새로운 노래로 창작하는데 힘쓴 것이다. 이처럼 민요에 남다른 관심을 지니고 있던 그는 작품에서 향토적인 정서를 자주 드러냈다.28

그런가 하면 금릉인의 당대 활동했던 문인 출신의 작사가들과 마찬가지로 가사를 한 편의 완성된 시로 간주하였다. 다음의 인용문을 통해서 그러한 사실을 확인할 수 있다.

〈이어도〉 광고
(『조선일보』 1935년 5월 23일)

한 가지 필요한 것은 <u>어떠한 노래반(盤)이나 그 작사에 있어서, 벌써 한 개의 완전하고 완성된 시(詩)라야 한다는 것이외다.</u> 재래(在來)에 흔히 볼 수 잇는 그러한 시(詩)로써의 미완성품(品)에다 그저 말초신경을 자극(刺戟)시킬 만한 곡조(曲調)를 맞춰서 만들어내는 노래로써는 벌써 일반 대중은 이를 즐겨할 수 없게 되었습니다. 반드시 시(詩)로써의 완성된 작사(作詞)라야 할 것입니다. 그러므로 해서 시인(詩人)이나, 그렇지 않으면 시인으로서의 수준에 오른 사람의 작사(作詞)만이 필요할 것이외다.29

(밑줄은 인용자, 이하 동일)

---

28 금릉인의 작품이 지닌 향토성에 대해서는 Ⅳ장에서 후술하기로 한다.
29 「신춘에는 엇든 노래 유행할가」, 『삼천리』 1936년 2월호.

이와 같은 금릉인의 발언을 통해서 대중가요 가사에 대한 그의 생각 내지 신념을 엿볼 수 있다. 물론 대중가요 가사는 본질적으로 시와 다르다. 시는 시 자체로 존재할 수 있으나, 대중가요 가사는 음악과의 만남을 통해서만 온전하게 그 모습을 드러낼 수 있기 때문이다. 음악과 어우러지기 위해서 가사는 어떤 면에서 더 정형화되고 단순해질 수밖에 없다. 그렇다고 정형성과 단순함이 가사의 가치를 낮게 보는 요인이 될 수는 없다. 그 가사들이 음악과 만나서 상승효과(synergy effect)를 일으켜 대중에게 상당한 영향을 끼치기 때문이다. 특히 금릉인은 주로 손목인, 문호월과 작업하였는데, 이들은 당시 오케 회사의 대표적인 작곡자였다. 금릉인의 작품이 빛을 볼 수 있었던 것에는 손목인과 문호월의 공도 크다 하겠다.

금릉인이 작사한 79편의 작품 중에서 현재 가사를 찾은 곡은 35곡이고, 이중에서 음원까지 찾은 곡은 27곡이다. 다음 장에서는 가사를 찾은 35편을 중심으로 금릉인의 작품이 지니고 있는 특징을 알아보기로 한다.

IV. 대중가요 가사의 특징

금릉인이 작사한 79편의 가사를 대상으로 먼저 어휘빈도수를 따져 보았다. 지능형형태소분석기로 분석하고 AntConc를 이용하여 빈도를 추출한 결과이다.[30] 79편의 가사에 사용된 어휘들을 보면, 울다(25회)/ 눈물(24회)/ 몸(20회)/ 마음(18회)/ 밤(17회)/ 바다(16회)/ 사랑(16회)/ 속(16회)/ 가다(15회)/ 임(15회)/ 한(15회)/ 흐르다(15회)/ 달(13회)/ 그립다(11회)/ 물(11

---

30 이 자리를 빌려, 작가별 노랫말의 어휘 빈도수를 추출해주신 단국대학교 교양학부의 유혜원 교수님께 감사의 마음을 전한다. 이후, 제시한 작가별 어휘 빈도수 추출은 모두 유혜원 교수님이 해 주신 것임을 밝혀둔다.

회)/ 봄(11회)/ 청춘(10회)/ 고향(10회)/ 꿈(10회)/ 바람(10회)/ 안달(10회) 등이 눈에 들어온다.

어휘 빈도수만 놓고 보면, 그가 '울다', '눈물', '바다', '물'처럼 '물'의 이미지에 집착하였다는 것을 알 수 있다. 물은 긍정이나 부정의 의미를 모두 지닐 수 있으나, 여타 어휘에서 짐작할 수 있듯이, 금릉인의 작품에서 물은 부정적인 의미와 연결된다. 그렇다면 실제로 그러한지 그의 작품을 통해 살펴보기로 한다.

금릉인이 작사한 대중가요 가사의 특징으로는 크게 세 가지를 지적할 수 있다. 귀소본능과 회귀의 실패, 향토성과 전통성의 획득, 상실감과 과거지향성이 그것이다. 구체적인 작품을 들어서 각 작품의 특징을 살펴보기로 한다.

1. 귀소본능과 회귀의 실패

동물이 자신의 서식장소나 산란·육아를 위한 일시적인 둥우리에서 멀리 떨어져 있어도 되돌아가는 성질을 '귀소본능(homing instinct)'이라 한다. 어찌 동물만 그러하겠는가? 사람에게도 누구나 귀소본능이 있다. 자신이 태어난 고향이 언제나 마음 한 자리를 차지하고 있다든지, 죽을 때가 다 되어서 사람들이 자신이 나고 자란 고향으로 돌아간다든지 하는 것도 모두 그러한 회귀성과 관련이 있을 것이다.

금릉인의 작품에서 회귀성은 매우 중요한 특성이라 할 수 있다. 상당히 많은 작품들이 고향을 소재로 하고 있는 것도 그러한 특성과 무관하지 않다. 〈귀향〉, 〈타향〉, 〈사막의 한〉, 〈향수〉, 〈봄소식〉이 모두 그러한 예다. 작품 속 화자는 모두 고향을 떠나 타지에 있다. 그런데 타관 생활이 어렵고 힘이 들수록 고향에 대한 그리움은 커져만 간다. 고향이 아닌 그 어디에도 마음을 둘 수 없기에 작품 속 화자는 나그네이자 뜨내기 신세다. 원래 제목인 〈타향〉보다 〈타향살이〉로 더 알려진 노래 또한 타향살이의 서러움을 핍진하게 드러내 당대는 물론 후대까지 애창되었다.

> 타향살이 몇 해런가 손꼽아 헤여 보니
> 고향 떠나 십여 년에 청춘만 늙고
>
> 부평 같은 내 신세가 혼자도 기막혀서
> 창문 열고 바라보니 하늘은 저쪽
>
> 고향 앞에 버드나무 올봄도 푸르련만
> 호들기를 꺾어 불던 그때는 옛날
>
> 타향이라 정이 들면 내 고향 되는 것을
> 가도 그만 와도 그만 언제나 타향
> 〈타향〉(금릉인 작사, 손목인 작곡, 고복수 노래, 오케, 1934년)

일제강점기는 자의 반 타의 반으로 자신의 고향을 떠나 살아야 하는 사람들이 많았던 시기다. 일제가 토지조사를 시행한 이후 우리나라 농민들은 급격히 몰락하였고 남의 땅을 경작하는 소작농이 늘어갔으며, 그 조차 어려운 사람들은 화전을 일구거나 도시로 나가서 날품팔이로 연명하는 경우도 많았다.31 〈타향〉은 이처럼 고향을 떠났거나 떠날 수밖에 없던 사람들의 마음을 위로해주며 당대인의 호응을 이끌어냈다. 금릉인은 〈타향〉을 작사할 때의 심정을 다음과 같이 언급하고 있다.

---

31 김삼웅, 『일제 침략사 65장면』, 가람기획, 2005, 117쪽.

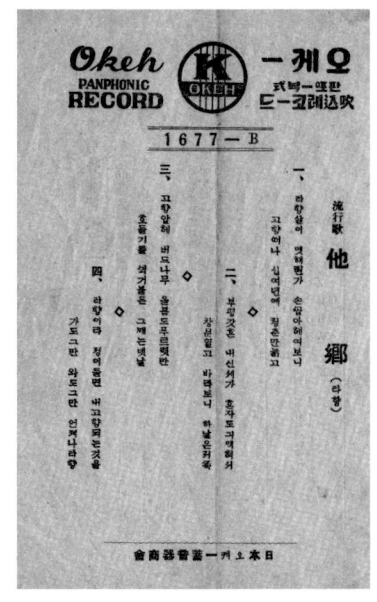 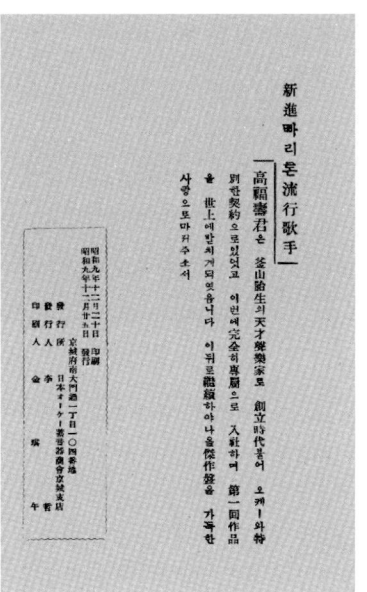

〈타향〉음반가사지(한국유성기음반)

　포연히 나의 고향(故鄕) 황해도(黃海道) 금천(金川)을 떠나온 지 이제 벌써 十一年(십일 년)! 타향을 걷던 명년(明年) 가을이 곧 표박생활(漂泊生活)을 11년째 되는 가을이었습니다. 푸른 하늘 흐르는 구름에 애틋한 향수를 띄우고 여창(旅窓)에 기대어 있노라니 때마침 황혼(黃昏)인데 거리에는 등(燈)불조차 외로운 듯 가로수(街路樹)에 낙엽은 왜 그리 처량하던지 까닭 없이 눈물이 흘러 옷깃을 적시더이다. 이렇게 되어 〈타향살이〉의 시(詩)는 순전(純全)히 나의 솔직(率直)한 고백(告白)이었습니다. …(중략)… 이 〈타향살이〉만은 시적 가치(詩的價値)는 어떨지 몰라도 미문묘구(美文妙句)를 넣지 않고 나의 양심(良心)대로 썼던 것입니다.32

32 『삼천리』 1935년 11월호.

금릉인 자신의 술회를 통해서도 알 수 있듯이, 〈타향〉은 금릉인이 고향을 떠나 온 경험과 그에서 느낀 자신의 심사를 자연스럽고 솔직하게 가사로 쓴 작품이다. 그리고 이러한 금릉인의 솔직한 술회가 고향을 떠나 살고 있는 수많은 사람들의 공감을 불러일으켰다. 고향을 그리워한다는 것은, 현실의 고통을 평화로운 고향을 그리워하는 것으로 치유하는 것을 의미한다. 그러나 그렇게 그리워하던 고향이건만 고향에 돌아와도 역시 괴로운 것은 마찬가지이다. 〈귀향〉에서 그러한 내용을 확인할 수 있다.

> 해포 만에 내 고향엘 돌아와 보니 꽃이 피고 새가 울며 바람 자는 곳
> 강과 산은 옛날이나 다름이 없건만 그리웁던 그대 모양 볼 길이 없어라
> 등에 올라 한숨짓고 머리 숙이니 옛날 보던 그대 모양 다시 암암타
> 흘러오는 여울목도 목이 쉬어서 애닯도다 이내 심사 더욱 괴로워
> 〈귀향〉(금릉인 작사, 문호월 작곡, 서상석 노래, 오케, 1933년)

〈귀향〉 속의 시적 화자는 드디어 고향으로 회귀한다. 그러나 고향은 옛 고향이 아니다. 특히 자연과 인간사의 대조를 통해 자연사의 무한성과 인간사의 유한성을 노래하고 있다. "강과 산은 옛날이나 다름이 없건만 그리웁던 그대 모양 볼 길이 없어라"에서 그러한 사실을 확인할 수 있다. 고향에 돌아왔으나, 임이 없는 고향은 공허한 공간일 뿐이다. 2절에서 "이내 심사 더욱 괴로워"는 화자의 그러한 의식을 대변한다. 옛 추억이 가득한 공간이나, 정작 사랑하는 임이 그곳에 없을 때 느끼는 허전함은 더할 수밖에 없다. 결국 〈귀향〉에서 옛날 그대로인 자연은 인간사의 유한함과 비극을 강조하는 기제로 사용되었다고 볼 수 있다.

〈타향〉에서 그토록 고향을 그리워하던 시적 화자가 〈귀향〉에서 고향을 찾아가지만, 임이 없는 고향에서 화자는 더 큰 괴로움을 느낄 뿐이다. 그렇다면 화자의 회귀는 실패했다고 볼 수 있다. 어쩌면 고향으로의 회귀

가 실패할 것을 감지하였기에 〈타향〉에서 "타향이라 정이 들면 내 고향 되는 것을, 가도 그만 와도 그만 언제나 타향"이라는 체념 섞인 언술이 가능했는지도 모른다.

언제나 우리는 여기가 아닌 저기, 이것이 아닌 저것을 갈망하고 꿈꾸지만 '저기'에서 '저것'을 구하더라도 또 다른 결핍을 느낄 뿐이다. 그러므로 인간의 방랑은 숙명인지 모른다. 게다가 그 방랑이 외부에 의해 강요된 방랑일 때 그 고통과 괴로움은 배가 될 것이다. 고통과 괴로움 속에서도 방랑할 때마다 우리에게 힘이 되어준 것은 고향과 그 고향으로 언젠가는 회귀할 것이라는 희망일 것이다. 그러나 정작 고향에서도 안식을 못 느낄 때 인간은 다시 방황하게 된다. 금릉인의 작품은 인간의 방랑과 회귀성, 그리고 그 회귀의 실패로 인한 슬픔을 그리고 있다.

2. 향토성과 전통성의 획득

금릉인의 작품을 관통하는 또 다른 특징으로는 향토성을 언급할 수 있다. 금릉인의 작품에서 도회적인 정서나 모던 보이와 모던 걸의 이미지를 묘사한 노래는 많지 않다. 그 대신 그의 작품을 채우고 있는 것은 전통적인 정서를 바탕으로 한 향토성이라고 할 수 있다. 신민요는 워낙 기존의 민요를 대중가요로 만든 것인지라 신민요에 향토성이 드러나는 것은 자연스러운 일이라 할 수 있다. 그러나 금릉인의 작품 중 '유행가'에 해당하는 노래조차도 기본적으로 향토성을 드러내고 있다. 일단 그가 작품에서 사용한 시어에서 그러한 사실을 확인할 수 있다.

능라 적삼 옷깃을 여미고 여미면서 구슬같은 눈물방울 소매를 적시일 때
장부의 철석간장이 녹고 또 녹아도 한양 가는 청노새 발걸음이 바쁘다

때는 흘러 풍상은 몇 번이나 바뀌어도 일편단심 푸른 한이 천추에 끝이 없어
백골은 진토 되고 넋은 사라졌건만 죽지 않는 새가 되어 뼈아프게 울음 우네

이내 몸이 왔을 때는 그대 몸은 무덤 속 적막강산 뻐꾹새도 무정함을 호소하니
영화도 소용 없고 부귀는 무엇 하나 황성낙일 옛터에 낙화조차 날리네
〈불사조〉(금릉인 작사, 문호월 작곡, 이난영 노래, 오케 1933년)

　〈불사조〉는 갈래명에 '유행가'라고 적시되어 있으나, 그 가사는 매우 전통적인 시어로 이루어져 있다. '능라 적삼', '장부의 철석간장', '한양', '청노새', '황성낙일', '낙화' 등이 모두 그러한 예다. 이 노래의 가사를 들으면서 떠오르는 배경은 결코 도시가 아니다. 누구나 이 노래를 들으면 '능라 적삼'을 입고 '청노새'를 탄 채, 가고 싶지 않은 한양을 향해 가고 있는 선비의 모습을 떠올린다. 실제로 '황성낙일'이라는 표현은 민요에서 종종 등장하는 상투어의 일종이다. 〈밀양아리랑〉, 〈노래가락〉, 〈오돌독〉에 "황성낙일 찬바람에 울고 가는 기러기야"와 "황성낙일은 에루화 가인의 눈물이요"와 같은 표현이 나오는 것이다. 게다가 "백골이 진토되어 넋은 사라졌건만"은 정몽주의 시조 〈단심가〉의 구절마저 연상시킨다.
　전체적으로 볼 때, 〈불사조〉는 비극적인 내용을 담고 있다. 시적 화자가 그리워하는 임이 이미 죽었다는 것을 3절의 가사를 통해 알 수 있기 때문이다. "이내 몸이 왔을 때는 그대 몸은 무덤 속"이라는 표현에서 그러한 사실을 확인할 수 있다. 그러나 가사 내용과 달리 노래의 제목은 '영원히 죽지 않는다는 새'를 의미하는 〈불사조〉다.
　『동아일보』 1973년 2월 22일자에는 이난영이 〈불사조〉를 시험 삼아

녹음했다가 노래가 좋아서 테스트 판을 원판으로 바로 생산했다는 말과 더불어 금릉인이 1929년 광주학생 사건 이후부터 구상해 온 암시적인 가사를 담은 것이 〈불사조〉라고 적혀 있다. 만약 이것이 사실이라면 〈불사조〉는 단순히 비극적인 노래가 아니다. 죽으면 다시 살아나는, 그래서 영원히 죽지 않는 새를 뜻하는 '불사조'를 통해 죽어도 다시 살아나는 대상과 그 어떤 상황에서도 변하지 않는 한결같은 화자의 마음을 중의적으로 표현했다고 볼 수 있다. 그리고 이를 특히 향토색이 강한 시어를 통해 구성했기에 그 의미가 크다 하겠다.

금릉인 작품 속의 향토성은 어휘적인 측면뿐만 아니라 우리나라 국토를 예찬하는 노래에서도 드러난다. 대표적인 작품으로 압록강, 두만강, 대동강, 노들강, 낙동강을 일일이 열거한 〈오대강 타령〉과 〈복되소서 이 강산〉을 들 수 있다.

> 산으로 가면 황금이 나고 들로 나리면 오곡이 익네
> 삼면이 바다로 둘녓스니 무한한 보고가 내 것일세
> (후렴) 복되소서 이 강산 삼천리강산 력사는 반만년에 동포이천만
>
> 치여다보니 하날이 맑고 나려다보니 꼿픠인 산천
> 바람이 맑고 비(雨) 순(順)하니 시화(時和)나 연풍(年豊)에 격양가(擊壤歌)ㄹ세
>
> 산정긔 타고 영웅이 나고 물령험(靈驗) 잇서서 가인(佳人)이 나네
> 햇빗치 명랑(明朗)한 장안대로(長安大路) 이 쌍의 남녀가 행진(行進)하네
> 〈복되소서 이 강산〉(신민요, 금릉인 작사, 문호월 작곡, 고복수·김연월 노래, 오케, 1935년)

필자는 신민요에 나타나는 충족의식을 크게 '국토 예찬', '봄맞이', '풍

년 맞이'라고 밝힌 바 있는데,33 금릉인의 〈복되소서 이 강산〉은 신민요의 충족의식 중 '국토 예찬'을 표현한 노래다. '삼천리강산'과 '동포 이천 만'이라는 어휘를 통해서 〈복되소서 이 강산〉에서의 '이 강산'이 바로 우리나라를 의미한다는 것을 알 수 있다. 이 작품은 국토 예찬을 주제로 한 다른 신민요와 마찬가지로 '선취된 미래'를 통해 화자의 간절한 염원을 그리고 있다. 3절에서 "산정기 타고 영웅이 나고 물 영험 있어서 가인이 나네"와 같은 표현은 그러한 영웅과 가인이 나기를 바라는 기원마저 담고 있는 것이다.

한편 금릉인 작품이 지닌 다른 특징으로 자연물에 인격을 부여하는 '의인법의 사용'을 들 수 있다. 금릉인의 작품 중 제목에 자연물이 등장하는 경우, 그 가사를 보면 자연물에 인격을 부여하고 있음을 알 수 있다. 〈낙화의 눈물〉이 제목에서 의인법을 사용한 경우라면, 〈영란화〉, 〈등대불과 개나리〉, 〈싹트는 봄〉, 〈무명초〉 등에서는 가사에서 의인법을 사용하고 있다. 예를 들어, '은방울꽃'을 의미하는 〈영란화〉에서 '영란화'는 "히죽히죽 웃음만 웃는 영란꽃"이고, 〈등대불과 개나리〉에서는 "바람 불고 비 오는 밤 등대불이 울면 발밑에 엎드려 눈물짓는 개나리"라고 해서 등댓불과 개나리에 인격을 부여하고 있다. 〈싹트는 봄〉에서는 "대지(大地)가 입을 열었"고, 〈무명초〉에서는 '무명초'가 시적 화자가 되어 외로움과 서러움을 표현하고 있다.

이처럼 금릉인이 자연물에 인격을 부여한 예는 그의 동시에서도 찾을 수 있다.

    이른 아침 첨하 끗헤 무엇 그리 설어워서 해만 뜨면 잭잭잭잭

---

33 신민요의 충족의식에 대해서는 장유정, 『오빠는 풍각쟁이야—대중가요로 본 근대의 풍경』, 민음인, 2006, 245~252쪽을 참고할 수 있다.

날만 새면 잭잭잭잭
옵바 업는 설음인가 엄마 업는 설음인가 잭잭잭잭 네가 울면 내 눈에도 눈물 난다.[34]

위의 작품은 『동아일보』 1926년 5월 21자에 실려 있는 금릉인의 〈참새〉라는 작품이다. 당시에는 승응순이라는 본명을 사용하여 이 작품을 발표하였는데, 겨우 15살의 나이로 신문에 동시를 실은 것을 보면 그가 얼마나 남다른 감성의 소유자인지 짐작할 수 있다. 게다가 참새의 '쨱쨱' 소리를 노래가 아닌 눈물로 받아들이고 거기에 감정 이입하여 "참새가 울면 내 눈에도 눈물 난다"고 한 것은 그가 순수하고도 맑은 영혼의 소유자였다는 것을 알려준다. 자연물에 대한 남다른 감성은 그가 대중가요를 작사할 때도 영향을 끼쳤다. 그 때문에 그의 작품 중 자연물을 인격화한 작품이 많았다고 할 수 있다. 그리고 자연물을 인격화하는 것은 전통적인 정서와 맞닿아 있다고 볼 수 있다.

3. 상실감과 과거지향성

앞서 언급한 것처럼, 금릉인의 작품 중에는 도시적인 정서를 드러내거나 밝고 명랑한 내용의 작품이 별로 없다. 하지만 그런 노래가 아에 없는 것은 아니다. "여보하고 부르면 여보하고 대답하네 온천에 신혼여행 질거운 풍경/여보세요 웨그래 하날은 푸른 하날 우리들은 젊은이"로 시작하는 〈우리들은 젊은이〉라는 노래가 밝고 명랑한 가사로 이루어진 금릉인의 대표적인 노래다. 그러나 이런 가사의 노래는 상대적으로 드물다. "에헤에에 봄강이로다 선경이로다"라는 후렴을 사용한 〈봄강〉이나 "에헤라 청

---

34 『동아일보』 1926년 5월 21일.

춘이로다"라는 후렴을 사용한 〈에헤라 청춘〉과 같은 노래조차도 흥이 넘치기보다는 오히려 차분하게 장면을 묘사하거나 불안한 심사를 드러낸다.

갈매기 너울 날개 치니 언덕에 버들물 올랐네
여울 넘는 돛대 그림풍경 모래톱엔 조개 캐는 어촌의 아가씨들
에헤에야 봄강이로다 선경이로다
〈봄강〉(유행가, 금릉인 작사, 문호월 작곡, 이난영 노래, 오케, 1934년)

종달새 우지마라 뻑꾹이도 오르지마라
니가 울면 내 가슴에 상심이 더욱이 요란타
에헤라 청춘이로다
〈에헤라 청춘〉(신민요, 금릉인 작사, 염석정 작곡,
이난영 노래, 오케, 1934년)

위에 제시한 것은 〈봄강〉의 1절과 〈에헤라 청춘〉의 3절이다. 그런데 '봄강'과 '에헤라 청춘'이라는 제목을 보며 자연스럽게 연상되는 흥겨운 내용과 달리 실제 가사는 평화로운 어촌의 풍경을 그린다든지, 종달새가 울면 자신의 상심이 커진다는 내용으로 이루어져 있다. 〈에헤라 청춘〉의 1절과 2절은 그런대로 경쾌하게 이루어지다가 3절에 와서 다시 상심이 커진다는 내용으로 끝을 맺은 것이다.

사실상 금릉인의 작품에서 더 많은 부분을 차지하고 있는 것은 임의 부재에서 비롯한 상실감과 결핍감을 표현한 작품이다. 특히 임과 나와의 간극을 만들고 넓히는 데 일조하는 것은 '물'이라고 할 수 있다. 이하윤이 가사에서 물을 부정적인 이미지를 표현하는데 사용했다면,[35] 금릉인의 작

---

35 장유정, 「이하윤 대중가요 가사의 양상과 특성 고찰」, 『한국민요학』 제28집, 한국민요학회, 2010, 147~177쪽.

품에서도 이러한 현상이 유사하게 나타나는 것이다. 〈바다의 로맨스〉, 〈바다 넘어〉, 〈관서천리〉, 〈앞 강물 흘러 흘러〉, 〈남포로 가는 배〉, 〈안달이 나요〉, 〈강 넘어 천리 길〉 등이 모두 물의 이미지를 부정적으로 그린 작품이다.

〈앞 강물 흘러 흘러〉에 등장하는 '강물'이 '아무리 물이 흘러 넘쳐도 떠나는 임을 막지 못하는' 무력한 '강물'이라면, 나머지 작품에서 바다와 강은 임과 나와의 괴리감을 강화하는 기제로 사용된다.

> 남포로 써나가는 저근 돛단배 고기잡이 범선(帆船)인줄 알면서도
> 행여나 길 잘못든 님 탄배나 아닌가 오늘도 왼종일 바닷가에 속았소
>
> 물결은 천리라서 소리만 치고 한번 가면 그만인줄 알면서도
> 행여나 꿈과 갓치 반가운 소식 올까 모래알 헤아리며 해 지도록 울었소
>
> 포구에서 살면은 한 많은 신세 들고나는 밀물같이 뜨내기 운명
> 물새도 날어가 바다를 날건만은 섬살이 한평생 눈물에 짙어나오
> 〈남포로 가는 배〉(금릉인 작사, 손목인 작곡, 이난영 노래, 오케, 1936년)

위의 작품 속 시적 화자는 포구에 살며 떠난 임을 그리워하는 사람이다. 2절의 "행여나 꿈과 같이 반가운 소식 올까"라는 표현에서 알 수 있듯이, 임이 돌아올 것이라는 기대와 희망의 끈을 놓지 못한다는 점에서 시적 화자는 미련하다. 게다가 시적 화자는 임에게 원망을 쏟아 붓지도 못한다. 그저 "왼종일 바닷가에 속았소"라며 바다에 푸념하고 눈물만 흘릴 뿐이다. 여기서 시적 화자의 수동성을 지적할 수 있다.

수동적인 시적 화자와 임과의 간극을 넓히는 것은 '바다'이다. 육지에서의 이별보다 바다를 사이에 두고 일어나는 이별은 그 비극성이 클 수밖

〈남포로 가는 배〉 음반 광고
(『조선일보』 1936년 7월 4일)

에 없다. "물결은 천리라서 소리만 치고 한 번 가면 그만인줄 알면서도"에서도 그러한 사실을 확인할 수 있다. 걸어서 이동할 수 있는 육지와 달리 바다는 걸어서 갈 수 없기에 임과의 거리감을 강화하는 것이다. 그러므로 시적 화자는 "물새는 날아가 바다를 날건만은"이라며 자유롭게 날아다니는 물새를 부러워한다. 즉 자신의 신세를 물새에 비교하며 신세의 처량함을 강조하는 것이다.

금릉인 작품 속 시적 화자는 수동적이고 과거 지향적이다. 시적 화자는 떠난 임을 그리워하고 고향을 그리워한다. 현실에 발을 디딘 채 앞으로 나아가기보다는 과거만을 회상한 채 과거에서 한 발짝도 멀어지지 못하는 것이다. 그런 시적 화자가 하는 일은, 임을 기다리고 기다리다 지쳐 스스로 안달이 나고 그러다가 눈물을 흘리는 것이다. 금릉인의 작품에 나타나는 시적 화자의 수동성이나 과거지향성은 이하윤의 작품에서도 나타났다.

당시에 이하윤은 콜럼비아 회사의 문예부장이고, 금릉인은 오케 회사의 문예부장이었다. 각 음반 회사를 대표하는 두 작사가의 작품 성향에서 공통점이 나타나는데, 이를 통해 애상과 슬픔의 정조를 드러낸 '비극적 낭만성(melancholy)'[36]이 당시 작품의 주된 경향이라고도 할 수 있다. 임

---

36 비극적 낭만성에 대해서는 위의 논문, 168쪽을 참고할 수 있다.

이 부재(不在)한다는 점에서 비극적이고 이별의 아픔과 슬픔을 서정적인 언어로 표현했다는 점에서 낭만적이다.

그러나 두 사람의 작품에 공통적으로 비극적 낭만성이 드러나면서도 그 세부적인 모습은 다소 다르다. 이하윤의 작품 속 시적 화자가 금릉인의 작품 속 시적 화자보다 상대적으로 적극적인 것이다. 이하윤 작품 속의 시적 화자는 이별 상황에서 임을 원망하거나 가지 말라고 말하기도 한다. 그러나 금릉인의 작품 속 시적 화자는 언제나 이별 후에 홀로 남겨져 임을 그리워하고 슬퍼하기만 한다.

또한 이하윤 작품 속의 시적 화자는 임을 원망하기도 하고(〈섬 색시〉), 직접 찾아 나서기도(〈포구에 우는 여자〉) 한다.37 그러나 금릉인의 작품 속에는 안달이 나면서도 아무 것도 하지 못한 채 눈물만 흘리는 시적 화자가 나타날 뿐이다. 어떤 면에서 금릉인 작품 속의 시적 화자가 더 미련하다고도 볼 수 있다. 그러나 영악하지 않고 미련하다는 것은 그만큼 더 순수하고 순진하다는 것을 의미하기도 한다.

V. 맺음말

이상으로 금릉인의 생애를 밝히고 그가 창작한 작품의 전반적인 양상과 작사한 대중가요 가사의 특징을 살펴보았다. 금릉인의 생애에 대한 오류를 바로잡은 것과 그가 창작한 작품의 전모를 밝힌 것은 이 논문의 성과라 하겠다. 금릉인이 작사한 대중가요의 가사의 특징을 '귀소본능과 회귀의 실패', '향토성과 전통성의 획득', 그리고 '상실감과 과거지향성'으로

---

37 이하윤 작품의 실제 분석은 위의 논문, 157~160쪽을 참고할 수 있다.

나누어 살펴보았다. 이 세 가지 특징은 각각 존재하기보다는 서로 순환하고 교류하며 금릉인이 작사한 대중가요의 '비극적 낭만성'을 강화하는 역할을 한다.

'비극적 낭만성'은 '슬프지만 아름다운', 혹은 '슬프도록 아름다운'이라는 뜻으로 풀이할 수 있다. 우리는 슬픔 속에서 아름다움을 느끼기도 한다. 어느 시대 누구든지 저마다 자신만의 슬픔을 간직한 채 살아간다. 슬픔이 자신의 몸을 휘감을 때는 그저 그 슬픔을 견디며 슬픔이 지나가기를 기다려야 한다. 대중가요는 그렇게 슬픔을 견딜 수 있도록 슬픔에 공감해주고 슬픔을 겪고 있는 사람들을 격려해준다. 금릉인의 작품이 당대에는 물론 오늘날까지 회자되는 것은 금릉인의 노래가 여전히 많은 이들의 공감을 사고 그들을 위로해주기 때문이다.

* 이 글은 장유정, 「대중가요 작사가 금릉인의 생애와 작품 세계」, 『한국민요학』제32집, 한국민요학회, 2011을 수정·보완한 것이다.

:: 참고문헌

『경향신문』, 『동아일보』, 『별건곤』, 『삼천리』, 『조광』
이준희, 「'오빠는 풍각쟁이'는 저작권 안 걸려요」, 『오마이 뉴스』, 2005년 1월 25일.
강사랑, 『대서정 한국레코오드 가요사』, 한국음반제작가협회, 1967.
김삼웅, 『일제 침략사 65장면』, 가람기획, 2005.
손목인, 『손목인의 인생찬가』, 도서출판 HOTWIND, 1991.
장유정, 『오빠는 풍각쟁이야-대중가요로 본 근대의 풍경』, 민음인, 2006.
장유정, 「이하윤 대중가요 가사의 양상과 특성 고찰」, 『한국민요학』 제28집, 한국민요학회, 2010.
김점도 편, 『유성기음반총람자료집』, 신나라 레코드, 2000.
한국음반아카이브연구단 엮음, 『한국 유성기음반』, 한걸음·더, 2011.
한국역대인물종합정보시스템(2011년 7월 7일 검색), http://people.aks.ac.kr/front/tabCon/ppl/pplView.aks?pplId=PPL_7HIL_A1911_1_0001385
네이버 백과사전(2011년 7월 3일 검색), http://100.naver.com/100.nhn?docid=842604
국사편찬위원회 편, 『일제침략하 한국 36년사』(2011년 7월 4일 검색), http://db.history.go.kr

김성집
일상의 소재화와 해학성을 추구하다

김성집(김인범 제공)

Ⅰ. 머리말

　1911년 5월 4일 함경남도 원산에서 태어난 김성집은 1930년대에 대중가요 작사가로 활동했던 인물이다. 그는 포리돌(Polydor) 음반 회사를 시작으로 태평(Taihei) 회사와 빅타(Victor) 회사에서 대중가요를 작사하였으며, 1950년대는 극작가로 활발한 활동을 한 인물이다. 그러나 그의 생애는 물론 작품에 대한 정리와 본격적인 연구조차 이루어지지 않은 실정이다.
　필자는 20세기 전반기에 활동하였던 작사가의 작품들을 수집하고 정리하고 분석하다가 김성집의 작품을 접하였다. 앞으로 살펴보겠으나, 다른 작품과 비교할 때 그의 작품은 독특한 위치를 점한다. 대체로 당시에 애상과 슬픔이 주를 이루던 대중가요 작사 경향과 달리 그는 해학과 풍자에 특장을 드러낸 것이다. 이에 그의 작품을 본격적으로 살펴보기 위해 자료를 수집하기 시작하였다. 그러나 그에 대한 상세한 자료를 찾는 일은 쉽지 않았다. 그러던 차에 김성집의 막내 아드님이신 김인범 선생이 운영하는 김성집 추모 사이트 '신민요 김성집'[1]을 찾았다. 결국 김인범 선생을 만나 아버님에 대한 소중한 증언을 들을 수 있었다.[2]
　본고에서는 인터뷰 내용과 당시의 사료를 토대로 김성집의 생애를 정

1　http://www.nodazi.org
2　김인범 선생과의 인터뷰는 2010년 12월 23일 가락시장역 호텔캘리포니아 커피숍에서 12시부터 2시까지 진행되었다.

리하고 그의 대중가요 가사를 정리하고 분석하여 가사에서 나타나는 특징을 살펴보기로 한다. 그러므로 본고는 김성집의 생애와 그의 작품을 처음으로 조명하는 자리가 될 것이다.

II. 김성집의 생애

1911년 5월 4일 원산에서 출생한 김성집의 아호는 구보(九步)[3]와 광(狂)이고, 개성 송도고보를 졸업하였다. '신민요 김성집' 사이트에 소개된 김성집의 생애와 아드님 김인범 선생과의 인터뷰, 그리고 음반 자료 및 당시의 사료를 토대로 그의 약력을 정리하여 제시하면 다음과 같다.

> 1911년 5월 4일 원산에서 출생
> 1933년 포리돌 음반 회사에서 작사활동 시작
> 1935년~1936년 태평 음반 회사에서 작사 활동
> 1937년~1941년 빅타 음반 회사의 문예부장으로 활동하며 대중가요 작사
> 1940년 〈반도악극좌〉에서 활동
> 1941년 군국가요가 성행하자 문예부장 사임 후 낙향하여 원산에서 활동
> 1946년~1948년 원산 노동신문 주필을 맡았다가 1948년 10월 노동당 가입을 거부하여 해임
> 1950년 10월 대한민국 국군의 원산입성 직후, 『강원민보』 창간

---

[3] 김인범 선생의 말에 따르면, 김성집의 아호인 구보(九步)는 원래 한자를 '龜步'라 표기했으나 '龜'자 쓰기가 까다롭고 귀찮다 하여 (九步)로 바꾸셨다고 한다. 언제부터 아호를 사용했는지는 알 수 없으나, 아드님이신 김인범 선생 생각에 아버지가 성격이 꽤 느긋한 편이라 '구보(龜步)'라 하지 않았을까 추측했다.

1950년 12월 남 후 포항해군경비부 정훈과에서 〈6·25전투 속보〉 발행
1952년 부산에서 주간지『정치신문』발행
1952년~1955년 부산 광명극장('연극호' 사장 김창준)의 전속 극작가
1955년~1957년 진해 리버티 촬영소(미공보원 산하)의 리버티뉴스, 문화영화 제작자, 시나리오 작가, 배우, 리포터로 활동, 문화영화에 '코리아 할아버지'로 직접 출연, 뉴스 해설자로 활동 당시 진해 해군본구『군항』잡지 발간, 동 잡지에 영화 시나리오 〈최후의 한 사람〉을 연재.
1957년~1959년 영화 시나리오 집필, 대표작은 1958년 〈콩쥐팥쥐〉(윤봉춘 감독)
1959년 12월 28일 김성집 작고

이상이 김성집의 약력이다. 김인범 선생의 증언 등에 의거하여 김성집의 성장 과정을 정리하면 다음과 같다. 김성집은 어려서 일찍 아버지를 여의고 어머니인 홍순경(洪淳景)의 손에서 자랐다. 작은 체구에 곱상하게 생긴 홍순경은 이웃을 잘 살피고 그들을 많이 도와주었다. 홍순경은 '여장부'란 별명을 얻었는데, '우시장'에 가서 소를 살 때 "사나운 놈이 일도 잘 하는 법"이라며 가장 사나운 소를 골라 샀기 때문이다. 원산에서 '홍과부'하면 모를 사람이 없을 정도로 홍순경은 유명했다. 농사일이 많아서 집에 10여 마리의 소가 있었던 홍순경은 재리에 밝아서 집을 부유하게 만들었다.

김성집은 어려서부터 음악 방면에 소질이 있었다. 그가 가수로 활동한 흔적을 아직까지 찾을 수는 없으나, 8세 때 교회 성가대에서 독창을 하였다는 것으로 보아 노래에 소질이 있었을 것이라 추측할 수 있다. 또한 바이올린도 잘 켜서 부산에서 피난 생활을 할 당시에는 아들인 김인범 선생을 무릎에 앉히고 바이올린을 연주해주곤 했다.

김성집의 아내 장금석은 북청 출신으로, '원산고녀(元山高女)'를 졸업한

코리안 할아버지로 활동했을 당시의
김성집 (김인범 제공)

지식인 계층의 사람이었다. 김성집이 원산에 있을 당시에는 문인들이 그의 집에 꽉 찰 정도로 모이곤 했다. 여러 행적을 보건대, 그는 문학과 음악, 그리고 풍류를 좋아하는 예술적 기질이 다분한 사람이었던 것으로 보인다. 특히 김정구의 형이자, 일제강점기 당시 가수로 활발한 활동을 하였던 김용환과 친분이 깊었다. 실제로 그가 김용환과 함께 많은 작품 활동을 한 것을 확인하였다.

김성집과 장금석은 슬하에 2남 3녀의 5남매를 두었다. 광복 후에 전쟁이 발발하자, 고향인 원산에 할머니인 홍순경만 남겨두고 1950년 12월, 김성집의 일가족이 남쪽으로 일시 피난하였다가 휴전선에 가로막혀 할머니 홍순경과 영영 이별하게 되었다. 할머니 홍순경은 원산에 남아 있다가 1951년 4월경에 돌아가셨다고 한다. 김성집은 마산의 삼남영화제작소에서 문화 영화를 찍었고, 미 공보부의 리버티 뉴스(Liberty News)를 제작하였으며, '코리안 할아버지(Korean Haraboji)'로 출연하여 뉴스를 해설하기도 했다.

부산 피난 시절 '연극호'에 김성집이 쓴 대본으로 연극을 올렸다. 김성집은 연극호의 전속 작가로 1954년에서 1957년까지 약 3년 정도 활동하였다. 김성집이 대본을 쓰면 아내인 장금석이 다시 정자체로 써서 배우들에게 주곤 하였다. 특히 김성집이 대본을 쓰고 엄앵란이 주연을 한 윤봉춘 감독의 〈콩쥐팥쥐〉(1958년)는 총천연색 영화로 주목을 받기도 했다.[4]

극작을 매우 좋아했음에도 불구하고 김성집이 극작을 그만둔 것은 원고마감에 시달렸기 때문이라고 한다. 느긋한 성격의 김성집 [구보(龜步)]에게 원고마감이 얼마나 큰 부담으로 다가왔을지 짐작할 수 있는 대목이다.

이상이 김성집의 주요 행적과 약력이다. 다음 장에서는 그가 작사한 대중가요의 전반적인 양상을 살펴보기로 한다.

III. 작품의 전반적인 양상

김성집이 작사한 대중가요 작품은 현재 목록이 확인되는 것만 총 34편이다. 수적으로 많은 편이 아니나, 그 소재와 내용이 독특해서 살펴볼 만하다. 그가 작사한 작품의 목록을 연대순으로 제시하면 다음 〈표〉와 같다.

김성집은 1933년에 포리돌 회사에서 〈서울 가두 풍경〉으로 대중가요 작사를 시작하였다. 1935년부터는 태평 회사로 옮겨 그곳에서 주로 작사를 하였고, 1937년부터는 빅타 회사에서 주로 활동하였다. 포리돌과 태평 회사에서는 김광이라는 이름을 김성집과 함께 사용하였으나 빅타에서는 김성집이라는 이름만 사용한 것을 확인할 수 있다.

발매 연도별 곡종 수를 보면 1933년에 6곡, 1935년에 3곡, 1936년에 8곡, 1937년에 2곡, 1938년에 2곡, 1939년에 6곡, 1940년에 5곡, 1941년에 1곡, 발매 연도를 알 수 없는 곡이 한 곡이다. 대중가요 작사를 시작한 연도인 1933년과, 1936년, 그리고 1939년에 가장 많은 작품을 창작하였음을 알 수 있다. 그러나 전체 곡종 수가 많지 않아서 특정 시기에 상대적으로 많은 작품을 창작한 것에 대해 별다른 의미를 부여하기는 어렵다.

---

4 김인범 선생은 당시 극장 측에서 〈콩쥐팥쥐〉 홍보를 위해 극장 옥상에서 사람들에게 찹쌀떡을 던졌던 일을 기억하고 있었다.

번호	제목	곡종	발매연도	작사자	작곡자	가수	음반회사	음반번호
1	서울가두풍경	유행가	3301	김광	김탄포	김용환	포리돌	19025A
2	이역정조곡	유행소곡	3301	김광	김탄포	이경설	포리돌	19025B
3	배반당한 그 남자는	가극	3304	김광	김용환	김용환, 전옥	포리돌	19054A
4	일엽편주	유행소곡	3307	김광	김탄포	전옥	포리돌	19068B
5	이꼴 저꼴	유행가	3309	김광	김탄포	김용환	포리돌	19077A
6	항구의 히로인	유행소곡	3310	김광	김용환	전옥	포리돌	19081A
7	콧노래	신민요	3512	김성집	이기영	노벽화	태평	8170A
8	약산동대	신민요	3512	김광	조명근	강석연	태평	8172A
9	고향의 처녀	유행가	3512	김광	이기영	최남용	태평	8172B
10	뽕 따러 가세	신민요	3601	김성집	이기영	노벽화	태평	8178A
11	비가	유행가	3601	김광	중촌광	최남용	태평	8178B
12	모랫벌 십리	신민요	3602	김성집	중촌광	노벽화	태평	8188A
13	사향의 썰매	유행가	3602	김광	이기영	최남용	태평	8190A
14	청춘의 노래	유행가	3602	김광	이사완	강석연	태평	8190B
15	꽃 질 때	유행가	3603	김성집	이기영	노벽화	태평	8177
16	애상의 포구	유행가	3605	김성집	이기영	최남용	태평	8209B
17	바다의 카라반	유행가	3610	김광	김교성	윤건영	포리돌	19341B
18	물새야 울지 마라	유행가	3709	김성집	이기영	조영은	빅타	49483A
19	얼럴럴타령	신민요	3710	김성집	이기영	김옥진, 이규남	빅타	49484B
20	돌아라 물레야	신민요	3804	김성집	이기영	김초홍	빅타	KJ1158B
21	어느 여자의 일기	유행가	3804	김성집	이기영	노벽화	빅타	KJ1159A
22	야멸찬 심사	유행가	3902	김성집	문호월	송달협	빅타	KJ1282B
23	술 취한 진서방	희가요	3905	김성집	조자룡	김용환	빅타	KJ1319A
24	눈깔 먼 노다지	신민요	3906	김성집	조자룡	김용환	빅타	KJ1322B
25	정어리타령	신민요	3906	김성집	조자룡	김용환	빅타	KJ1322A
26	꿈꾸는 녹야	유행가	3906	김성집	이면상	이규남	빅타	KJ1326A
27	꼴망태 아리랑	신민요	3907	김성집	조자룡	김용환	빅타	KJ1335A
28	심청의 노래	주제가	4001	김성집	이면상	황금심	빅타	KJ1360A
29	장모님 전 항의	가요곡	4004	김성집	김양촌	김용환	빅타	KJ1381B
30	갑산 큰 애기	신가요	4007	김성집	이면상	박단마	빅타	KA3017
31	두견아 우지 마라	신가요곡	4007	김성집	이면상	박단마	빅타	KA3017
32	마도로스 일기	유행가	4007	김성집	세전의승	이규남	빅타	KA3009A
33	원춘보	가요곡	4104	김성집	전수린	박단마	빅타	KA3034
34	노류한			김성집	이기영	노벽화	태평	8206B

한편 그가 창작한 작품의 곡종별 수치를 제시하면 다음과 같다. 가요곡 2편, 신가요 2편, 신민요 9편, 유행가 14편, 유행소곡 3편, 주제가 1편, 희가요 1편, 가극 1편, 곡종 미상이 1편이다. '가요곡'과 '신가요'는 1940년대 전시 체제하에서 '유행가'를 새로 지칭하던 용어이고, '유행소곡'은 '유행가'라는 용어가 등장하기 전에 사용되었던 용어임을 감안할 때, '유행가'가 총 21편으로 가장 많은 수를 차지한다고 볼 수 있다.

당시의 '유행가'는 크게 두 가지 의미로 사용되었다. 당대에 유행하는 대중가요를 지칭하는 것이 하나고, 오늘날 '트로트'라 일컫는 노래를 지칭하는 것이 다른 하나다. 대체로 당시에 '유행가'라고 하면, '신민요'처럼 기존의 전통가요를 대중가요화한 작품 외의 대중가요를 범박하게 지칭하는 경우가 많았다. 김성집이 작사한 작품 중에 '유행가'가 가장 많은 수를 차지한 것도 동일한 맥락에서 이해할 수 있다.

그의 작품 중에서 현재까지 가사를 확보한 것은 15편이다. 전체 34편의 곡목 중에서 약 반 수 이상의 가사를 찾은 것이다. 비록 많은 수는 아니나, 이 작품만으로도 김성집 작품의 몇 가지 특징을 짚어볼 수 있다. 앞서 언급한 것처럼, 김성집은 포리돌, 태평, 빅타의 순으로 음반 회사를 옮겨 가며 작품을 창작하였다. 그런데 공교롭게도 김성집의 작품은 음반 회사와 창작 시기별로 가사에서 약간씩 다른 경향이 나타난다. 물론 음반 회사와 작품 경향의 변화가 연관이 있는지는 앞으로 더 살펴보아야 할 것이다. 그렇더라도 시기별로 창작의 주된 경향과 특정한 작품의 양상이 나타나는 것은 사실이다.

이에 다음 장에서는 김성집이 활동한 시기의 경과에 따라 가사에 어떤 특징이 드러나는지를 고찰하기로 한다.

IV. 대중가요 가사의 특징

　김성집의 작품을 세 시기로 나누어서 살펴보기에 앞서, 김성집 가사에 나타나는 어휘의 빈도수를 제시하기로 한다. 김성집의 가사 속 어휘빈도수는 여타 작사가의 가사 속 그것과 다른 모습을 보여준다.
　즉 '노다지'가 22번으로 가장 많이 등장했고 이어서 '정어리'가 21번 출현했다. 그 다음 높은 빈도수를 보인 어휘도 좋다(15회)/ 임(12회)/ 장모(12회)/ 엥여라차(12회)/ 정말(12회)/ 왜(11회)/ 죽다(10회)로, 여타 다른 작가가 주로 사용한 어휘와 다른 것을 알 수 있다.
　'노다지', '정어리', '엥여라차' 등이 주로 사용된 것만 보아도 그가 창작한 노랫말의 독특한 미감을 짐작할 수 있다. 그런데 이러한 어휘가 많이 나온 것은 그의 노랫말 작법과도 관련이 있다. 즉 특정 어휘나 후렴 등을 반복 사용하면서 해당 어휘의 빈도수가 올라갔던 것이다.
　그와 더불어서 지적할 수 있는 것은 그가 부정적인 어휘보다 긍정적인 어휘를 많이 사용했다는 것이다. 위에 제시한 '죽다'마저도 사전적 의미의 '죽다'보다 "좋아 죽겠네"할 때처럼 무언가가 좋다는 것을 표현한 '죽다'이다. 그것을 반복적으로 사용하면서 빈도수가 높아졌을 뿐이다. 따라서 김성집은 긍정적인 어휘를 많이 사용했다고 할 수 있다.
　한편 김성집의 작품은 크게 세 시기로 나누어서 살펴볼 수 있다. 첫째, 김성집이 처음으로 작사를 시작한 1933년인데, 이때 그는 포리돌 회사에서 활동하였다. 다음으로 1935년에서 1936년으로, 그가 태평 회사에서 활동했던 시기이다. 마지막으로 1937년에서 1941년으로, 그가 빅타 회사에서 활동했던 시기이다. 중간에 다른 회사에서 한 곡 정도 음반을 내기도 하였으나, 대체로 김성집은 대중가요를 작사하던 약 9년 동안 세 곳의 음반 회사에서 전속 작사가로 작품을 창작하였다. 그러면 각 시기별 작품의 주된 경향을 살펴보기로 한다.

1. 세태 반영과 풍자 정신(1933년)

1933년은 김성집이 포리돌 회사에서 작품 활동을 하던 시기이다. 이 시기에 발표된 작품으로는 〈서울 가두 풍경〉, 〈이역정조곡〉, 〈배반당한 그 남자는〉, 〈일엽편주〉, 〈이꼴 저꼴〉, 〈항구의 히로인〉을 들 수 있다. 그런데 첫 작품인 〈서울 가두 풍경〉을 보면, 그가 처음 대중가요 노랫말에서 지향한 것이 무엇인지를 알 수 있다.

> 서울이라 장안에 처녀들도 만하 아가씨네 절남회(전람회)나 열어 볼가
> 고흔 아씨 미운아씨 만키도 할 걸 쌤 마질 소리 마라 하 우스워
>
> 검정굉이 핸드쌕 든 스텍기썰에게 동대문 박(밖) 가는 길을 무러 보다가
> 팔자 업는 트라이푸(드라이브)에 톡 털니고서 빈주먼이만 남어
> 하 우스워
>
> 푸틔 쌕르한 분이 전차 안에서 어느 졂은 아씨의 발등을 밟어
> 도라오는 답례가 쌤 하나 철석 이게 무슨 망신인가 하 우스워
>
> 레스트란트에서 신사 한 분이 졂은 여급 스카트에 매어 달녀서
> 점잔치 못하게 울고 잇스니 그게 무슨 사정일가 하 우스워
> 〈서울가두풍경〉(김광 작사, 김탄포 작곡, 김용환 노래, 포리돌, 1933년)

일제강점기 대중가요 중에는 서울을 그리고 있는 노래가 많다. 서울을 그리고 있는 노래는 크게 웃음의 서울과 눈물의 서울을 그리고 있는 노래로 나뉜다.5 희극 배우 찰리 채플린이 "인생은 가까이서 보면 비극이지만

멀리서 보면 희극이다"라고 하였는데, 서울 노래에서도 그러한 사실을 확인할 수 있다. 화자가 직접 체험하는 서울은 '눈물의 서울'이나, 관찰자의 입장에서 화자가 바라본 서울은 '웃음의 서울'인 것이다.

〈서울가두풍경〉은 화자가 관찰자의 입장에서 '웃음의 서울'을 노래하고 있다. 〈서울가두풍경〉의 1절과 2절에서는 화자가 자신의 얘기를 하는 것인지, 아니면 관찰자의 입장에서 상황을 진술하는 것인지 확실하지 않다. 하지만 3절과 4절에서는 화자가 관찰자의 입장에서 '프티부르주아'와 '신사'의 행동을 묘사하고 이들을 조롱하고 있다는 것을 알 수 있다. 그리고 여기서의 '웃음'은 조롱과 비웃음에 가까운 '풍자의 웃음'이라 할 수 있다.

1930년대에 들어서면 여성들이 새로운 문화의 주체이자 소비의 주체로 떠오른다. 특히 새로운 직업군의 여성들이 등장하는데, 버스걸, 카페걸, 다방걸 등이 그들이다. 〈서울가두풍경〉은 1절에서 남성으로 추측되는 노래 속의 화자가 거리에 여성들이 많아진 사실을 들어 '아가씨 전람회'를 열자고 말한다. 그러면서 '고운 아씨와 미운 아씨'가 많을 것이라고 한다. 그러나 두 번째 줄에서 다른 화자가 "뺨 맞을 소리 말라"며 그 말을 일축한다. 얼핏 보면 여성 비하적인 언술로 볼 수 있으나, "뺨 맞을 소리 말라"는 말 때문에 결과적으로 여성 비하적인 발언을 부정하고 오히려 그런 말을 한 사람을 조롱하는 형국이 된다.

2절에는 '스텍기걸'에게 동대문 밖 가는 길을 물어보다가 팔자에 없는 드라이브에 돈을 모두 쓰고 빈주머니만 남은 남성에 대한 이야기가 나온다. '스텍기걸'은 '지팡이'를 의미하는 '스틱(stick)'에 '걸(girl)'이 합성된

---

5 1930년대 서울 노래의 이중성에 대해서는, 장유정, 「1930년대 서울 노래의 이중성: 웃음과 눈물의 이중주」, 『서울학연구』제24호, 서울시립대학교 서울학연구소, 2005를 참고할 수 있다.

것으로, '사나이의 지팡이 대신, 사나이의 겨드랑이를 부축'하는 여성을 의미한다.6 즉 2절 속 남성은 '스틱걸(stick girl)'에게 길을 물어보았다가 계획에 없던 드라이브7에 모두 돈을 써 버렸다. 그리고 이에 대한 화자의 논평은 한마디로 "하 우스워"이다. 즉 여기서도 조롱이 담긴 풍자가 드러나는 것이다.

이러한 상황은 3절과 4절에서도 마찬가지로 나타난다. 프티부르주아 남성이 전차 안에서 젊은 아씨의 발등을 밟았다가 뺨을 맞는 장면이나 레스토랑에서 신사 한 분이 젊은 여급의 치마를 잡고 울고 있는 모습을 통해 1930년대에 달라진 서울 풍경을 엿볼 수 있다. 가사에 등장하는 전차, 레스토랑, 핸드백, 드라이브, 여급 등은 모두 새로운 근대의 산물이라고 할 수 있다. 그러나 화자는 신문물과 새로운 여성과 남성의 모습을 부러워하기보다는 조롱하고 풍자한다.

특히 이 작품은 표면적으로 '스틱걸'처럼 남성을 이용하여 자신의 욕구를 충족하는 여성을 풍자하지만, 그 이면에는 그러한 여성에게 당하는 어리석은 남성을 조롱한다. 그리고 가사를 보면 조롱의 초점을 여성보다 남성에게 맞추고 있음도 알 수 있다. 이전 시대의 가부장적이고 권위적인 남성이 아니라 어리석고 미련한 남성을 등장시켜 이들을 풍자하고 조롱하는 것이다.

자신의 첫 번째 대중가요에서 세태를 반영하고 이를 풍자한 김성집은 〈이꼴 저꼴〉에서도 도시의 풍경을 조롱하며 웃음을 자아낸다.

──────────

6 신명직, 「식민지 근대도시의 일상과 만문만화」, 『일제의 식민지배와 일상생활』, 혜안, 2004, 304쪽.
7 1930년대에 자동차 '드라이브'가 유행하였다. 특히 청춘 남녀가 남산이나 용산 근처로 드라이브를 하면서 '러브신'을 연출해, 핸들을 잡은 운전수의 손이 부르르 떨렸다는 기사(「이꼴 저꼴」, 『조선일보』 1933년 2월 19일)가 있는 것으로 보아, 당시 자동차 드라이브가 유행한 상황을 짐작할 수 있다.

거리에 오락가락 임자 없는 히로인 배달 선생 그 타입이
양거지가 분명해
이걸로 꽉꽉꽉 꼴불건 하하하 이것도 왜 이러냐 그러냐 모다가
(모두가) 골치 아파 죽겠네

연애 주문 드리다 보기 좋게 미끄러져 스커트에 매달려
사정 사정 통사정
이걸로 꽉꽉꽉 저대로 하하하 이것도 왜 이러냐 그러냐 모다가
골치 아파 죽겠네

서양 활동사진식 최신년의 비결은 지나가는 마담에게 함부로 추파지
이걸로 껄껄껄 유모아 하하하 이것도 왜 이러냐 그러냐 모다가
골치 아파 죽겠네

보기에는 텅 비어도 먹을 때는 좋았지 먹고 나니 외상이라 모양
창피하구나
이걸로 껄껄껄 낯 부끄러워 하하하 이것도 왜 이러냐 그러냐 모다가
골치 아파 죽겠네
　　　　〈이꼴 저꼴〉(김광 작사, 김탄포 작곡, 김용환 노래, 포리돌, 1933년)

음원을 듣고 채록한 것이라 가사가 완전하지는 않으나, 이 노래 또한 도시의 풍경을 조롱하고 풍자한 노래인 것만은 확실하다. 당시 〈이꼴 저꼴〉을 광고한 문구를 통해서도 이러한 사실을 확인할 수 있다.

　　이꼴저꼴!! 이 노래는 複雜한 都會地의 風景을 스켓취한 愉快하고도 快活한 넌센쓰 流行歌입니다. 거리로 酒店으로 모혀드난 모쩐모썰 其中엔 볼 수 없는 꼴不見도 만치요만 이꼴저꼴에 기맥힌 꼴도 만숩니다. 거리로 헤매이는 임자업는 히로인 戀愛注文 드리다가 믯그러진 얼간 지나가는 마담마다 秋波를 던지다가 보기 조케 짝우 한 개 抱腹絶倒할 우

슴의 名盤 作曲은 서울街頭風景의 傑作을 내여 絶對의 好評을 밧든 本社 專屬 作曲家 金灘浦君 歌手는?[8](띄어쓰기는 인용자)

화자는 도회지의 풍경을 묘사하면서 "하하하"와 "껄껄걸" 등의 웃음소리를 나타내는 의성어를 사용하여 도시 속 온갖 군상을 풍자하고, '꼴불견'이라고 말하고 "골치 아파 죽겠"다고 한다. 광고문을 통해서 〈이꼴 저꼴〉이 당시 거리에서 볼 수 있는 군상을 묘사한 것임을 알 수 있다. 광고문에 "유쾌하고도 쾌활한 난센스 유행가"라는 표현도 보이는데, 당시의 '난센스'도 웃음으로 풍자하는 것을 주로 했던 갈래이다. 그러므로 〈이꼴 저꼴〉도 도시의 군상을 통해 궁극적으로 그들을 풍자한 것으

〈이꼴저꼴〉 음반 광고
(한국유성기음반 아카이브)

로 볼 수 있다. 광고문에 〈서울가두풍경〉이 호평을 받았다고 적혀있는데, 이를 통해 〈이꼴 저꼴〉이 〈서울가두풍경〉과 맥을 같이하는 작품임을 알 수 있다.

〈이꼴 저꼴〉과 〈서울가두풍경〉은 김성집의 작품 중에서 풍자와 조롱을 담은 작품으로 주목할 만하다. "풍자는 정면 공격이 불가능한 당대의 억압 상황에 가장 적절한 당위적 장르"[9]라는 말을 떠올릴 때, 일제강점기

---

8 한국음반아카이브연구단 엮음, 『한국유성기음반』4권, 한걸음·더, 2011, 455쪽.
9 김준오, 『문학사와 장르』, 문학과지성사, 2000, 242쪽.

라는 억압 상황에서 김성집이 '풍자'를 선택한 것은 의미가 있다. 패기 넘치는 젊은 김성집은 '풍자'를 통해 세태를 반영하고 온갖 군상을 풍자하였던 것이다. 그리고 이는 당시 대중가요 갈래 중 '만요'가 보여준 세계와 맥을 같이 한다.

1930년대 대표적인 대중가요 갈래로는 트로트(유행가), 신민요, 만요, 재즈송을 들 수 있다. 트로트가 일본 대중음악의 영향을 받아서 형성된 갈래라면, 재즈송은 서양 음악(대중음악)의 영향을 받아서 형성된 갈래이다. 신민요는 전통가요를 대중가요화한 것이라면, 만요는 가사가 대체로 '웃음'을 지향하는 내용으로 이루어진 유형이다. 만요는 다른 갈래와 조금 다르기는 하나, 중요한 것은 당시에 '만요'라는 갈래명이 존재하였다는 점이다. 앞서 살펴 본 두 작품의 경우, 음반가사지에 '유행가'라 적혀있으나 그 내용은 전형적인 만요의 모습을 보여준다.10

한편, 이 시기에 창작한 작품 중에서 가극 〈배반당한 그 남자는〉은 주인공 남자가 돈과 명예와 영화(榮華) 때문에 마음이 돌아선 연인(여자)을 죽이는 비극적인 내용으로 이루어져 있다. 이 작품은 대사마저 노래로 처리하고 있어 초창기 뮤지컬 모습을 보여주는 중요한 작품에 해당한다.11 그리고 〈이역정조곡〉은 타향에서 고향을 그리워하는 내용으로 이루어져 있다. 방랑의식을 기반으로 하고 있는 이 노래는 당시 여타 대중가요의 모습과 다르지 않다. 즉 방락의식을 기반으로 하여 고향을 그리워하는 내용으로 이루어진 작품은 당시의 주된 경향을 따른 것이라 할 수 있다.

요컨대 세태를 반영하고 이를 풍자하는 내용으로 이루어진 〈서울가두

---

10 일제강점기 대중음악의 갈래에 대해서는 장유정, 『오빠는 풍각쟁이야-대중가요로 본 근대의 풍경』, 민음인, 2006, 95-124쪽을 참고할 수 있다.
11 〈배반당한 그 남자는〉은 최근에 이경호 선생님이 음원을 공개하여 그 구체적인 모습이 드러났다. 초창기 우리나라 뮤지컬 내지 가극의 모습을 보여주는 중요한 작품인데, 이에 대해서는 다른 논고를 통해 본격적으로 다루기로 한다.

풍경〉과 〈이꼴저꼴〉은 상대적으로 독특한 작품이라 할 수 있다. 그러므로 김성집의 독특한 면모를 보여주는 풍자의 노래에 곁점을 찍는 것은 자연스러운 일이라 하겠다. 그러나 이러한 경향은 1935년에 가면 달라진다. 다음 절에서 변화된 작품의 양상을 살펴보기로 한다.

2. 애상의 노래와 기쁨의 노래(1935년~1936년)

김성집이 1935년에서 1936년까지 작사한 작품으로는 〈콧노래〉, 〈약산동대〉, 〈고향의 처녀〉, 〈뽕 따러 가세〉, 〈비가〉, 〈모랫벌 십리〉, 〈사향의 썰매〉, 〈청춘의 노래〉, 〈꽃 질 때〉, 〈애상의 포구〉, 〈바다의 캬라반〉 등을 들 수 있다. 이 시기는 그가 태평 회사에서 활동하던 시기이기도 하다.

이 시기 노래의 주된 경향으로는 '고향'과 '바다'를 소재로 하여 방랑의식과 애상의 정서를 표출한 것을 지적할 수 있다. 가사를 찾지는 못하였으나 〈모랫벌 십리〉, 〈애상의 포구〉, 〈바다의 캬라반〉이라는 제목에서, '바다'를 제재로 한 가사로 이루어진 노래라는 것을 짐작할 수 있다. 그리고 〈고향의 처녀〉와 〈사향의 썰매〉와 같은 제목에서 이 노래들이 '고향'을 소재로 하고 있음을 알 수 있다. '사향'이 '고향을 그리워한다'는 뜻이므로 〈사향의 썰매〉는 고향을 떠난 화자가 고향을 그리워하는 내용으로 이루어져 있을 것이라 짐작하는 것이다. 그리고 〈비가〉와 〈애상의 포구〉에서 '애상'이라는 어휘를 통해 노래가 애상의 정서를 표출하였으리라 추측할 수 있다.

일제강점기 여러 음반 회사에서 발매한 음반의 가사지 중 현재까지 태평 회사의 음반 가사지는 상대적으로 적게 발견되었다. 그 때문에 김성집이 작사하여 태평 음반 회사에서 발매한 노래의 가사도 거의 찾을 수 없었다. 다만 이 시기에 발매된 노래 중 현재 가사를 찾은 것은 〈뽕 따러

가세〉와 〈콧노래〉뿐이다. 먼저 〈뽕 따러 가세〉의
가사를 제시하면 다음과 같다.

> 뽕따러 가세 뽕따러 가세 정든 님
> 찾아서 뽕 따러 가세
> 얼시구나 좋다 절씨구나 좋다 정든 님
> 찾아서 뽕 따러 가세
> 뽕도 딸 겸 님도 볼 겸 겸사 겸사로 뽕
> 따러 가세
>
> 달구경 가세 달구경 가세 정든 님
> 찾아서 달구경 가세
> 얼씨구나 좋다 절씨구나 좋다 정든 님
> 찾아서 달구경 가세
> 달도 볼 겸 님도 볼 겸 뒷산 너머로
> 달구경 가세
>
> 남몰래 지은 모보단 염낭 정든 님 만나서
> 건네나 주리
> 얼씨구나 좋다 절씨구나 좋다 바람만 불어
> 도 가슴이 XX
> 뽕도 딸 겸 달도 볼 겸 겸사 겸사로 님 찾
> 아 가세
> 〈뽕 따러 가세〉(김성집 작사, 이기경 작곡,
> 노벽화 노래, 태평, 1935년)

김성집의 〈뽕 따러 가세〉는 당시에 유행하던
통속민요 〈뽕 따러 가세〉에서 동기를 차용한 것

〈뽕따러 가세〉 음반 광고
(『조선일보』 1935년
12월 25일)

이다. 이미 남도민요로 〈뽕 따러 가세〉가 있는가 하면, 『동아일보』 1934년 3월 27일자에는 김만조라는 사람이 지은 〈뽕 따는 색시〉라는 작품이 소개되었다.

> 뽕 따러 가세 뽕 따러 가세 네가 내가 둘이서 뽕 따러 가세
> 임도 보고 뽕도 따고 겸사겸사 에헤루 에헤루 뽕 따러 가세
>
> 뽕 따러 간다 뽕 따러 간다 네리내리
> 둘이서 뽕 따러 간다 임도 보고 뽕도
> 따러 설렁설렁에 에헤루 에헤루 뽕 따러 간다
>
> 뽕을 따네 뽕을 따 네네랑내랑 둘이서 뽕을 따네
> 임도 보고 뽕도 따며 시적시적 에헤루 에헤루 뽕을 따네

〈뽕 따는 색시〉라는 제목의 이 작품은 김성집이 작사한 〈뽕 따러 가세〉와 거의 유사하면서도 시간적 순서에 따라 절이 진행되는 것이 특징적이다. 즉 1절에서 "뽕 따러 가세"라고 권유하고, 이어서 2절에서는 "뽕 따러 간다"고 말하고, 마지막으로 3절에서는 "뽕을 따네"라고 해서 뽕을 따러 가는 행위의 과정이 시간적 순서에 따라 드러나는 것이다.

김성집이 작사한 〈뽕 따러 가세〉도 기본적으로 〈뽕 따는 색시〉와 마찬가지로 기쁨과 환희가 넘치는 내용으로 이루어져 있다. 사랑에 마음이 달뜬 화자가 임을 찾아 뽕 따러 간다는 내용이 흥겹게 전개되고 있는 것이다. '뽕'이라는 단어를 발음할 때 느껴지는 재미, '뽕 따러 가세'라는 후렴의 반복, 그리고 "뽕도 딸 겸 임도 볼 겸" 등에 나타나는 언어의 유희가 작품을 더욱 흥겹고 즐거운 것으로 만드는데 일조한다.

임을 찾아가는 화자는 임을 찾아가면서 어떤 걱정도 하지 않는다. 그

저 화자는 임을 만날 생각에 설레고, 남몰래 만든 모보단 염낭을 임에게 줄 생각으로 즐겁다. 간혹 사랑하는 연인 사이에서 발생할 수 있는 의심, 배신, 미움, 원망 등은 이 작품에서 드러나지 않는다. 아무 걱정과 염려 없이 임을 믿고 그 임을 만나러 갈 생각에 흥겨운 화자를 보며 노래를 듣는 우리도 잠시 모든 근심을 잊고 사랑이 충만한 세계에 빠져든다. 사랑에 겨워 기쁨을 느끼는 화자의 마음은 〈콧노래〉에도 마찬가지로 드러난다.

> 안개 낀 하눌에 쇠소리 한 쌍 실버들 밋헤서 우리도 한 쌍
> (후렴) 에헤루 절사 조흘시고나 제멋에 겨워 콧노래 하네 흥흥흥흥흥
> 연붉은 꼿닙은 내 마음이요 자지빗 나븨는 네 마음이라
> 천리라 장강에 힌 돗대 한아 밀보리 밧헤서 우슴꼿 피네
> 〈콧노래〉(김성집 작사, 이기영 작곡, 노벽화 노래, 태평, 1935년)

〈콧노래〉 음반 광고(『조선일보』 1935년 11월 29일)

화자는 사랑에 빠진 자신과 임을 꾀꼬리 한 쌍에 비유한다. 그리고 연붉은 꽃잎과 자줏빛 나비를 각각 자신의 마음과 임의 마음에 비유한다. 보통 자주색을 관능성과 연결시키곤 하는데, 자주색이 주는 관능성과 연붉은색이 주는 낭만적인 이미지가 사랑에 겨운 화자의 마음을 잘 드러내고 있다. 게다가 '콧노래'의 소리를 "흥흥흥흥흥"으로 나타내고 '웃음꽃'이라는 표현을 사용하여 청각적 이미지를 강조한다. 즉 〈콧노래〉는 시각적 이미지와 청각적 이미지를 활용하여 작품의 흥겨움을 강화시켰다고 볼 수 있다.

여기서 주목할 것은 〈뽕 따러 가세〉와 〈콧노래〉가 공통적으로 사랑에 빠진 화자의 마음을 흥겹게 드러내면서도 그 노래에 전통적인 요소가 있다는 것이다. 물론 두 노래의 곡종이 '신민요'로 표기되어서 전통가요에서 특정 부분을 차용했다는 것은 얼마든지 예상할 수 있다. 중요한 것은 작가가 전통가요에서 어떤 요소를 차용했느냐이다. 김성집은 전통가요에서 흥겨운 요소를 빌려왔고, 구체적으로 전통가요의 후렴을 사용하여 작품의 흥겨움을 강화시켰다. 〈뽕따러 가세〉의 "얼씨구나 좋다 절씨구나 좋다"와 〈콧노래〉의 "에헤루 절사 조흘시고"가 그러한 예이다.

이처럼 김성집이 태평 음반 회사에 활동하였던 1935년에서 1936년까지 김성집은 바다와 고향이라는 제재를 사용하여 애상적인 작품을 창작하는 한편, 신민요에서는 전통적인 후렴을 사용하여 흥겨움을 더하는데 주력하였다. 이렇게 신민요에서 흥겨움을 강조하는 것은 김성집이 빅타 회사에서 활동하던 1937년부터 더욱 두드러진다. 다음 절에서 그 구체적인 모습을 살펴보기로 한다.

3. 일상의 소재화와 해학성(1937년~1941년)

김성집이 빅타에서 활동하였던 1937년에서 1941년까지는 김성집의 전성기라고 할 수 있다. 가장 많은 수의 작품을 거의 한 회사에서만 작사하였을 뿐만 아니라 오늘날까지도 불리는 절창이 많이 나온 것도 이 시기이다. 이 시기에 창작한 작품으로는 〈물새야 울지 마라〉, 〈얼럴럴 타령〉, 〈돌아라 물레야〉, 〈어느 여자의 일기〉, 〈야멸찬 심사〉, 〈술 취한 진서방〉, 〈눈깔 먼 노다지〉, 〈정어리 타령〉, 〈꿈꾸는 녹야〉, 〈꼴망태 아리랑〉, 〈심청의 노래〉, 〈장모님 전 항의〉, 〈갑산 큰애기〉, 〈두견아 우지 마라〉, 〈마도로스 일기〉, 〈원춘보〉 등을 들 수 있다.

이 시기에 창작한 작품 중에는 〈물새야 울지 마라〉와 〈두견아 울지 마라〉처럼 방랑하는 화자의 애상과 슬픔의 정서를 '물새'와 '두견'에 빗대어 표현한 작품이 있다. "물새야 울지 마라 포구에 배 떠난다/ 네 무슨 뼈에 맺친 서름이 잇기로서/ 갓득이 압흔 마음을 울어서 울느냐"(〈물새야 울지 마라〉)와 "두견아 울지마라 구슬픈 네 소리에/ 심심산곡 해질 때마다 두견아 왜 우느냐/ 애끊는 천길 가슴 아아아 눈물이 고인다 아"(〈두견아 울지마라〉)와 같은 가사를 통해 그러한 사실을 확인할 수 있다.

그러나 김성집의 기지와 재치가 돋보이는 작품은 〈눈깔 먼 노다지〉, 〈정어리 타령〉, 〈꼴망태 아리랑〉, 〈술 취한 진서방〉, 〈장모님 전 항의〉와 같은 작품이다. 특히 이 시기 노래를 보면, 다양한 일상을 대중가요의 소재로 채택하였음을 알 수 있다. 데릴사위로 들어간 남성 화자가 혼례를 올려주지 않는 장모님에게 항의하는 내용으로 이루어진 〈장모님 전 항의〉와 술 취한 진서방의 모습을 중국어와 일어를 사용하여 재미있게 묘사한 〈술 취한 진서방〉, '노다지'와 '정어리'를 화제로 한 〈눈깔 먼 노다지〉와 〈정어리 타령〉 등이 여타 대중가요와는 다른 재미를 선사한다.

> 장모님 장모님 갓서른에 첫 본 선이 열 두살 짜리 따님이라
> 노총각 타는 속을 귀신도 몰라 줍디
> 언제나 다 자라서 찰떡 치고 국수 삶고 잔치 하나요
> 장모님(왜 그러냐) 장모님 (우째 그래)
> 정말 정말 정말 정말 속상해서 못 살겠어요 응 못 살겠어요
>
> 장모님 장모님 하리 사위 좋단 말에 모르고 한번 속았어요
> 머슴꾼 슬픈 속은 하늘도 몰라 줍디
> 언제나 다 자라서 사모 쓰고 관대 띠고 잔치 하나요
> 장모님(왜 그러냐) 장모님(우째 그래)
> 정말 정말 정말 정말 애가 타서 못 살겠어요 못 살겠어요

장모님 장모님 손톱 발톱 다 달토록 품삯도 없이 일만 하면
사랑채 기다리다 대문에 늙어 갑니까
언제나 다 자라서 연지 찍고 곤지 찍고 잔치 하나요
장모님(왜 그러냐) 장모님(우째 그러냐)
정말 정말 정말 정말 화가 나서 못 살겠어요 못 살겠어요
〈장모님 전 항의〉(김성집 작사, 김양촌 작곡, 김용환 노래, 빅타, 1940년)

위의 작품은 데릴사위와 장인의 갈등을 해학적으로 다룬 김유정의 소설 〈봄봄〉의 한 장면을 떠올리게 한다. 〈장모님 전 항의〉도 〈봄봄〉과 마찬가지로 혼례를 시켜주지 않는 장모님을 상대로 원망과 화남을 표현한 노래이기 때문이다. 갓 서른에 처음 선 본 대상이 열두 살짜리 여자였던 남성 화자는 데릴사위로 들어와 머슴처럼 열심히 일만 하였다. 그러나 장모님은 혼례를 올려줄 생각을 안 하고, 이에 화가 난 사위가 "화가 나서 못 살겠다"며 장모님께 항의하는 것이다.

장모님과 사위의 대화로 이루어진 이 작품은 여타 대중가요와 다르다. 애상을 주로 다룬 대중가요의 경우, 서정적인 자아가 자신의 이야기를 들려주는 형식으로 이루어져 있다. 그러나 〈장모님 전 항의〉는 장모님과 사위라는 두 명의 등장인물이 등장하여 서로 이야기를 주고받는 극 양식으로 이루어져 있다. '보여주기'에 치중한다는 점에서 이는 화자가 타인의 인격으로 말하는 미메시스(mimesis) 화법을 사용했다고 할 수 있다.12 장모와 사위의 대화로 이루어진 이러한 노래는 생동감과 구체성을 확보하여

〈장모님 전 항의〉 음반 광고
(한국유성기음반 아카이브)

작품에 재미를 더해준다.

〈장모님 전 항의〉를 들으면 일단 그 사연에 안타까운 마음이 들고 사위를 동정하게 된다. 그러나 그와 더불어 슬그머니 웃음이 난다. 그러나 이때 웃음은 김성집의 초기 작품에서 나타났던 비웃음과 조롱을 동반한 풍자적인 웃음이 아니다. 동정과 연민이 담긴 웃음이라는 점에서 해학적인 웃음이라 할 수 있다.13

김성집의 작품이 전반적으로 웃음을 지향하면서도 초기에 보여주었던 공격성이 소멸되고 후기 작품에 해학적인 요소만 남은 이유에 대해서는 앞으로 더 천착해야 할 것이다. 다만, 이러한 현상이 곡종과도 연관이 있어 보인다. 김성집이 후기에 주로 창작한 작품의 갈래는 신민요이다. 당시의 일반적인 대중가요 작사 경향으로 보건대, 신민요는 풍자보다는 해학에 어울리는 갈래라고 할 수 있다. 다른 갈래의 대중가요와 비교하여, 당시 신민요는 상대적으로 흥겨움이나 즐거움에 경도되는 모습을 보여주었다. 그러므로 김성집이 후기에 해학적인 작품을 주로 창작한 것은 그가 신민요를 선택한 것과도 일부 연관이 있어 보인다. 해학적인 웃음은 다음의 〈눈깔 먼 노다지〉에서도 마찬가지로 드러난다.

> 노다지 노다지 금노다지 노다지 노다지 금노다지
> 노다진지 칡뿌린지 알 수가 없구나
> 금당나귀 나올까 기다렸더니 칡뿌리만 나오니 성화가 아니냐
> 엥여라차 차차 엥여라차 차차 눈깔 먼 노다지야 어데 가 묻혔길래
> 요다지 태우느냐 육천 간장을 엥여라차 차차 엥여라차

---

12 플라톤, 『공화국』 3장; 아리스토텔레스, 『시학』 3장 참조(김준오, 『문학사와 장르』, 문학과지성사, 2000, 62-63쪽에서 재인용).
13 풍자와 해학의 웃음은 장유정, 앞의 책, 231-234쪽을 참고할 수 있다.

노다지 노다지 금노다지 노다지 노다지 금노다지
노다진지 도라진지 알 수가 없구나
나오라는 노다진 나오지 않고 도라지가 나오니 애물이로구나
엥여라차 차차 엥여라차 차차 집 팔고 논 팔아서 모조리 바쳤건만
요다지 말리느냐 사람의 간을 엥여라차 차차 엥여라차

노다지 노다지 금노다지 노다지 노다지 금노다지
노다진지 요다진지 알 수가 없구나
금가락지 한 짝도 못해 준다고 엥돌아진 님의 속 무얼로 달래랴
엥여라차 차차 엥여라차 차차 하룻밤 흥망수는 물레와 같다지만
요다지 태우느냐 사람의 애를 엥여라차 차차 엥여라차
⟨눈깔 먼 노다지⟩(김성집 작사, 조자룡 작곡, 김용환 노래, 빅타, 1939년)

일명 ⟨노다지 타령⟩으로도 불리는 ⟨눈깔 먼 노다지⟩는, 화자가 아무리 노력해도 찾을 수 없는 노다지에 원망을 표현하는 내용으로 이루어져 있다. 노다지를 찾기 위해 집과 논을 다 팔았으나 찾지 못한 노다지에 애가 탄 화자의 심사가 잘 드러나 있다. 그러나 ⟨장모님 전항의⟩와 마찬가지로 상황이 안타깝고 화자의 처지가 딱하면서도 웃음이 나오는 것은 마찬가지다. 이는 노다지를 찾을 수 없는 상황을 김성집이 재치 있게 묘사하였기 때문이다. 3절에서 "금가락지 한 짝 못해 준다고 엥돌아진 임의 속을 무엇으로 달래랴"와 같은 표현에서 이를

⟨눈깔먼노다지⟩와 ⟨정어리타령⟩광고
(한국유성기음반 아카이브)

확인할 수 있다.

특히 김성집은 반복과 언어유희를 통해 작품의 재미를 더하고 있다. '노다지 노다지 금노다지'를 반복하는 것은 물론 "엥여라차 차차 엥여라차"와 같은 후렴의 반복도 작품의 재미를 더한다. 전통가요의 후렴과 유사하면서도 새롭게 만든 후렴이 전체 가사의 내용과 어우러지면서 재미를 주는 것이다. 게다가 각 절은 '노다지인지 칡뿌리인지', '노다진지 도라진지', 그리고 '노다진지 요다진지'와 같은 언어유희로 작품을 흥미롭게 만든다.

다음으로 〈정어리 타령〉은 기존의 뱃노래 형식을 차용하였으면서도 '정어리'라는 특정 소재가 등장하였다는 점에서 간간하다.

> 돌아라 돌아라 돌아라 돌아라 모타야 힘차게 돌아라
> 에헤 동해 만리에 풍랑을 박차고 비호같이 기운껏 달리자
> 정어리 정어리 정어리 정어리 펄펄 뛰는 정어리로구나
> 피 끓는 두 팔로 밧줄을 잡어라 정어리 덤장에 대복이 터졌네
> 에헤 에루아 좋다 좋지 좋다 좋지 좋다 정어리로구나
>
> 싸우자 싸우자 싸우자 싸우자 기운껏 바다와 싸우지
> 에헤 동해 만리는 우리네 청룡산 맹호처럼 모질게 싸우자
> 정어리 정어리 정어리 정어리 막 퍼 붓는 정어리로구나
> 피뛰는 두 팔로 그물을 당겨라 정어리 덤장에 산사태 터졌네
> 에헤 에루아 좋다 좋지 좋다 좋지 좋다 정어리로구나
>
> 부르자 부르자 부르자 부르자 즐겁게 노래를 부르자
> 에헤 동해 만리에 봄바람 돛바람 얼싸 절싸 춤바람 님바람
> 정어리 정어리 정어리 정어리 막 밀리는 정어리로구나
> 바다의 동무야 마음껏 뛰어라 에헤 에루야 좋다 좋지 좋다 좋지

좋다 정어리로구나
〈정어리타령〉(김성집 작사, 조자룡 작곡, 김용환 노래, 빅타, 1939년)

김성집이 나고 자란 원산 앞바다에는 실제로 '정어리'가 많이 잡혔다고 한다. 즉 〈정어리 타령〉은 일상의 요소가 노래에 등장한 예라고 할 수 있다. 이 작품 또한 특정한 어휘의 반복과 후렴을 사용하여 노래의 음악성을 창출하고 재미를 더한다. 작품 전체에 걸쳐 '정어리'가 반복되고 있고, '돌아라', '싸우자', '부르자'가 각 절마다 반복되어 노래의 리듬감을 더해준다. 그리고 "에헤 에루아 좋다 좋지"와 같은 후렴은 전통가요의 후렴을 차용하여 변형시킨 예라 할 수 있다.

〈정어리 타령〉은 '싸우자'와 같은 전투적인 어휘를 사용하고 동일한 어휘를 반복하여서 전반적으로 노래에 박력이 넘쳐난다. 특히 이 노래는 기존의 민요가 종종 사용하는 '선취된 미래'를 사용하고 있다. 즉 미래의 일을 현재에 이미 이루어진 것처럼 묘사하여 일이 성취되기를 염원하고 바라는 것이다. "정어리 덤장에 산사태 터졌네"와 "막 밀리는 정어리로구나"와 같은 표현은 모두 현재 내 눈 앞에 정어리가 넘쳐나고 있는 것처럼 묘사한 것이다. 이처럼 현재형을 사용한 것은 정어리가 많이 잡히기를 바라는 마음을 강하게 드러낸 것으로 볼 수 있다.

'상황의 왜소화'를 그 조건으로 하는 해학적 작품은 세계를 있는 그대로 보지 않고 실제보다 작게 보게 한다. 그 때문에 해학은 리얼리즘과 거리가 멀고 삶의 엄숙함이나 진지함과도 멀어지게 마련이다. 더구나 공격성을 본질로 하는 풍자와 달리 해학은 부정의 대상을 연민으로 처리한다. 그러므로 풍자와 달리 해학은 거부가 아닌 수용을 그 본질로 한다. 그 때문에 해학이 담긴 작품은 당대 삶의 고통을 웃음으로 약화시켰다는 비난을 피할 수 없는 것이다.[14] 김성집의 작품이 초기 풍자에서 후기 해학으로 넘어간 것도 이러한 비판을 받을 수 있다.

그러나 단지 그뿐 만은 아니다. 대중가요 가사로 일상의 소재를 채택한 것은 남다른 관찰자의 시각으로 일상을 포착한 김성집만의 독특한 면이라 할 수 있다. 이제까지 거의 대중가요 소재로 차용하지 않았던 일상들이 대중가요 가사에 자연스럽게 등장한 것만으로도 그 의미가 크다 하겠다. 김성집의 초기 작품에서 보여주었던 '풍자'가 도시적 감수성을 드러내는데 일조하였다면, 후기 작품에 나타난 '해학'은 향토적 감수성과 연결된다.

그는 일상의 소재화와 해학성의 표출을 통해 향토적이고 토속적인 정서를 드러내는데 치중하였다. 게다가 그는 당시의 주류적인 작시 경향이었던 '여성적인 어조'로 '비극적인 낭만적 세계(비가적 세계)'를 표출하는 것도 따르지 않았다. 즉 김성집의 작품 중에서 애상적인 내용으로 이루어진 것조차 여성적인 어조가 드문 편이다. '비가적 세계관'이 우리 고유의 전통 중 하나인 것은 분명하다.[15] 그러나 이러한 작품들은 종종 "변화하는 세계에 좀처럼 적응하지 못하는 자아의 무기력"[16]을 보여주기도 한다. 요컨대, 김성집은 '눈물' 대신 '웃음'을 선택하였으며, '웃음'이야말로 김성집이 세계를 부정하고 세계와 대응하는 한 방식이었다.

V. 맺음말

이상으로 이제까지 한 번도 본격적으로 연구되지 않았던 대중가요 작

---

14 김준오, 앞의 책, 246-247쪽.
15 위의 책, 234쪽.
16 위의 책, 235쪽.

사가 김성집의 생애를 정리하고, 그가 작사한 작품의 전모를 밝히고 작품의 특징을 고찰하였다. 먼저 김성집의 막내 아드님이신 김인범 선생님과의 인터뷰 내용과 당시의 사료 등을 토대로 김성집의 약력을 정리하였다. 이어서 김성집이 작사한 작품의 전모를 살펴보았다. 현재까지 찾은 김성집의 작품은 총 34편이다. 이 중 가사를 찾은 15편의 작품을 토대로 김성집 가사의 특징을 살펴보았다. 본고에서는 되도록 가사를 확인한 모든 작품을 다루려했으며, 가사를 찾지 못한 곡은 제목을 통해 그 내용을 추측해 보았다.

김성집의 작품 경향은 김성집이 전속 작사가로 활동하였던 음반 회사와 그 시기별로 다른 특징을 드러냈다. 물론 그의 작사 경향과 음반 회사의 변화가 연관이 있는지는 더 살펴보아야 한다. 그렇더라도 시기에 따라 그의 작사 경향이 바뀌었고 이것이 공교롭게도 음반 회사의 이적과 맞물리는 것은 사실이다.

먼저 그가 1933년에 포리돌 회사에서 발표한 작품인 〈서울가두풍경〉과 〈이꼴 저꼴〉은 도시의 세태를 반영하고 이를 풍자하는 내용으로 이루어져 있다. 반면에 그가 태평 음반 회사에서 활동하던 1935년에서 1936년까지 발표된 노래들은 애상의 노래와 기쁨의 노래가 공존하는 양상을 보여주었다. 마지막으로 빅타 음반 회사에서 활동하던 1937년부터 1941년까지는 김성집의 전성기이자 인기곡이 많이 배출되었던 시기라 할 수 있다. 이 시기 작품의 특징으로는 '일상의 소재화와 해학성'을 들 수 있다. 그리고 이러한 모든 것이 토속적이고 향토적인 정서에 가깝다는 점에서 김성집 작품의 의의를 지적할 수 있다.

요컨대 김성집의 작품은 '웃음'을 추구한다는 점에서 재치와 기지가 넘쳐나는 작품이 대부분이라 할 수 있다. 이하윤이나 금릉인의 작품에서 드러나던 '비극적 낭만성'[17] 대신에 그는 토속적이고 향토적인 정서를 바탕으로 해학과 기지가 넘쳐나는 작품을 주로 창작하였다. 또 이는 김안서가 주로 민요의 슬픈 정조를 계승한 것과도 차이를 드러낸다고 할 수 있다.[18] 그러므로 김성집은 대중가요 작가 중에서 독특한 위치를 점한다고 할 수 있다. 비록 다작은 아니었으나, 남다른 재치와 기지로 당대인의 호응을 이끌어냈다는 점에서 그의 작품이 지니는 의의는 크다고 할 수 있다.

   본고는 김성집이 작사한 대중가요 가사에 초점을 맞추어서 작성되었다. 그러나 현재 광복 이후에 그가 창작한 극에 대해서는 그 전모는 물론 대본조차 수집과 정리가 이루어지지 않은 실정이다. 앞으로 그가 광복 이후에 창작하였던 극작품의 수집과 연구가 필요하다고 할 수 있다. 그리고 이제까지 아무도 관심을 갖지 않았던 대중가요 작사가 김성집에 대한 관심과 재평가가 이루어져야 할 것으로 보인다.

     * 이 글은 장유정, 「김성집의 대중가요 가사 연구」, 『한국문학논총』제59집, 한국문학회, 2011년을 수정·보완한 것이다.

---

17 이하윤과 금릉인의 작품에 대해서는 장유정, 「이하윤 대중가요 가사의 양상과 특성 고찰」, 『한국민요학』28집, 한국민요학회, 2010과 장유정, 「대중가요 작사가 금릉인의 생애와 작품 세계」, 『한국민요학』32집, 한국민요학회, 2011을 참고할 수 있다.
18 김안서의 대중가요 작품에 대해서는 장유정, 「안서 김억의 대중가요 가사에 나타나는 민요적 특성 고찰」, 『겨레어문학』35집, 겨레어문학회, 2005를 참고할 수 있다.

:: 참고문헌

『동아일보』, 『조선일보』
김준오, 『문학사와 장르』, 문학과지성사, 2000.
신명직, 「식민지 근대도시의 일상과 만문만화」, 『일제의 식민지배와 일상생활』, 혜안, 2004.
장유정, 「1930년대 서울 노래의 이중성: 웃음과 눈물의 이중주」, 『서울학연구』 제24호, 서울시립대학교 서울학연구소, 2005.
장유정, 「안서 김억의 대중가요 가사에 나타나는 민요적 특성 고찰」, 『겨레어문학』35집, 겨레어문학회, 2005.
장유정, 『오빠는 풍각쟁이야-대중가요로 본 근대의 풍경』, 민음인, 2006.
장유정, 「이하윤 대중가요 가사의 양상과 특성 고찰」, 『한국민요학』28집, 한국민요학회, 2010.
장유정, 「대중가요 작사가 금릉인의 생애와 작품 세계」, 『한국민요학』32집, 한국민요학회, 2011.
한국음반아카이브연구단 엮음, 『한국유성기음반』, 한걸음·더, 2011.
http://www.nodazi.org(신민요 김성집)

김 억
민요 전통의 계승과 변이를 보여주다

김억(에스페란토협회)

Ⅰ. 머리말

김억(金億: 1893.11.30~?)은 프랑스 상징주의 시의 번역가 내지는 시인, 또는 김소월의 스승으로 알려져 있다. 여기에 김억의 이력을 하나 더 추가하자면 대중가요 작사자가 될 것이다. 실제로 김억은 1930년대에 대중가요 작사자로 많은 활약을 하였다.

김억에 대한 대중가요 연구는 아마도 필자가 가장 먼저 시작했을 것이다. 그 전까지 김억의 시에 대한 연구는 있었어도 대중가요 노랫말에 대한 연구는 본격적으로 이루어지지 않았던 것이다.[1] 그러다 대중가요 자료를 수집하는 이근태 선생님 덕분에 김억의 대중가요 가사가 대거 수록되어 있는 『신유행창가전집』을 검토하였다. 그 자료집이 계기가 되어 김억의 대중가요 가사를 본격적으로 연구할 수 있었다.

그리고 그 즈음 필자는 작사가들의 예명 밝히기에 골몰하고 있었다. 공부가 기본적으로 노력과 성실의 산물이긴 하지만 때론 영감이 결정적인 단서가 되기도 한다. 김억 연구를 할 때도 마찬가지였다. 김억이 안서(岸曙)라는 호를 사용하여 활동하였음은 널리 알려진 사실이다. 그런데 어

---

1 김억의 시 연구는 양적으로나 질적으로 매우 풍부한 편이다. 2018년 4월 현재, 김억의 시를 주제로 한 학위논문은 100여 편이 된다. 그리고 김억의 작품을 주제로 한 소논문은 약 500여 편을 찾을 수 있다. 하지만 그 중에서 김억의 대중가요 연구는 필자가 쓴 논문을 포함해서 약 세 편 정도가 있을 뿐이다. 요컨대 김억의 대중가요 작품에 대한 연구는 아직 풍부하게 이루어지지 못했다고 본다. 일단 본고에서는 김억의 대중가요 노랫말에만 집중하기로 한다.

느 날 김포몽(金浦夢)이란 작사가 이름 앞에서 필자는 주춤하게 되었다. 그때까지 정체를 알 수 없던 김포몽이 어쩌면 김억일지 모른다는 생각이 섬광처럼 관통했기 때문이다. 오직 그 느낌에 의지하여, 김포몽의 가사와 김억의 작품을 대조하는 작업을 진행하였다. 그리고 김포몽으로 발표한 작품과 김억으로 발표한 작품이 겹치는 것을 알았다. 그렇게 해서 김포몽이 김억이 사용한 예명인 것을 확신하게 되었다. 김포몽이란 예명은 그렇게 알아낸 예명이다.

이 글의 장점은 김포몽의 정체를 밝힌 것과 김억의 대중가요 노랫말에 대한 본격적인 연구를 시도한 첫 번째 성과물이라는 것이다. 특히 김억의 노랫말에 나타나는 민요의 수용 양상은 김억 노랫말의 독특한 점이기도 하다. 따라서 이를 중심으로 김억의 노랫말 특징을 언급하기로 한다.

II. 자료의 개관 및 김포몽의 정체

20세기 전반기 대중가요 관련 일차 자료는 때로 자료마다 동일한 노래에 대한 정보나 가사가 다르게 표기된 경우가 많다. 이러한 경우에 가장 신뢰할 수 있는 자료는 음반 실물이라 할 것이다. 즉 당시 음반 실물이나 남아 있는 음원을 듣고 채록하는 것이 가장 정확할 것이다.[2] 다음으로 신뢰할 수 있는 자료는 음반 가사지이다. 음반 가사지는 당시 음반에 부록처럼 첨부되어 있던 것인지라 비교적 정확하다고 할 수 있다. 특히 음반

---

2 음반 실물을 듣고 채록하는 것이 가장 정확하기는 하나 실제로 음반만 듣고 그 가사를 채록하기란 용이하지 않다. 음질이 떨어지는데다가 가수의 발성이나 발음이 오늘날과 다른 부분이 많아서 음원만을 듣고 채록하기가 어려운 것이다. 따라서 가장 좋은 방법은 음원을 들으면서 유성기 음반 가사지와 비교 대조하는 것이다.

가사지에는 작사는 하였으나 음반에는 실리지 못한 부분도 수록되어 있어서 가사를 살펴보기에 매우 적합한 자료이다. 다음으로 당시에 발간된 노래책을 참조할 수 있다. 따라서 본고는 음반 실물이나 음원, 음반 가사지, 노래책의 순으로 가중치를 두고 가사를 수집하였다.

김억이 작사한 대중가요의 대체적인 수량을 파악하기에 앞서 김포몽이 김억임을 밝히는 작업이 선행되어야 할 것이다. 목록에서 확인할 수 있는 것으로 김포몽이 작사한 대중가요는 약 10곡 정도이다. 그 목록을 제목, 작사자, 작곡자, 가수, 음반상표, 음반번호, 발매연도 순으로 제시하면 다음과 같다.3

제 목	곡종명	작사자	작곡자	가 수	음반상표	음반번호	발매연도
무지개	유행가	김포몽	이상춘	김선영	리갈	C266B	1935. 5.
잊자 해도	유행가	김포몽	이상춘	송영애	리갈	C272B	1935. 6.
임의 노래	유행가	김포몽	나소운	이일남	빅타	49356B	1935. 6.
풀 길 없는 심사	유행가	김포몽	김기방	최은숙	리갈	C309B	1935. 11.
즐거운 청춘	유행가	김포몽	천일석	백우선 이규남	빅타	49451A	1937. 2.
思君怨	유행가	김포몽	김면균	김복희	빅타	49490B	1937. 11.
웃어주세요	유행가	김포몽	이영근	미스리갈	리갈	C436A	1938. 4.
초로인생	신민요	김포몽	유 일	김홍매	리갈	C439A	1938. 5.
동로방천	가요곡	김포몽	이면상	황금심	빅타	49257B	1940. 6.
약산동대	가요곡	김포몽	이면상	박단마	빅타	KA3025	1940. 12.

제시한 목록 중에서 약 5곡 정도의 노래 가사가 남아 있는데, 이 중에서 〈무지개〉와 〈잊자 해도〉가 김억이 창작한 〈무지개〉와 〈수부의 안해(아

---

3 음반의 목록은 한국정신문화연구원 편, 『한국유성기음반총목록』, 민속원, 1998 과 김점도 편, 『유성기음반총람자료집』, 신나라레코드, 2000, 이준희 개인 유행가 목록을 모두 참조하여 작성하였다.

내)〉와 각각 흡사하다. 김포몽이 작사한 〈무지개〉와 김억의 시 〈무지개〉는 제목마저 동일한데, 그 구체적인 모습을 소개하면 다음과 같다.

김포몽의 〈무지개〉[4]	김억의 〈무지개〉[5]
어린쑴은 무지개든가	이청춘은 무지개든가
넓고넓은 놉흔하늘에	울긋불긋 어린내쑴이
욹긋붉긋 빗을놋트니	왼하늘에 빗을놋컨만
날이들자 자최도업네	날이드니 자최도업네
이내꼿은 무지개든가	이청춘은 무지개든가
송이송이 고흔연분홍	연분홍은 이내꼿송이
봄동산에 나붓기드니	봄동산에 나붓기건만
바람불자 모다썰니네	바람부니 모다썰니네
내사랑은 무지개든가	이청춘은 무지개든가
고흔쑴을 가슴에안고	하늘돌든 아름답은맘
봄바람에 춤을추드니	제째라고 춤을추건만
님이가자 한숨만남네	슬어지니 한숨만남네
이내생각 무지개든가	
고이고이 하늘돌드니	
바람비에 모다썰니고	
하소연만 외로이남네	

비록 김포몽이 작사한 〈무지개〉는 총 4연이고 김억이 지은 〈무지개〉는 전체 3연으로 이루어져 있으나 단지 제목만 같은 것이 아니라 그 내용마

---

4 최동현·임명진 편, 『유성기음반가사집』5, 민속원, 2003, 440쪽.
5 『삼천리』1934년 8월호.

저 유사하다는 것을 알 수 있다. 예를 들어, 1연만 보더라도 2행과 3행에서 시어의 배치가 달라지고 표현이 바뀌기는 하였으나 1행의 '무지개든가'나 4행의 '날이들자 자최도업네'와 '날이드니 자최도업네'는 거의 유사하다고 할 수 있다.

 이는 2연과 3연도 마찬가지이다. 2연의 2행에서 동일하게 '연분홍꽃'이 나오고 있을 뿐만 아니라 3행과 4행은 어미가 조금 달라졌을 뿐 나머지는 동일하다. 3연에서도 3행과 4행에서 '춤을 추는' 것과 '한숨만 남네'가 거의 동일한 표현으로 등장하고 있다. 이렇게 볼 때, 김포몽의 〈무지개〉는 김억의 〈무지개〉를 다시 다듬고 변형시킨 것일 뿐, 다른 작품이 아님을 알 수 있다. 여기서 김포몽이 김억의 예명이었음을 추측할 수 있다. 그리고 이러한 생각이 단지 추측이 아님을 다음의 작품을 통해서 알게 된다.

김포몽의 〈잊자 해도〉[6]	김억의 〈수부의 안해〉[7]
그립은 우리님은 웨안오시노	그립은 우리님은 웨안오시노
날마다 포구에서 기두노라면	날마다 浦口에서 기두노라면
바다엔 푸른물쌘 한업시쥐고	바다엔 푸른물쌘 恨업시쥐고
그립은 님소식은 알길이업네	그립은 님消息은 알길이업네
난바다 감실감실 도는흰돗대	날바다 감실감실 도는흰돗대
행여나 님타신가 바라노라면	幸여나 님타신가 바라노라면
저멀니 바다씃을 아득이넘고	저멀니 바다씃만 넘어가고요
그립은 님의배는 뵈지도안네	그립은 님의배는 볼길도업네

---

[6] 최동현·임명진 편, 앞의 책, 455쪽.
[7] 『삼천리』 1934년 9월호.

　　　　야속한 이심사에 님을불으면　　　야속한 이心思에 님을부르면
　　　　갈매기 하늘돌며 혼자웨치고　　　갈매기 하늘돌며 혼자웨치고
　　　　가슴엔 찰삭찰삭 물결쏜이요　　　가슴엔 찰삭찰삭 물결쏜이요
　　　　그립은 우리님은 대답도업네　　　그립은 우리님은 對答도업네

　위에 제시한 김포몽의 〈잊자 해도〉는 김억이 지은 〈수부의 안해〉와 비록 제목은 다르나 그 내용은 동일한 작품이다. 1연과 3연은 거의 똑같고 2연도 몇 개의 시어와 동사의 어미가 달라지기는 하였으나 거의 유사하다. 즉 김포몽의 〈잊자 해도〉는 〈수부의 안해〉를 거의 그대로 가져와서 제목만 바꾼 것이라고 할 수 있다. 그러므로 김포몽은 김억이라는 결론을 내릴 수 있다. 그런데 여기서 혹시 김포몽이라는 어떤 인물이 김억의 시를 베낀 가능성은 없는가라는 질문이 제기될 수 있다.

　그러나 당시의 정황 상, 어떤 인물이 김억의 시를 베껴 와서 자신이 지은 가사로 둔갑시키기는 일은 불가능하다. 만약 누군가 그럴 의도가 있었다면 김억처럼 실제 작사자로 활동하는 사람이 아닌 다른 시인의 작품을 베껴 왔을 것이다. 하지만 아직까지 광복 이전에 활동한 작사가 중 다른 시인의 시를 노래 가사로 사용한 경우를 보지 못하였다. 이러한 당시의 상황을 고려할 때, 김포몽은 김억의 다른 필명일 가능성이 매우 높다.

　그러면 김억이 김포몽이란 필명을 사용한 이유는 무엇일까? 간혹 전속이나 계약 문제 때문에 당시의 작사자나 작곡자, 가수 등이 필명을 사용하기도 하였다. 하지만 주로 콜럼비아사와 빅타사에서 활동하였던 김억은 어느 한 회사의 전속 작사자였던 것으로 보이지는 않는다. 그러므로 전속 문제 때문에 필명을 사용한 것 같지는 않다.

　김억은 콜럼비아사의 대중반인 리갈 음반에 수록된 노래를 작사할 때 김포몽이란 예명을 사용하였다. 당시에 콜럼비아사는 콜럼비아라는 정규반의 상표와 리갈이라는 대중반의 상표 등을 함께 사용하였는데, 같은 작

사자와 작곡자라도 콜럼비아 음반과 리갈 음반에서 다른 이름을 사용하곤 하였다. 아마도 김억 또한 콜럼비아 음반의 김안서라는 필명과 리갈 음반의 김포몽이라는 필명을 구별해서 사용한 것이 아닐까 한다. 마찬가지로 다른 음반회사인 빅타에서 음반을 낼 때 김포몽이라는 필명을 사용하였다고 볼 수 있다.

김포몽(金浦夢)은 '김포의 꿈'과 '포구의 꿈'이라는 두 가지 의미로 읽힐 수 있다. 단언할 수는 없으나, '김포의 꿈'보다는 '포구의 꿈'을 의미하는 것이 더 맞으리라 생각한다. 김억이 김포와 연관이 있으면 모르겠거니와, '김'이라는 성을 그대로 사용하고 그 뒤에 '포구의 꿈'을 의미하는 '포몽(浦夢)'을 붙인 것이 아닐까 싶다. 김억의 고향인 평북 정주 곽산이 평안북도 남부 해안에 있는 군이라는 것과 그가 가사에 '포구(浦口)'가 자주 등장하는 것을 볼 때, 김포몽에서의 포몽도 '포구의 꿈'을 의미할 가능성이 더 높은 것이다.

김포몽이라는 이름으로 작사한 대중가요까지 합치면 1945년 이전에 김억이 작사한 대중가요는 약 80곡 정도이다. 아마 이보다 더 많은 노래를 작사하였을 것으로 보이나, 비교적 정확하게 그 목록을 작성할 수 있는 곡이 80곡인 것이다. 이 중에서 가사를 확보한 노래가 총 58곡이다.[8] 가사는 당시 유성기 음반 가사지를 영인해서 묶은 『유성기음반가사집』[9]

---

8 김억 가사의 정확한 서지사항과 58곡의 노랫말은 장유정, 「민요전통 계승한 김억의 대중가요 가사-김억의 대중가요 발굴가사 58편 및 작품세계」, 『문학사상』 399호, 문학사상사, 2006년 1월호, 241-289면에 수록되어 있다.
9 『유성기음반가사집』은 현재 6권까지 공간되었다. 그 서지사항은 다음과 같다. 한국고음반연구회 편(1998), 『유성기음반가사집』 I · II, 민속원; 한국고음반연구회 편(1992), 『유성기음반 가사집』(3), 민속원; 한국고음반연구회 편(1999), 『유성기음반 가사집』(4), 민속원; 최동현·임명진 편(2003), 『유성기음반 가사집』5·6, 민속원.

권에서 6권에 산재된 가사들을 일일이 수집하고 『신유행창가전집』10에 수록된 가사를 모은 것이다. 한편, 김억이 작사한 작품 중에서 그 음반이나 음원이 남아있는 것은 10곡 정도인데, 이 경우에는 음원을 들으면서 가사와 대조하는 작업을 거쳤다.

김억이 작사한 노래가 음반에 처음 실린 것은 빅타 회사에서 1933년 6월에 발매한 〈뜨내기 인생〉이다. 이 노래를 시작으로 하여 김억은 주로 빅타 회사와 콜럼비아 회사에서 발매된 대중가요를 작사하였다. 그가 작사한 가요의 갈래별 수치를 보면, '유행가'라는 갈래명으로 표기된 노래가 55곡으로 가장 많았고 가요곡 3곡, 신가요 1곡, 신민요 14곡, 속요 2곡, 시국가요 3곡, 주제가 2곡이 있음을 알 수 있다.

가요곡이나 신가요를 유행가라는 곡종명의 이칭으로 본다면, 김억은 유행가를 가장 많이 작사하였다고 할 수 있다. 당시의 유행가라는 곡종명은 그 외연이 상당히 넓기는 하지만 대체로 오늘날의 트로트에 해당하는 노래가 많이 포함되어 있다. 한편, 김억이 작사한 신민요는 겨우 12곡을 찾을 수 있었다. 하지만 몇 곡을 작사했다보다 더 중요한 것은 김억이 대중가요를 작사할 때 어떤 의식을 지니고 있었느냐이다.

---

10 『신유행창가전집』은 1935년에 永昌書舘에서 발행한 가사집으로 편집 및 발행인은 姜義永으로 되어있다. 이 가사집에는 콜럼비아, 포리돌, 오케, 빅타 등의 음반회사에서 발매한 유행가가 실려 있는데, 대중가요뿐만 아니라 新舊 잡가도 다수 실려 있다. 필자가 입수한 『신유행창가전집』은 이근태선생님 소장본이다. 이 자리를 빌려 이근태 선생님께 감사의 말씀을 전한다.

III. 김억의 대중가요 가사론

대중가요 가사에 대한 김억의 견해는 1933년 10월 15일부터 10월 19일까지 총 3회에 걸쳐 『매일신보』에 수록된 「流行歌詞管見」이라는 글을 통해 확인할 수 있다. 김억은 대중가요의 핵심요소로 가사, 곡조, 가수의 세 가지를 꼽고 한 사람이 작사하고 작곡해서 자신이 그 노래를 부르면 가장 좋겠으나 실제로는 그것이 불가능하다며 자신이 전혀 모르는 곡조와 가수에 대한 문제는 차치하고 가사 문제만 거론하겠다

안서 김억의 캐리커처
(『삼천리』 1933년 3월호)

고 하였다. 그런데 김억은 시와 비교하여 대중가요 가사의 작시태도(詩作態度)가 떨어지는 것으로 간주한 듯하다.

> 流行歌는 詩作的態度로 보아서 第二義的이외다. 나는 그것을 第一義的 詩作이라고 볼 수가 업슴니다. 眞正한 意味로의 作詞者(作詩者가 아니요)가 생긴다면 몰을여니와 그러치 아니하는 限에서는 언제든지 第二義的 意義밧게 아니 가지게 될 것을 나는 確信합니다. 그럿타고 이 流行歌詞에서 詩的要素를 除外하자는 것은 아니외다. 이 歌詞가 노래와 한 部門이 되는 以上 엇더케 詩的要素를 除外식혀버릴 수가 잇겟슴닛가 詩的要素가 잇는지라 우리는 歌詞와 散文과를 區別하고 또한 意味만으로는 滿足할 수가 없는지라 歌詞에서 音調美를 어듸까지든지 要求하는 것이외다.(『매일신보』 1933년 10월 15일)

인용문에서 김억은 가사의 시작태도가 제 2의적이라고 하였다. 즉 시와 비교할 때, 가사의 시작태도는 철저하지 못하며 전문성이 결여되어 있음을 의미하는 것으로 보인다. 그렇다고 가사에 시적 요소가 없는 것은 아니라며 김억은 가사에서의 音調美를 강조하고 있다. 요컨대 김억은 대중가요 가사에 있어서 시적 요소와 음조미가 매우 중요하다고 하였다. 특히 그는 가사를 지을 때, 언어 구사가 중요하며 어감(語感), 어세(語勢), 어의(語意)를 모두 고려해야 한다고 하였다. 특히 가사는 함부로 지어서는 안 됨에도 불구하고 언어구사는 물론이고 언어의 고유한 의미까지 몰각한 채 만들어진 가사로 인해 구역이 난다고까지 하였다.

김억은 가사를 짓는 데 있어서 시적 요소와 음조미를 강조함과 동시에 "알기 쉽고 아름다운" 가사를 강조하였다.

> 流行歌는 그 根本意義로 보아 어듸까지든지 大衆의 가장 親한 동무가 되지 안아서는 아니 될 것이외다. 그러기에 作者야말로 大衆의 心情을 理解하야 그것을 如實하게 捕捉지 안아서는 아니 될 것이외다. 그리고 大衆의 心琴을 울여주기 위하야는 決코 어려운 말과 깁흔 意味의 노래를 지어서는 아니 될 것이외다. 이 歌詞야말로 어디까지든지 『알기쉽고 아름답게』하지 안아서는 아니 될 것이외다. 그러기 때문에 대단히 쉬어 보이는 이 歌詞에서처럼 表現으로 技巧와 言語驅使로의 洗鍊이 要求되는 것은 업습니다.(『매일신보』 1933년 10월 15일)

김억은 대중가요의 가사야말로 대중의 가장 친한 동무가 되어야하며 대중의 심정을 이해하고 그것을 포착하여 대중의 심금을 울려줄 수 있는 가사를 지어야 한다고 하였다. 그리고 대중의 심금을 울려주기 위해서는 어디까지나 "알기 쉽고 아름다운" 가사를 지어야 한다고 하였다. 그렇기 때문에 쉬어 보이는 가사 창작이야말로 표현의 기교와 언어구사의 세련이 요구된다고 한 것이다. 그러나 김억은 가사 내용에 있어서는 거의 제한을 두지 않았다.

> 그 내용이 반듯시 어떠한 것이 아니면 아니 된다는 制限을 세울 必要가 어데 잇슬 것입닛가. 어듸까지든지 野卑치 아니 하고 高尙한 것이면 그 取材가 맛당치 아니하다는 理由로 歌詞답은 歌詞라도 내여버린다 하면 그것은 쑛리를 더럽은 곳에 박앗다는 口實로 연꼿을 꼿이 아니라는 것과 마찬가지일 것이외다. 그리하야 나는 歌詞로의 가질만한 條件만 가젓스면 엇더한 것이라도 그 內容에는 聯關이 업는 줄 압니다.(『매일신보』 1933년 10월 21일)

김억은 가사의 내용은 제한이 없으되, 야비하지 않고 고상한 내용의 가사를 지어야 한다고 하였다. 즉 내용이 고상하고 가사로서의 조건만 갖추고 있다면 그 내용은 관계가 없다고 한 것이다. 그리고 김억이 제시한 가사로서의 조건은 바로 위에서 언급한 시적 요소와 음조미에 해당할 것이다. 특히 김억은 가사가 대중의 심경을 울려줄 수 있는 것이어야 한다고 하였다.

> 사람에게 感情이 잇서서 엇더한 것에서든지 感動바들 수가 잇는 것이외다. 甲에게는 깃쑴이 되고 丙에게는 미움이 要求케 되니 무엇을 標準삼아 歌詞의 內容은 반듯시 이러한 것이 아니여서는 안 된다고 할 수가 잇겟습닛가 설움이나 깃쑴이나 미움이나 모든 것을 노래하되 사람의 心境을 울녀놀 수 잇도록하면 그만이요 決코 깃쑴만을 노래해도 아니 될 것이요 그럿타고 설움만을 을플 것도 아니될 것이외다.
> 나는 流行歌를 民謠의 一種이라 생각합니다. 在來의 民謠가 原○○(판독 불가: 인용자주)이요 田園의 임에 대하야 이 流行歌는 現代的이요 都市的임이(그럿타고 田園을 노래치 아는 것은 아니다) 그 特色인줄 압니

다.(『매일신보』 1933년 10월 19일)

인용문을 통해서 알 수 있듯이, 김억은 대중가요를 민요의 일종이라고 생각하였다. 그는 민요의 현대적인 모습이 대중가요라고 본 것이다. 따라서 가사는 기쁨이나 설움이나, 미움 등의 모든 감정을 노래할 수 있으되, 그것이 사람의 심경을 울려준다면 그 내용은 무관하다고 한 것이다.

이상에서 살펴본 바와 같이 김억은 대중가요를 민요의 일종으로 보고 가사의 조건으로 시적 요소와 음조미를 강조하였다. 또한 그 내용에는 제한이 없으되 가사는 알기 쉽고 아름다운 언어를 사용하여 고상하게 지어야 한다고 주장하였다. 특히 기쁨, 미움, 설움 등의 모든 감정을 노래하되, 그것이 대중의 심금을 울려주는 가사이어야 한다고 하였다.

Ⅳ. 김억 가사의 민요 수용 양상 및 특성

먼저 김억이 작사한 노랫말에 나오는 빈도수 높은 어휘를 제시하면 다음과 같다.

임(71회)/ 울다(41회)/ 맘(32회)/ 길(31회)/ 나(31회)/ 바람(30회)/ 놀다(29회)/ 사랑(29회)/ 몸(27회)/ 없다(27회)/ 심사(24회)/ 그대(23회)/ 하늘(20회)/ 구름(19회)/ 가다(18회)/ 무심(17회)/ 물(17회)/ 봄(17회)/ 속(17회)/ 눈물(16회)/ 세상(16회)/ 그리다(15회)/ 바다(15회)/ 밤(15회)/ 물결(14회)/ 산(14회)/ 그립다(14회)/ 해(14회)/ 아름답다(13회)/ 곳(12회)/ 꽃(12회)/ 꿈(12회)/ 생각(12회)/ 갑산(11회)/ 노래(11회)/ 불(10회)/ 붓다(10회)/ 옛날(10회)/ 외롭다(10회)/ 원수(10회)/ 유행(10회)/ 창가(10회)/ 한숨(10회)

김억의 가사에 10번 이상 등장하는 어휘를 제시한 것인데, 주로 사용한 어휘 중에서 '임'과 '나'가 먼저 눈에 들어온다. 사실상 모든 이야기는 관계 속에서 이루어지곤 한다. 혹은 대상이 있어 그에 대한 인식과 감정에 따라 이야기가 만들어진다. 때로는 대상이 없이 내 자신에게서 어떤 감정이 일어나기도 한다. 어떤 경우든지 인식과 감정이 촉발되는 방향과 결과에 따라 '나 지향성'과 '너 지향성'으로 나눌 수 있다.[11] 인식과 감정이 촉발되는 결과가 나를 지향한다면 '나 지향성'을 보여주는 것이고, 그것이 상대나 대상을 향한 것이라면 '너 지향성'을 보여준다 할 수 있다.

김억의 가사에는 상대나 대상을 의미하는 '임'과 '그대' 등이 빈번하게 등장한다. 그런데 그와 더불어, '나', '맘', '심사', '생각' 등도 자주 나오고 있다. 나·맘·심사·생각 등의 주체는 네가 아니라 나일 수밖에 없다. 그 때문에 전반적으로 '나 지향성'을 보여준다고 할 수 있다. 즉 임이나 그대가 등장해도 그 초점이나 지향이 그들을 향한 것이 아니라 관계 속에서 내가 느끼는 심적 태도에 초점을 맞추고 있는 것이다. 그리고 이것은 주로 사용한 동사에서 확실해진다. '울다'. '그립다', '외롭다' 등에서 대상을 향해 자신이 느끼는 감정에 주목하고 있는 것을 알 수 있다. 그 때문에 기본적으로 김억 가사는 '나 지향성'을 보여준다고 할 수 있다.

그런데 그보다 더 중요한 것은 김억의 가사에 '민요 전통의 계승'이 나타난다는 것이다. 특히 김억은 외래의 음악적 양식(곡조)을 수용하여

---

11 '지향성(intentionality)'은 후설 등이 철학적으로 정리한 바 있다. 결국 의식의 지향성이라고 할 때, 모든 의식은 무엇에 대한 의식으로 대상을 지향한다고 정리할 수 있다. 본고에서 사용한 '지향성'은 후설의 용어를 정확하게 차용했다기보다, 의식과 말, 감정의 대상이 나를 향한 것인지, 아니면 너를 향한 것인지로 나누어 '나 지향성'과 '너 지향성'으로 나눈 것임을 밝혀둔다. 후설의 지향성에 대해서는 박승억, 『후설&하이데거: 현상학, 철학의 위기를 돌파하라』, 김영사, 2007 등을 참고할 수 있다.

형성된 트로트에 민요 전통을 계승한 노랫말을 사용하고 있어 특이하다. 사실상, 그 태생부터 민요의 많은 전통을 계승하고 있는 신민요가 가사에서 민요의 전통을 계승한다면 이는 자연스러울 수 있다. 하지만 기본적으로 외래의 음악적 양식을 수용하면서 형성된 트로트에 민요의 전통을 계승한 노랫말을 사용한다면 이야기가 달라진다. 어떤 면에서 김억은 가사를 통해 트로트의 '우리화' 내지는 '자기화'를 실현시키고 있는 것이다.

그러면 김억이 민요의 전통을 실제로 어떻게 계승하였는지를 몇 가지 측면에서 구체적으로 살펴보기로 한다.

1. 어구의 차용

김억은 민요의 표현을 그대로 가사에 차용하였다. 특히 김억은 민요 〈수심가〉의 어구를 노래 가사에 접목시키곤 하였다.

〈이별 설워〉 음반 광고
(한국유성기음반 아카이브)

3.
공중을 나는 새도 깃을뒷길내
오고갈제 산을싸고 돌지안트냐
못니저 원수라고 속이상킬내
이가슴 혼자로써 부서댐니다
〈못 잊어 원수라고〉

서해바다 밀물이 님실고갈제
갈매기로 이내몸 태엿드라면
난바다로 님쌀아 내가갈것을
리별설어 포구엔 나못살갯네

넓은바다 서해를 드나는물은

지향업시 동서를 휘돌다가도
째가되면 쏘다시 들오는것을
<u>리별설어 포구엔 나못살겟네</u>

님을예고 외로이 우는이내맘
들고나는 이물결 웨못되든가
님을짜라 맘대로 짤아돌것을
<u>리별설어 포구엔 나못살겟네</u> (밑줄은 인용자: 이하동일)
〈이별 설워〉

창망혼 구름 밧게 님의 소식이 망연이로다
우리네 두 스름이 연분은 아니오 <u>원수로구나</u>
만나기 어렵고 <u>리별이 종종 즈즈서 못 살겠네</u>
〈평양수심가〉12

  위에 제시한 〈못 잊어 원수라고〉의 3절과 〈이별 설워〉는 〈평양수심가〉의 어구를 그대로 차용한 경우에 해당한다. 사랑하는 임을 '원수'로 지칭한 것과 이별에의 슬픔을 참기보다는 '나 못 살겠다'며 적나라하게 자신의 감정을 표출한 것에서 동일하다고 할 수 있다. 게다가 〈이별 설워〉에서 시적 화자가 '못 살겠다'는 이유마저 동일하게 '이별' 때문인 것으로 드러나고 있다. 즉 시적 화자는 너무 많은 이별이 서러워서 살 수 없다고 말하는 것이다. 다음의 작품 역시 〈수심가〉의 한 구절을 그대로 차용한 가사에 해당한다.

  <u>명사십리 해당화야 꼿치진다 설어마라</u>

---

12 박승엽 편, 『무쌍신구잡가』, 신구서림, 1915, 49면(정재호 편저, 『한국속가전집』 2, 도서출판 다운샘, 2002, 482쪽에서 재인용)

명년삼월 돌아오면 너는다시 안피는가

인생이라 돌아가면 두번다시 볼길업고
무정세월 흘너가니 젊은청춘 다늙는다

사라생전 늙기전에 잔을들고 놀아보리
아차실수 신사하면 세상만사 꿈속이라

새봄마다 피는쏫츤 송이송이 예갓건만
어이하야 이내인생 세세년년 달나지나
〈이내 인생〉

세월아 가지마라 청츈홍안이 속졀업시 다 늙는구나
인싱이 일쟝츈몽이로다 안이놀지는 못ㅎ리로다
노세노세 졀머 쳥츈에 졀머만 노세 늙어 빅슈를 날니면 못놀니라
일싱일스는 만승텬즈 왕후장상 문장명필 가인지자라도 사츠불피로
구나
졀머쳥츈에 마음듸로 노즈구나(이하생략)
〈수심가〉13

바람아 광풍아 부지말아 송풍락엽이 다써러진다
명스십리 히당화야 쏫진다고 슬어말고 닙락엽진다고 네우지말아
(이하생략)
〈엮음수심가〉14

....
13 박영균 편,『고금잡가편』, 동명서관, 1915(정재호 편저,『한국속가전집』2, 도서
  출판 다운샘, 2002, 332쪽에서 재인용)
14 남궁설 편,『특별대증보신구잡가』, 한성서관, 1916(정재호 편저,『한국속가전집』
  3, 도서출판 다운샘, 2002, 153쪽에서 재인용)

위에 제시한 김억의 〈이내 인생〉 또한 〈수심가〉와 〈엮음수심가〉의 구절을 차용한 노래이다. '명사십리 해당화야 꽃이 진다 설워마라'는 〈엮음수심가〉의 '명사십리 해당화야 꽃 진다고 슬어말고'를 거의 그대로 가져온 경우라고 할 수 있다. 이처럼 김억은 가사를 지을 때, 〈수심가〉의 어휘나 구절을 차용하였다.

요컨대, 김억 가사의 특징은 민요, 그 중에서도 서도민요에서 어구를 차용해서 가사를 지은 것이라고 할 수 있다. 그가 서도민요에서 대중가요 노랫말을 차용한 것은 그의 고향이 평안북도 정주라는 것과 무관하지 않다. 그는 대중가요뿐만 아니라 시를 창작할 때도 서도민요의 어구 등을 자주 사용했는데, 이는 김억의 성장 배경이 영향을 끼친 결과라 생각한다.

2. 후렴의 사용

김억은 대중가요 가사에 민요의 후렴을 종종 사용하였는데, 그 대표적인 예로 〈배따라기〉를 들 수 있다.

배씌여라 어기여 어기여
어기여 더기여 돗달아라
금실비단 은물결에
갈매기 쌍쌍이 써서논다
어기여차 더기여차
북을두둥둥(둥둥) 울녀주소

배씌여라 어기여 어기여
어기여 더기여 돗달아라
부는순풍 건들건들
흰돗을 감돌며 춤을춘다

〈배따라기〉 음반가사지

어기여차 더기여차
북을두둥둥(둥둥) 울녀주소

배씌여라 어기여 어기여
어기여 더기여 돗달아라
물길짤아 도는신세
들니는포구가 내집이다
어기여차 더기여차
북을두둥둥(둥둥) 울녀주소
〈배따라기〉

  김억이 작사한 〈배따라기〉는 서도민요인 〈배따라기〉의 제목을 빌려온 노래이다. 그러나 김억의 〈배따라기〉가 서도민요 〈배따라기〉의 내용까지 차용하지는 않았다. 그보다는 오히려 민요 〈뱃노래〉의 후렴을 차용하였다. 즉 민요 〈뱃노래〉의 후렴에 해당하는 "어기야 디야차 어야디야 어기여차 뱃놀이 가잔다"는 후렴을 "배띄여라 어기여 어기여 어기여 더기여 돗달아라"라는 후렴으로 변형시켜 차용한 것이 특이하다고 할 수 있다.
  다음의 예도 민요의 후렴을 차용한 노래에 해당한다.

〈지화자 좋다〉
숯밧엔 너풀너풀 에헤야
나븨쎄 춤을춘다 얼시구죠타
<u>지화자죠타</u>

〈가시나야〉
여보소 가시나야 嶺南晋州 촉석루에
이하로도 넘는해가 바알가케 불이붓소
저녁노을 불이붓소 개지나 칭칭나네

西山에 불이붓고 東山에도 불이붓고
洛東江도 한복판에 바알가케 불이붓소
저녁노을 불이붓소 개지나 칭칭나네

여보소 가시나야 二八靑春 이내몸엔
하소연한 이心思가 바알가케 불이붓소
소리없시 불이붓소 개지나 칭칭나네

여보소 가시나야 꽃을딸아 오든나비
꽃이지니 돌아서오 부질없시 이청춘도
봄바람에 떱닌다오 개지나 칭칭나네

여보소 가시나야 九十春光 좋은때를
구지앳겨 무엇하오 꽃이지고 닢이날면
世上萬事 꿈이라오 개지나 칭칭나네

　〈지화자 좋다〉는 서도 민요 〈배따라기〉에 나오는 '지화자 좋다'라는 후렴을 제목과 후렴에서 모두 사용하고 있고 〈가시나야〉는 경상도 민요인 〈쾌지나 칭칭나네〉를 그 후렴으로 차용한 노래이다. 특히 〈가시나야〉에서는 '가시나'라는 경상도 방언과 '영남 진주 촉석루'와 '낙동강'과 같은 경상도의 구체적인 지명을 활용하여서 지방색을 강조한 노래이다. 그런가 하면 김억은 민요의 후렴은 아니지만 '춘향이'와 '이도령'과 같은 일반적으로 잘 알려진 주인공을 가사에 등장시켜서 새로운 후렴을 창작하기도 하였다.

일락서산 해는지고 월출동령 달돗는다
삼생가약 매즌춘향 지금어이 지낼는고
(후렴) 방자야 야야 내말을 들어라 금사초롱에 불밝혀 들고서

>   이내나춘향 어서차자가자
>
>   월명사창 죠흔밤에 책대한들 보일것가
>   눈에암암 춘향이요 귀에쟁쟁 소린지고
>
>   못닛겟다 못닛겟다 이내춘향 못닛겟다
>   일시잠시 그리워서 이내맘이 살난코나
>   〈이도령의 노래〉

〈이도령의 노래〉의 시적 화자는 이도령으로 설정되어 있다. 즉 노래는 처음부터 끝까지 이도령의 말로 이루어지고 있는 것이다. 특히 후렴에서 "방자야 야야 내말을 들어라 금사초롱에 불 밝혀 들고서 이내나 춘향 어서 찾아가자"와 같은 표현은 일반적인 대중가요 노랫말에서는 볼 수 없는 표현이다. 그러면서도 '춘향이와 이도령'의 얘기를 알고 있는 사람들에게만 그 의미가 주어지는 독특한 후렴이라고 할 수 있다.

사실상, 춘향이와 이도령의 내용을 모르는 사람에게 이러한 노래와 후렴은 별다른 함의를 지니지 못한다. 그러나 춘향이와 이도령의 내용을 이미 숙지하고 있는 우리나라 사람들에게는 이러한 후렴이 매우 친숙하게 다가올 수 있다. 결국 이러한 후렴은 우리나라 사람들만의 문화적 소통을 가능하게 하는 중요한 요소라고 볼 수 있다.

3. 음성상징어의 활용

김억의 가사에서는 음성상징어를 많이 활용하고 있는데, 이 또한 민요에서 주로 사용하는 음성상징어라는 점에서 그 특징을 지적할 수 있다. '음성상징'이란 어떤 특정한 뜻이나 인상을 상징적인 음성으로 나타내어 듣는 이에게 그 의미를 전달하는 것으로, 그러한 기능을 가진 어휘를 '음성상징어'라고 한다.15 이러한 음성상징어로는 의태어와 의성어, 유음반복(類音反復)을 들 수 있다.

    나풀나풀/암암/반듯반듯(〈옛님을 그리면서〉)
    쾅쾅(〈못 잊어 원수라고〉)
    알알이/휘휘친친/닙닙히/송이송이(〈녹수〉)
    남실남실(〈이 잔을 들고〉)
    아룽아룽(〈홍루원〉)
    나릿나릿/하늘하늘(〈탄식하는 실버들〉)
    들락날락/오락가락(〈사향〉)
    울긋붉긋/어득어득(〈아가씨여〉)
    둥둥 둥둥 두둥둥둥(〈둥둥 내 사랑〉)
    산들산들/나풀나풀(〈갈바람은 산들산들〉)
    건들건들/성숭생숭/너훌너훌/올긋볼긋/히룽해룽/출렁출렁/고이고이
    (〈꽃이 필 때〉)
    팔락팔락/한들한들(〈아서라 이 바람아〉)

이처럼 김억은 다양하고도 많은 수의 음성상징어를 활용하여 가사를 만들었다. 특히 김억이 사용한 음성상징어는 그것이 전통적인 민요의 음성상징어와 매우 닮아있을 뿐만 아니라 고유어에 대한 감각을 일깨워준다는 점에 있어서 그 가치가 높다. 이를 증명하기 위해 교환창 모노래에 등장하는 음성상징어를 제시하면 다음과 같다.16

----

15 장유정, 「시어의 측면에서 본 교환창 모노래의 특성」, 『한국민요학』제6집, 한국민요학회, 1998, 262쪽.
16 민요에 사용된 음성상징어의 예는 위의 논문, 262-266쪽을 참조할 수 있다.

의성어: 개골개골/꾸구꾸구/깍깍/꽥꽥/꿍꿍절썩/달칵/알거덕철거덕/애고대고/지지배배/츨렁/쿵쿵/풍당풍당/허허

의태어: 검실검실/금실금실/나풀나풀/남창남창/낭창낭창/너실허실/놀장놀장/능청능청/다풀다풀/도리도리/돔박돔박/동실/듬성듬성/반들반들/방글방글/살랑살랑/아시랑살살/알고마삼삼/알금살금/알송달송/울긋불긋/찰박찰박/청청/철철/타박타박/펄펄/훨훨/휘청/홍청홍청/휘영청청

유음반복(類音反復): 오리도리/우시랑오시랑/헤발룸반발룸

위의 예를 보면, 주로 경상도 지방에서 유행하였던 교환창 모노래에 나타나는 음성상징어임에도 불구하고 김억의 가사에 등장하는 음성상징어와 그 질감이 유사하다는 것을 알 수 있다. 김억의 가사 중에서 '나풀나풀, 쾅쾅, 휘휘친친, 남실남실, 아롱아롱, 울긋불긋, 히룽해룽, 츨렁' 등은 모두 기존의 민요에서 볼 수 있는 음성상징어인 것이다.

김억은 이러한 음성상징어를 활용하여 가사에 리듬감을 부여하고 청각적 이미지나 시각적 이미지의 재현을 통해 노랫말에 활력과 현실감을 불어넣은 것으로 보인다. 앞서 김억은 '대중가요 가사론'에서 음조미를 강조하였는데, 이러한 음성상징어의 활용도 가사의 음조미를 강화하는 구실을 했다고 본다.

4. 정서의 계승

김억이 가사에서 수용한 민요의 전통적인 정서는 크게 임의 부재에서 생기는 '상실의 정서'와 이른바 '노세류'의 계보를 잇는 '향락의 정서'라고 할 수 있다. 이 중에서도 임의 부재에서 생기는 '상실의 정서'는 김억의 가사 대부분을 지배하고 있는 정서라고 할 수 있다.

옛날차자 동산을 올나갓노라
잔듸밧에 봄빗은 푸르럿건만
님사시든 마을엔 인적도 업고
지는볏에 살구꼿 그저하얄뿐

저고리는 연분홍 치마는감정
나풀나풀 바람에 나붓기든양
어제럿듯 이눈에 암암하건만
이날에는 모다가 꿈이란말가

싀집간지 몃핸고 님볼길업네
님을일코 이몸은 그저외로워
반듯반듯 하늘에 빗나는별을
바라보며 꾯업시 한숨지을뿐
〈옛님을 그리면서〉

〈옛님을 그리면서〉 음반 광고
(한국유성기음반 아카이브)

김대행은 민요에서 배태되는 정서는 '임의 부재에서 생기는 정서'라고 하였다. 그리하여 민요에서의 '임'은 과거에 존재하였던 대상이며 '임'에 대한 주체의 태도는 수동적이라고 하였다.17 즉 임에 대한 민요의 정서는 임의 부재성(不在性), 과거지향성, 수동성으로 정리할 수 있는 것이다. 이러한 임에 대한 민요의 정서는 김억이 작사한 대중가요에도 그대로 나타난다.

그 제목에서도 알 수 있듯이, 〈옛님을 그리면서〉에서의 임은 내 곁에 없는 과거의 임이다. 시적 화자는 과거의 임을 떠올리며 임을 추억한다. 임을 그리워하는 시적 화자는 동산에 올라 임이 살았던 마을을 바라보지만 임의 흔적을 찾을 수 없다. 그리하여 시적 화자는 눈에 암암한 임을

---

17 김대행, 『한국시의 전통 연구』, 개문사, 1980, 159-164쪽.

그려보지만 임은 과거의 임이며 부재한 임일뿐이다. 게다가 시적 화자는 임을 그리워하면서 그저 외로워하며 하늘의 별을 바라보고 한숨만 짓는다. 결국, 임을 그리워하면서도 적극적인 행동은 하지 않는다는 점에서 시적 화자의 태도는 수동적이라고 할 수 있다. 그리고 그렇게 수동적인 태도를 일관하다 보니, 그 감정의 촉발은 자신에게로 향한다. 그 때문에 '나 지향성'을 언급했던 것이다.

이처럼 김억의 가사는 민요의 대표적인 정서인 임의 부재에서 생기는 정서를 계승하여 만들어졌다고 할 수 있다.[18] 단지 임의 부재에서 생기는 정서뿐만 아니라 다음의 가사에서는 서도민요[19]에서 보여주는 시적 화자의 자학성(自虐性)도 드러나고 있다.

> 1.
> 열한해 깁흔정도 나간물이라
> 생각을 애애말가 해도그리워
> 다시금 요심사가 안탑갑길래
> <u>이가슴 혼자로서 쾅쾅침니다</u>
> 〈못 잊어 원수라고〉

---

[18] 김억의 또 다른 작품인 〈꽃을 잡고〉(신민요, 이면상 작곡, 선우일선 노래, 포리돌 19137A, 1934년 6월 발매)에 나타난 '임의 부재에서 비롯한 정서'에 대한 설명은 장유정, 「일제강점기 한국 대중가요 연구-유성기 음반 자료를 중심으로」, 서울대 박사논문, 145-148쪽을 참고할 수 있다.

[19] 본고에서의 '서도민요'는 잡가까지 포함하는 넓은 의미로 사용되었다. 엄밀하게 따지면, 민요와 잡가는 다르겠으나 〈수심가〉나 〈난봉가〉는 학자에 따라서 서도 잡가로 분류되기도 하고 서도민요로 분류되기도 한다. 따라서 본고에서는 일단 논의의 혼선을 피하기 위하여 '서도민요'로 일관되게 지칭하되, 민요라는 용어를 잡가까지 포함하는 넓은 의미로 사용하였음을 밝혀둔다.

1.
서해바다 밀물이 넘실고갈제
갈매기로 이내몸 태엿드라면
난바다로 님쌀아 내가갈것을
<u>리별설어 포구엔 나못살겟네</u>
〈이별 설워〉

위에 제시한 〈못 잊어 원수라고〉와 〈이별 설워〉는 앞서 서도민요의 어구를 차용한 예로도 제시하였던 작품들이다. 그런데 김억은 단지 서도민요의 어구만을 차용한 것이 아니라 그 정서마저 계승하였다고 할 수 있다. 즉 이 두 작품이 임에 대한 그리움을 형상화하는 방식은 공통적으로 '이별에의 안타까움에 대한 자학'인데, 이는 서도민요 〈수심가〉의 지배적인 정서인 것이다.[20]

때로는 원수처럼 느껴지는 얄미운 임에 대.해 시적화자는 오히려 자기 자신을 탓하며 〈못 잊어 원수라고〉에서처럼 '가슴을 혼자서 쾅쾅 치거나' 〈이별 설워〉에서처럼 '나 못 살겠다'고 말하고 있다. 그리고 이는 〈평양수심가〉가 보여주는 서정적 모델화의 방식과 유사하다고 할 수 있다. 특히 임을 원수로 설정하는 것은 비단 〈평양수심가〉뿐만 아니라 〈난봉가〉 계열의 민요에서도 쉽게 찾아볼 수 있는 것으로 김억은 전통적인 민요 중에서도 특히 서도민요의 정서를 계승하였다고 할 수 있다.

다음으로 김억은 이른바 '노세류'의 계보를 잇는 서도민요의 향락적인 정서도 대중가요 가사에 수용하였다.

----

20 유철균, 「1920년대 민요조 서정시 연구-서도 잡가와의 비교를 중심으로」, 서울대 석사논문, 1993, 59쪽.

2.
인생이라 돌아가면 두번다시 볼길업고
무정세월 흘너가니 젊은청춘 다늙는다

3.
사라생전 늙기전에 잔을들고 놀아보리
아차실수 신사하면 세상만사 꿈속이라
〈이내 인생〉

1.
이靑春 잠간이라
덩기덩덩 놀고지고
아가씨네야 춤을추자
얼시구나 내사랑아

3.
뜬구름이 人生이라
덩기덩덩 놀고지고
아가씨네야 춤을추자
절시구나 내사랑아
〈놀고지고〉

세월아 가지마라 쳥츈홍안이 속졀업시 다 늙는구나
인싱이 일쟝츈몽이로다 안이놀지는 못ᄒ리로다
노세노세 졀머 쳥츈에 졀머만 노세 늙어 빅슈를 날니면 못놀니라
일싱일ᄉ는 만승텬ᄌ 왕후장상 문쟝명필 가인ᄌ자라도 사츠불피로구나
졀머쳥츈에 마음딕로 노ᄌ구나(이하생략)
〈수심가〉21

⟨이내 인생⟩과 ⟨놀고지고⟩가 보여주는 향락적인 정서는 민요인 ⟨수심가⟩가 보여주는 정서는 매우 흡사하다. ⟨이내 인생⟩의 '놀아보리'나 ⟨놀고지고⟩의 '놀고지고'는 ⟨수심가⟩의 '노자구나'와 동일한 것으로 이해할 수 있다. 그리고 이러한 향락의식이 인생에 대한 허무감에서 비롯하였다는 점에서도 공통적이라고 할 수 있다. 인생은 일장춘몽이고 청춘도 잠깐이니 늙기 전에 놀자고 하는 것이다. 결국, 이는 '일종의 체념과 자포자기에서 비롯한 향락성'으로 서도민요의 전통적인 정서를 계승한 것이라고 할 수 있다.

김억의 가사에서 드러나는 향락성은 동시대의 다른 대중가요 갈래인 재즈송이 보여주는 도시적인 향락성[22]과는 그 질감이 상당히 다르다. 김억은 서도민요를 수용하는 과정에서 자연스럽게 서도민요의 '허무감을 동반한 향락적인 정서'도 계승한 것으로 보인다. 일반적으로 서도민요에서 드러나는 '허무감을 동반한 향락성'은 이 지역의 역사적, 정치적 특수성으로 설명되곤 한다.

즉 조선왕조 전 기간을 통하여 지역적인 차별을 받았고 정치적으로 입신할 수 있는 사회적 통로가 차단되어 있던 서도인들의 정치적 허무주의가 경제적인 풍요에서 비롯한 향락적인 문화와 만나서 서도인의 독특한 정서를 만들어냈다는 것이다.[23] 최영한도 1930년대 당시에 ⟨수심가⟩에 나타난 퇴폐적, 염세적, 자포자기적 인생관을 서북인들이 감수해야 했던 오랜 정치적 탄압의 결과라고 본 바 있다.[24]

---

21 박승엽 편, 『무쌍신구잡가』, 신구서림, 1915, 49면(정재호 편저, 『한국속가전집』 2, 도서출판 다운샘, 2002, 332쪽에서 재인용)
22 재즈송의 향락성은 장유정, 앞의 논문, 2004, 108-116쪽을 참고할 수 있다.
23 유철균, 앞의 논문, 36쪽.
24 최영한, 「조선민요론」, 『동광』33호, 1932년 5월호.

김억은 민요의 여러 특성을 가사에 수용하였으며, 민요 중에서도 특히 서도민요의 특성을 가사에 반영하였다. 이처럼 김억이 서도민요를 계승하여 가사를 지은 것은 그가 서도출신이라는 점과 당시의 시대상이 서도민요의 특성과 자연스럽게 조응하는 측면이 있었기 때문이라고 할 수 있다. 일제하의 비극적 역사현실이 낭만적인 기질의 소유자인 김억에게 '허무감을 동반한 향락성'으로 표출되었던 것이다.

Ⅴ. 김억이 작사한 대중가요의 의의와 한계

김억은 자신이 생각하는 '야비하거나 비속하지 않고 고상한' 대중가요 가사를 민요 전통의 계승에서 찾으려 했다. 김억은 당대 대중가요 가사에 많은 불만을 지니고 있었고 이에 대한 대안으로 '알기 쉽고 아름다운' 언어로 가사를 지어야 한다고 하였다. 실제로 김억은 자신이 직접 가사를 창작하여 그러한 자신의 견해를 펼치고자 한 것으로 보인다. 그리하여 '알기 쉽고 아름다운' 언어로 '대중의 심금을 울려줄 수 있는' 가사를 민요의 전통에서 찾았던 것이다. 민요의 전통을 계승하여 대중가요 가사를 창작하였다는 점에서 김억이 작사한 대중가요의 의의를 지적할 수 있다. 김억은 다양한 시도와 실험을 통해 민요의 정서와 표현기법을 대중가요에서 재현하고자 한 것이다.

그런데 민요시인으로 분류되는 김억이 대중가요 가사에서 민요 전통을 수용한 것은 당연한 일로 여겨질지도 모르겠다. 그러나 중요한 것은 1930년대 대중가요를 둘러싸고 행해졌던 대중가요 담론 속에서 김억의 대중가요 가사가 출현하였다는 점이다. 1930년대 음악평론가와 문인들 사이에서 활발하게 행해졌던 대중가요 담론은 대중가요가 나아가야 할 지향점으로 민요를 꼽고 있다. 신민요에 대한 김사엽과 김종한의 글뿐만 아니라[25] 1934년에 이하윤, 구왕삼, 김관 사이에서 벌어졌던 대중가요 논쟁은 당시 대중가요에서 민요 계승에 대한 활발한 논의가 있었음을 보여주는 단적인 예이다.

그 성공 여부를 떠나서 당시 지식인들 사이에서 이러한 적극적인 논의가 있었다는 것은 매우 중요한 의미를 지니며 김억의 가사 또한 그 실례와 실천의 모습을 보여준다는 점에서 그 의의를 인정할 수 있다. 다음의 구왕삼의 글을 통해서도 김억의 작사활동이 의식적인 노력에서 행해졌음을 확인할 수 있다.

> 이 문제에 대하여 최근 각개자간에서 말성꺼리가 되어 어떠케하면 民族의 需要에 應하야 가장 많이 제작되는 유행가 레코드를 통하야 금후 유행가의 레벨을 높이는 신시대의 음악운동 내지 민족운동에 보담 건전한 개척이 없을까 생각하고 김태준, 김안서, 이하윤, 유도순 제씨가 이 유행 문제에 대하여 이론과 작품의 실제로서 많은 노력을 하고 잇다.(구왕삼, 「현대유행가곡론」, 『동아일보』 1934년 5월 9일)

구왕삼은 일부 지식인들이 천편일률적인 유행가를 들어서 그 비속성을 문제 삼자, 이에 대한 해결책으로 김태준, 김안서, 이하윤, 유도순 등이 이론과 실제로써 많은 노력을 하고 있다고 하였다. 이처럼 김억의 작사활동은 신시대의 음악운동 내지 민족운동의 일환으로 비속한 유행가의 수준을 높이기 위해서 이루어진 것이다. 물론 민요시인으로서의 면모가 김억의 가사에 드러나는 것은 당연한 것이겠으나, 그의 작사 활동은 당대

---

[25] 신민요에 대한 김사엽과 김종한의 글은 장유정, 「1930년대 신민요에 대한 당대의 인식과 수용」, 『한국민요학』 제12집, 한국민요학회, 2003, 304-311쪽을 참고할 수 있다.

대중가요에 대한 비판의 대안으로서 이루어졌다는 점에서 그 의의를 인정할 수 있다.

그런가 하면 김억은 기본적으로 시와 가사를 다른 것으로 인식하고 있었음에도 불구하고[26] 자신이 지은 시와 가사를 중복 사용하기도 하였다. 예를 들어, 그가 작사한 대중가요 〈삼수갑산〉은 음반으로 먼저 발매된 이후에 그 가사가 1934년 8에 간행된 『삼천리』「안서시집(岸曙詩集)」에 수록되기도 하였다.

반면에 그가 작사한 〈못 잊어 원수라고〉는 『안서시집』[27]에 수록된 〈無信〉과 『신동아』에 수록된 〈歎息〉,[28] 『민요시집』[29]에 수록된 〈無心〉과 거의 동일한 작품이다. 연도순으로 보면 1929년에 간행된 『안서시집』에 수록된 〈無信〉이 가장 앞서고, 그 다음이 1933년에 『신동아』에 수록된 〈歎息〉이다. 이어서 1934년에 〈못 잊어 원수라고〉가 음반으로 발매되었고 1948년에 『민요시집』에 〈無心〉이란 제목으로 동일한 내용의 시가 재수록 되었다.

이처럼 김억이 시와 노래 가사를 중복 사용한 것을 그의 창작성의 한계로 보아야 할지 아니면 기본적으로 시와 가사에 민요적인 전통을 공통적으로 부여하면서 나타난 자연스러운 현상으로 보아야 할지는 단정할 수 없다. 다만 한 가지 확실하게 말할 수 있는 것은 김억이 시보다는 노래 가사를 지을 때 정형성을 더욱 강화시켰다는 점이다. 예를 들어서 앞서 언급한 〈못 잊어 원수라고〉를, 이 작품의 모본으로 보이는 〈無信〉과 비교

---

26 김억은 〈꽃을 잡고〉를 작사하게 된 경위를 말하면서 이것이 "詩가 아니요 歌詞로 지은 것"이라고 하였다.("'거리의 꾀꼬리'인 십대가수를 내보낸 작곡·작사자의 고심기」, 『삼천리』 1935년 11월호) 그러므로 김억은 기본적으로 시와 가사를 다른 것으로 인식하였다고 할 수 있다.
27 한성서관, 1929년 4월 1일.
28 『신동아』19, 1933년 5월 1일.
29 한성서관, 1948년 12월 20일.

할 때, 〈못 잊어 원수라고〉는 〈無信〉보다 그 정형성을 강화하는 차원에서 만들어졌다고 볼 수 있다.

〈無信〉	〈못 잊어 원수라고〉
평양에도 대동강	열한해 깁흔정도 나간물이라
나간물이라	생각을 애애말가 해도그리워
생각을 아조말가	다시금 요심사가 안탑갑길래
	이가슴 혼자로서 쾅쾅침니다
얄밉다 말을할가	
해도 그립은	얄밉다 말을할가 하니얄밉고
다시생각 내낭군	그립다 생각하니 다시그리워
	생시랴 쑴속에랴 니즐길업서
쑴에서랴 생시랴	어굴한 요심사에 내가움니다
니즐수업는	
어굴한 요심사에	공중을 나는 새도 깃을뒷길내
	오고갈제 산을싸고 돌지안트냐
혼자서 이내가슴	못니저 원수라고 속이상킬내
쾅쾅 쑤다려	이가슴 혼자로써 부서댐니다
부시고만 십구료	

〈못 잊어 원수라고〉는 3음보를 정확하게 지키고 있을 뿐만 아니라 3·4·5로 그 음수율도 거의 정확하게 맞아떨어지고 있다. 게다가 전체 3연으로 이루어진 각 연의 마지막 어미가 모두 '다'로 동일하게 끝나면서 그 압운마저 지키고 있는 것이다. 김억은 기본적으로 '시는 곧 운율'이라는 생각을 가졌던 사람이다.[30] 그 때문에 〈무신〉 또한 7·5조의 자수율을 지

---

30 김억, 「작자로서 한마디」, 『동아일보』 1930년 12월 7일,(김용직 편, 『해파리의

키면서 창작한 정형시에 해당한다. 그러나 이러한 정형성이 〈못 잊어 원수라고〉에서는 더욱 배가되는 특징을 보여주는 것이다. 이처럼 김억의 가사에서 정형성이 강화되는 것은 가사가 노래로 불리기 때문에 그 곡조를 고려하면서 생긴 경향이라고 할 수 있다.

    요컨대, 김억의 가사는 민요적인 전통을 계승하여 창작되었다는 점에서 그 의의가 크다고 할 수 있다. 특히 민요조 서정시를 창작할 때와 마찬가지로 김억은 가사를 창작할 때도 순수 국어를 사용하는 경향이 높았으며 이는 그가 의식적으로 전통을 지향하고 한국적 민요의 흐름을 대중가요에도 실현시키고자 한 노력으로 평가할 수 있다. 그러나 당대의 다른 대중가요 갈래인 만요가 보여주었던 세태비판이나 현실감각은 배제한 채,31 민요 세계로의 경도만을 보여준 것은 그의 가사가 지닌 한계라고도 할 수 있다.

VI. 맺음말

    이상으로 김억의 가사를 살펴보았다. 본 연구는 김억의 노랫말을 대상으로 이루어진 가장 첫 번째 연구로서의 의의를 지닌다. 특히 김억의 가사를 고찰하는 과정에서 20세기 전반기에 김포몽이란 예명으로 활동하였던 작사자가 김억임을 발견한 것은 본고의 성과라고 할 수 있다.

    김억은 대중가요 가사론을 통해서 '알기 쉽고 아름다운 언어'로 가사를 짓되 시적요소와 음조미가 있어야 한다는 점을 강조하였다. 또한 그는

노래』, 범우, 2004, 291쪽에서 재인용)
31 만요가 보여주는 현실인식은 장유정, 앞의 논문, 2004, 116-133쪽을 참고할 수 있다.

그 내용에는 제한을 두지 않되, 대중들의 심금을 울려주는 가사이어야 한다고 하였다. 김억은 실제로 자신이 직접 가사를 짓는 것으로써 자신의 그러한 견해를 실험하였다고 할 수 있다. 그리고 그가 생각하는 고상한 가사를 민요에서 찾으려 한 것으로 보인다.

그가 지은 가사의 특성은 한 마디로 '민요 전통의 계승'이라고 할 수 있다. 그는 어구, 후렴, 음성상징어, 정서의 측면에서 두루 민요의 전통을 계승하였다. 특히 민요 중에서도 서도민요를 계승한 것이 특징적이라고 할 수 있다. 김억은 당대의 대중가요 담론 속에서 의식적으로 민요의 전통을 대중가요에 반영하고자 하였다. 여기서 그의 가사가 지닌 의의를 지적할 수 있다. 그러나 그의 가사에서 당시 세태에 대한 비판이나 현실 감각을 찾아보기 어려운 점은 그의 가사가 지닌 한계라고 할 수 있다.

* 이 글은 장유정, 「안서 김억의 대중가요 가사에 나타나는 민요적 특성 고찰」, 『겨레어문학』제35집, 겨레어문학회, 2005년을 수정·보완한 것이다.

부록: 김억이 작사한 대중가요의 음반 목록

제 목	곡종명	작사자	작곡자	가 수	음반상표	음반번호	발매연도	비 고
뜨내기인생	유행가	김안서	전수린	이애리수	빅타	49219	1933. 6.	
포구의 밤	유행가	김안서	김교성	이애리수	빅타	49219	1933. 6.	
수부의 노래	유행가	김안서	김교성	강홍식	빅타	49228B	1933. 9.	
삼수갑산	유행가	김안서	김교성	강홍식	빅타	49233A	1933. 9.	KJ1170B 재발매
오마시든 임	유행가	김안서	김교성	강홍식	빅타	49249A	1933. 12.	
설은 신세	유행가	김안서	좌좌목준일	강석연	빅타	49251B	1933. 12.	KJ1166B 재발매
눈물에 지친 꽃	유행가	김 억	김교성	강석연	빅타	49252A	1933. 12.	
갈바람은 산들산들	유행가	김 억	전수린	강석연 전경희	빅타	49257A	1933. 12.	
놀고지고	유행가	김안서	김교성	강홍식 손금홍 전경희	빅타	49257B	1933. 12.	
꽃이 필 때	유행가	김안서	김교성	손금홍	빅타	49258B	1933. 12.	
아서라 이 여성아	유행가	김안서	교목국언	강석연	빅타	49259B	1933. 12.	
내가 우노라	유행가	김안서	전수린	최남용	빅타	49265A	1934. 2.	
홍루	유행곡	김안서	김교성	강석연	빅타	49267B	1934. 2.	
서울소야곡	유행가	김안서	장익진	최남용	빅타	49268B	1934. 2.	
술노래	유행가	김안서	홍수일	강홍식	콜럼비아	40480B	1934. 2.	
이 잔을 들고	유행가	김안서	신 진	강홍식	콜럼비아	40491B	1934. 3.	
우는 꽃	유행가	김안서	박용수	윤옥선	콜럼비아	40493A	1934. 3.	
무심	유행가	김안서	김홍산	김선초	콜럼비아	40493B	1934. 3.	
잊었노라	유행가	김안서	전수린	강홍식	빅타	49272B	1934. 3.	
배따라기	신민요	김안서	홍수일	강홍식	콜럼비아	40501A	1934. 4.	
산으로 바다로	유행가	김안서	전수린	최남용	빅타	49275B	1934. 4.	
이별 설어	유행가	김안서	김준영	조금자	콜럼비아	40507B	1934. 5.	
홍루원	유행가	김안서	강구야시	채규엽	콜럼비아	40508B	1934. 5.	
그대 울지 말아라	유행가	김안서			윤건영	포리돌	19135B	1934. 5.	
지화자 좋다	신민요	김안서	김준영	강홍식 전 옥	콜럼비아	40512B	1934. 6.	
그리운 옛날	유행가	김안서			윤건영	포리돌	19136A	1934. 6.	
꽃을 잡고	신민요	김안서	이면상	선우일선	포리돌	19137A	1934. 6.	X591A 재발매
옛님을 그리면서	유행가	김 억	유 일	장일타홍	리갈	C197A	1934. 7.	

아서라 이 바람아	유행가	김안서	김교성	강석연	빅타	49287B	1934. 7.	
가시나야	유행가	김안서	김교성	손금홍 전경희	빅타	49301B	1934. 8.	
능라도 타령	속요	김안서		김옥진	빅타	49307A	1934. 9.	KJ1174A 재발매
못 잊어 원수라고	유행가	김안서	박용수	최월향	리갈	C210B	1934. 9.	
아득한 흰 돛	유행가	김안서	전수린	강석연	빅타	49319B	1934. 11.	
외로운 가을밤	유행가	김안서	김교성	손금홍	빅타	49320B	1934. 11.	
탄식하는 실버들	유행가	김안서	김준영	전 옥	콜럼비아	40559A	1934. 11.	
사향	유행가	김안서	전기현	전 옥	콜럼비아	40566B	1934. 12.	
무심한 그대야	유행가	김안서	김준영	김선초	콜럼비아	40567B	1934. 12.	
사절가	속요	김안서		김옥진	빅타	49330B	1935. 1.	KJ1167B 재발매
행주곡	유행가	김안서	이면상	윤건영	포리돌	19167A	1935. 1.	
야속타 기억은	유행가	김안서	이면상	조금자	콜럼비아	40581B	1935. 2.	
아가씨여	유행가	김안서	김준영	김선초	콜럼비아	40584A	1935. 2.	
옛 생각	신민요	김안서	전기현	석금성	콜럼비아	40585A	1935. 2.	
지는 해에	유행가	김안서	레이몬드복부	안일파	콜럼비아	40618A	1935. 6.	
수부의 탄식	유행가	김안서		이일남	빅타	49373B	1935. 9.	
남국의 눈	유행가	김안서	문호월	김연월	오케	1841B	1936. 1.	
놀고지고	유행가	김안서	홍수일	강홍식 전 옥	콜럼비아	40677B	1936. 4.	
이내 인생	신민요	김안서	김준영	조병기	콜럼비아	40679B	1936. 5.	
그대를 생각하면	유행가	김안서	홍수일	강홍식	콜럼비아	40687B	1936. 5.	
두 사람의 사랑은	유행가	김안서	레이몬드복부	강홍식 장옥조	콜럼비아	40685B		
수부의 꿈	유행가	김안서	레이몬드복부	유종섭	콜럼비아	40693B	1936. 6.	
외로운 사랑	유행가	김안서	나소운	백우선	빅타	49426A	1936. 9.	
둥둥 내 사랑	신민요	김안서	김기방	조병기	콜럼비아	40706B	1936. 9.	
녹수	유행가	김안서	유 일	이정원	리갈	C392B	1936. 10.	
월야의 안성	유행가	김안서	홍수일	강홍식	콜럼비아	40711B	1936. 10.	
옛 산성	가요곡	김안서	이면상	임헌익	콜럼비아	40718B	1936. 10.	
님 그리는 눈물	유행가	김안서	홍수일	강홍식	콜럼비아	40721A	1936. 10.	
이팔아가씨	유행가	김안서	김준영	윤혜선	콜럼비아	40721B	1936. 10.	
한숨짓는 밤	신민요	김안서	정사인	홍봉향	콜럼비아	40722A	1936. 11.	
청산만리	신민요	김안서		조병기	콜럼비아	40722B	1936. 11.	
이도령의 노래	신민요	김안서		조병기	콜럼비아	40729B	1936. 11.	

천리원정	신민요	김안서		조병기	콜럼비아	40729B	1936. 11.	
이 마음 신고	유행가	김안서	레이몬드 복부	유종섭	콜럼비아	40737A	1937. 1.	
동해금강	신민요	김안서		조병기	콜럼비아	40738A	1937. 1.	
정말이다	신민요	김안서		조병기	콜럼비아	40738B	1937. 1.	
정의의 사여	시국가요	김 억	이면상	임동호	빅타	KS2025B	1937. 11.	
정의의 행진	시국가	김 억	전기현	정찬주	콜럼비아	40793B	1937. 12.	
종군간호부의 노래	시국가	김 억	이면상	김안라	콜럼비아	40794A	1938. 1.	40889 재발매
영채의 노래	주제가	김안서		장세정	오케	12192B	1938. 12.	
무정	주제가	김안서		최남용	오케	12192A	1938. 12.	
대지의 아들	신가요	김안서	이운정	이규남	콜럼비아	40893B	1942. 9.	

:: 참고문헌

자료편
강의영 편, 『신유행창가전집』, 영창서관, 1935.
김안서, 『민요시집』, 한성서관, 1948.12.20.
김안서, 『안서시집』, 한성서관, 1929.4.1.
김용직 편, 『해파리의 노래』, 범우, 2004.
김점도 편, 『유성기음반총람자료집』, 신나라레코드, 2000.
남궁설 편, 『특별대증보신구잡가』, 한성서관, 1916.
『매일신보』, 『삼천리』, 『신동아』
박경수 편, 『안서 김억전집』, 한국문화사, 1987.
박승엽 편, 『무쌍신구잡가』, 신구서림, 1915.
박영균 편, 『고금잡가편』, 동명서관, 1915.
장유정, 「민요전통 계승한 김억의 대중가요 가사-김억의 대중가요 발굴가사 58편 및 작품세계」, 『문학사상』399호, 문학사상사, 2006년 1월호.
정재호 편저, 『한국속가전집』, 도서출판 다운샘, 2002.
최동현·임명진 편, 『유성기음반 가사집』5·6, 민속원, 2003.
한국고음반연구회 편, 『유성기음반 가사집』(3), 민속원, 1992.
한국고음반연구회 편, 『유성기음반 가사집』(4), 민속원, 1999.
한국고음반연구회 편, 『유성기음반가사집』Ⅰ·Ⅱ, 민속원, 1998.
한국정신문화연구원 편, 『한국유성기음반총목록』, 민속원, 1998.

논문 및 단행본
김대행, 『한국시의 전통 연구』, 개문사, 1980.
박승억, 『후설&하이데거: 현상학, 철학의 위기를 돌파하라』, 김영사, 2007.
유철균, 「1920년대 민요조 서정시 연구-서도 잡가와의 비교를 중심으로」, 서울대 석사논문, 1993.
장유정, 「시어의 측면에서 본 교환창 모노래의 특성」, 『한국민요학』제6집, 한국민요학회, 1998.

장유정, 「1930년대 신민요에 대한 당대의 인식과 수용」, 『한국민요학』제12집, 한국민요학회, 2003.

장유정, 「일제강점기 한국 대중가요 연구-유성기 음반 자료를 중심으로」, 서울대 박사논문, 2004.

박노홍

반복과 상호텍스트성의 가사 작법을 구현하다

박노홍(1935년경)

Ⅰ. 머리말

극작가로 더 잘 알려져 있는 박노홍(1914-1982)은 일제강점기의 대표적인 대중가요 작사가이기도 하다. 필자는 아주 오래 전부터 일제강점기에 활동한 대표적인 대중가요 작사가의 작품을 순차적으로 연구하겠다는 마음을 먹고 한편 한편 논문을 발표했었다. 그러던 중에 『대중음악』2호에 박노홍의 대중가요 목록1이 실려서 대중가요 작사자 연구에 박차를 가할 수 있었다. 게다가 박노홍이 창작한 가사를 하나하나 수집하던 중에 『박노홍 전집』이 나온 것을 알게 되었다. 박노홍이 작사한 대중가요의 가사가 수록되어 있는 『박노홍 전집』5권2은 박노홍 작품의 전반을 파악하는 데 많은 도움을 주었다. 모든 연구에서 일차자료의 수집과 정리는 매우 중요하면서도 어려운 작업임에 틀림없다. 다행히, 두 편의 논저 덕분에 일차자료의 수집과 정리를 위한 수고를 덜고 연구에 착수할 수 있었다.

본고의 목적은 박노홍 작품의 실제 양상과 구조를 살펴보는 데에 있다. 박노홍의 대중가요 가사가 어떤 양상을 지니고 있고 어떤 구조로 이루어졌는가를 고찰하는 작업은 박노홍의 대중가요 가사 창작 원리와 작품의 의미를 살펴보기 위해 반드시 수행해야 하는 작업이다. 사실상, 일제강점기에 대중가요 작사가로 활동했던 사람들의 상당수가 문인 출신이고,

---

1 이준희, 「박노홍과 대중가요: 작사(作詞)에서 작사(作史)까지」, 『대중음악』2호, 한울, 2008.
2 김의경·유인경 편, 『박노홍 전집』5, 연극과 인간, 2008.

이들은 대중가요를 이른바 '가요시'로 인식하기도 했다. 이런 점을 고려할 때, 이 시기 작가별 작품의 양상을 고찰하는 작업은 중요하다.

그런데 대중가요 가사를 연구하는 방법이 기존의 현대시를 분석하고 연구하는 방법과 동일할 수는 없을 것이다. 이른바 고전음악(Classic)의 연구 방법을 대중가요 음악 연구에 그대로 적용할 수 없는 것처럼, 문학적인 측면에서도 기존의 현대시 연구 방법을 대중가요 연구에 똑같이 적용하기는 어렵다. 그렇다면 어떤 방법으로 대중가요 연구를 해야 하는 것일까? 본고는 기본적으로 이러한 질문을 안고 시작한다. 그러나 본고에서 이러한 질문에 대한 해답을 완전하게 제공하지는 못할 것이다. 다만 본고는 대중가요의 연구 방법을 찾아가기 위한 고민의 흔적이자 하나의 시도이다.

대중가요 연구에 있어서 시사점을 주는 것은 기존의 구비시가에 대한 연구 방법이다. 민요를 위시한 구비시가가 '구비성'을 그 특징으로 하는 것과 마찬가지로 대중가요 가사는 기본적으로 대중가요로 불릴 것을 전제로 창작된다. 그 때문에 대중가요 가사를 창작할 때 '가창성'에 대한 고려가 있게 마련이다. 그리고 '가창성'에 대한 고려는 가사에도 영향을 끼칠 수밖에 없다. 따라서 구비시가의 구조를 연구하기 위해 사용한 방법을 대중가요의 구조를 연구하는데 적용할 수 있다. 본고에서는 기존의 구비시가 연구 방법을 활용하여 박노홍 작품의 양상과 구조를 고찰하기로 한다.

II. 박노홍 작품의 전반적인 특징

이 장에서는 박노홍의 작품을 본격적으로 살펴보기에 앞서서 박노홍이 창작한 대중가요의 전반적인 모습과 특징을 알아보기로 한다. 1937년부터 대중가요 가사를 창작하기 시작한 박노홍은 강영숙, 김화암, 노다지, 박화산, 이노홍, 이부풍, 이사라, 조화암, 화산월 등과 같은 필명을 사용하면서 작품 활동을 하였다.3 목록에서 확인할 수 있는 그의 작품은 광복 이전에 172곡과 광복 이후에 7곡으로 총 179곡이다. 시기별로 보면, 1937년에 29곡, 1938년에 59곡, 1939년에 56곡, 1940년에 22곡, 1941년에 3곡, 1942년에 2곡, 1943년에 1곡으로 1938년과 1939년에 가장 왕성한 작품 활동을 하였다고 할 수 있다.

필명의 사용 현황을 보면, 빅타 음반회사에서 작품 활동을 시작하였던 박노홍은 빅타에서는 주로 이부풍과 박화산이라는 필명으로 작품을 내었다. 박노홍은 같은 시기에 콜럼비아 음반회사와 오케 음반회사에서 작품을 발표하기도 하였는데, 이때는 주로 이노홍이라는 필명을 사용하였다. 음반회사에 따라서 다른 필명을 사용한 것은 전속 문제 때문일 것이다.4 한 회사의 전속으로 있으면서 다른 회사에 작품을 발표하지 않는 관행 때문에 필명을 사용하여 작품을 발표하였던 것이다. 지금으로서는 당시에 이러한 일이 공개적으로 이루어졌는지, 아니면 비공개적으로 이루어졌는지는 알 수 없다. 그러나 이 시기에 특정한 회사에 전속으로 있으면서 다른 회사에서 필명으로 작품을 발표한 예는 비일비재하다.

박노홍은 같은 빅타 음반회사에서 음반을 발매할 때에도 이부풍과 박화산, 강영숙, 조화암 등의 다양한 필명을 사용하였다. 필명을 사용하는 데 어떤 규칙을 발견할 수 없는 것으로 보아서 이는 단순히 변화를 주기 위한 시도로 볼 수 있다. 선행연구에서 지적하고 있듯이, 1937년 5월부터 1939년 말까지 빅타 음반회사에서 발매한 대중가요가 약 230곡이고, 작

---

3 박노홍의 필명 사용에 대해서는 이준희, 앞의 논문을 참고할 수 있다.
4 작가들의 전속 문제와 필명 사용에 대해서는 장유정, 『오빠는 풍각쟁이야-대중가요로 본 근대의 풍경』, 민음in, 2006, 66-67쪽을 참고할 수 있다.

사자 이름을 확인할 수 있는 169곡 중에서 박노홍의 작품이 127곡이나 된다.5 따라서 같은 필명을 사용하면 식상하게 여겨질 수 있으므로 다양한 필명을 사용하여 변화를 추구하지 않았을까 한다.

다음으로 광복 이전에 발매된 172곡의 갈래명을 살펴보면 다음과 같다.6 유행가 112곡, 신민요 28곡, 만요(희가요) 4곡, 탱고 1곡, 블루스 2곡, 룸바 1곡, 주제가 1곡, 가요곡(신가요) 10곡, 경기가요 1곡, 그리고 갈래명을 알 수 없는 곡이 11곡이었다. 가요곡이나 신가요라는 곡종명이 1940년 경부터 '유행가'를 대신해서 사용한 갈래명이라는 것을 감안할 때, 박노홍은 주로 유행가 창작에 주력하였다고 할 수 있다. 그러나 일제강점기에 발매되었던 대중가요의 상당수가 '유행가'라는 곡종명을 사용하여 발매되었으므로, 유행가 작품이 많은 것이 그 자체로 의미를 지니기는 어려울 것이다.

당시 대중가요를 창작할 때 가사와 선율 중에서 어떤 것을 먼저 만들었는지는 경우에 따라 달랐을 것으로 추정한다. 하지만 가사를 먼저 창작하든지, 선율을 먼저 창작하든지 간에 신민요와 유행가를 다른 구조로 인식해서 작사한 것만은 알 수 있다. 여타 작가들의 작품과 마찬가지로 박노홍의 작품에서도 신민요와 유행가가 다른 구조로 이루어진 것을 확인하였다. 이는 역으로 당시에 대중가요 갈래에 대한 인식이 있었음을 말해주기도 한다.

흥미로운 점은 박노홍의 작품에서는 유행가마저도 신민요 내지는 기존의 구비시가가 보여준 구조를 답습하는 경향을 보여준다는 점이다. 이

---

5 이준희, 앞의 논문, 120-121쪽.
6 본고에서 분석대상으로 한 작품은 박노홍이 광복 이전에 작사한 대중가요 172곡이다. 광복 이후에 창작한 작품의 수는 적을 뿐만 아니라 광복 이후의 작품은 광복 이전 작품의 연장선상에서 이해할 수 있는 측면이 많아서 본고에서 별도로 고찰하지 않았다.

에 대해서는 다음 장에서 상술하기로 하고 현재 그 가사가 확인된 박노홍 작품의 수치를 제시하기로 한다. 현재 확인된 박노홍 작품의 수는 광복 이전에 발매된 127곡과 광복 이후에 발매된 4곡으로 총 131곡이다. 본고에서 대상으로 한 광복 이전에 창작된 작품 172곡 중에서 127곡의 가사를 확인할 수 있었는데, 이 수치는 박노홍 작품의 경향을 살피는데 부족한 수치는 아니라고 할 수 있다. 이에 다음 장에서는 박노홍의 작품 127곡의 양상과 구조를 통해 박노홍 작품의 특징을 고찰하고자 한다.

III. 작품의 주제 양상

박노홍의 작품을 기존의 통속민요[7]와 비교하기 위해서 선행연구에서 사용한 주제 양상의 항목을 참고하여 박노홍 작품의 양상을 수치로 제시하면 다음과 같다.

〈박노홍 대중가요의 주제 양상 및 비율〉

구분 \ 주제	이성	인생	자연	기타	계
사설수	82	39	4	2	127
비율(%)	64.6%	30.7%	3.1%	1.6%	100%

---

[7] 선행연구에서는 통속민요를 '각 지역의 민요가 전문 소리꾼에 의해 수용되어 잡가화한 노래'라고 정의하였다.(홍성애, 「통속민요의 성격과 전개양상 연구」, 강릉대석사논문, 1999) 본고에서 사용한 통속민요는 이러한 정의를 따른 개념임을 밝혀둔다. 아울러 박노홍 작품의 특징을 부각하기 위해 본고에서는 홍성애의 통속민요 연구 결과와의 비교를 시도했다.

필자의 주관이 개입할 가능성과 그에 따른 오류를 배제할 수는 없으나, 박노홍 작품의 주제는 대체로 위와 같은 양상을 드러낸다. 기타에 들어간 작품은 〈북관아가씨〉(신민요, 박화산 작사, 이기영 작곡, 김복희, 빅타, 49477A, 1937년)와 〈심봉사의 탄식〉(주제가, 이부풍 작사, 김양촌 작곡, 김용환 노래, 빅타, KJ1360B, 1940년)이다. 뚜렷한 주제 의식 없이 각 절이 독립적인 내용으로 이루어진 〈북관아가씨〉는 기존의 민요를 차용해서 만든 것이고, 갈래명이 '주제가'인 〈심봉사의 탄식〉은 떠나는 심청이를 만류하는 심봉사의 독백으로 이루어진 노래이다. 두 노래 모두 익숙한 내용의 민요나 이야기를 활용한 '상호텍스트성(intertextuality)'을 보여준다.

'기타'를 제외하면, 이성 관련 노래가 가장 많고 그 다음이 인생 관련 노래, 그리고 마지막으로 자연 관련 노래로 분류할 수 있다. 하지만 자연 관련 노래는 수적으로 매우 적은 수치를 차지하였다. 통속민요와 마찬가지로 박노홍의 작품에서도 이성 관련 노래가 가장 많은 수를 차지하였는데, 이러한 이성 관련 노래는 다시 몇 가지 소주제로 항목화 할 수 있다. '사랑', '이별', '그리움'이 그것이다. 사랑 노래가 주로 사랑의 기쁨 내지는 사랑 전의 설렘 등을 그리고 있다면, 이별 노래는 이별 중의 아픔과 상대에 대한 원망 등을 담고 있다. 마지막으로 그리움을 주제로 한 노래는 임이 부재한 상태에서 임을 그리워하는 내용으로 이루어져 있다. 총 82곡의 이성 관련 노래를 소주제별로 수치화하면 다음과 같다.

〈이성 관련 대중가요의 소주제 양상과 비율〉

구분\소주제	사랑	이별	그리움	계
사설수	23	28	31	82
비율(%)	28%	34.2%	37.8%	100%

박노홍의 작품을 통속민요와 비교할 때, 눈에 띄게 다른 점은 박노홍

의 작품에서는 자연물 및 산천경개를 다룬 노래가 현저하게 줄었다는 점이다.[8] 자연 관련 노래가 대폭 줄어들고, 노래의 주제가 대체로 이성 관련 내지는 인생 관련 노래로 집약된 것은 대중가요가 기본적으로 인간을 중심으로 한 노래라는 것을 말해준다. 자연과 어우러져서 생활하던 공동체 문화에서 점차로 개인을 중요하게 생각하는 사회로 변한 것을 반영하는 것이다. 또한 통속민요는 기존의 토속민요를 모태로 하고 있어서 노동 관련 노래도 있었으나, 박노홍의 대중가요에 와서는 노동이나 계몽 및 교훈을 주제로 한 노래는 거의 사라졌다고 볼 수 있다.

그러면서도 박노홍의 작품이나 통속민요는 모두 이성 관련 노래가 가장 중요한 부분을 차지하고 있다. 박노홍 작품의 이성 관련 노래를 통속민요의 이성 관련 노래와 비교해보면, 사랑, 이별, 그리움을 다룬 노래가 거의 유사한 수치를 보여준다는 것을 알 수 있다.[9] 하지만 '이별'과 '그리움'을 주제로 한 노래들이 모두 기본적으로 임의 부재(不在)와 관련이 있다. 그렇다면 박노홍의 작품과 통속민요는 모두 '임의 부재'를 주로 다루었다고 볼 수 있다.

한편, 통속민요에 '성(性)'을 주제로 한 노래가 있는 것과 달리, 박노홍

---

[8] 통속민요 사설의 주제 양상 및 비율을 제시하면 다음과 같다.(위의 논문, 42쪽)

구분\주제	이성	유흥	시절	인생	자연물, 산천경개	노동	계몽, 교훈	기타	불명	계
사설수	847	179	87	234	229	82	38	37	336	2069
비율(%)	41.0	8.6	4.2	11.3	11.1	4.0	1.8	1.8	16.2	100

[9] 통속민요 중 이성 관련 노래의 소주제 양상과 비율을 제시하면 다음과 같다.(위의 논문, 46쪽)

구분\소주제	사랑	이별	그리움	성(性)	기타	계
사설수	245	199	251	90	62	847
비율(%)	29.0	23.5	29.6	10.6	7.3	100

의 작품에서 그러한 주제를 다룬 노래가 거의 없는 것은 대중가요에서는 통속민요에서처럼 적나라하고 노골적인 표현을 즐겨하지 않았기 때문이라고 할 수 있다. 이는 '유성기'라는 대중매체의 영향으로도 볼 수 있다. 또한 작사가를 알 수 없는 통속민요와 달리 대중가요는 작사가들이 자신의 이름을 내걸고 창작을 하기 때문에 노골적이고 적나라한 성적 표현은 작사가들이 의도적으로 피한 것이 아닌가 한다.

통속민요에서 인생을 주제로 한 노래가 주로 '인생무상'이나 '탄로'에 집중되어 있는 것과 달리,10 박노홍의 작품 중에서 인생을 다룬 노래는 '청춘예찬'과 '방랑'에 그 내용이 집약되어 있다. 〈청춘문답〉(이부풍 작사, 이면상 작곡, 김봉명 노래, 빅타 KJ1382, 1940년)처럼 인생무상을 다룬 것이 없는 것은 아니나, 〈청춘부대〉(이노홍 작사, 문호월 작곡, 남인수·송달협·이난영·장세정 노래, 오케 12077, 1937년)와 〈달려라 청춘마차〉(이부풍 작사, 형석기 작곡, 조영은 노래, 빅타 KJ1158, 1938년)처럼 청춘을 예찬한 노래나 〈흘러라 낙동강〉(이부풍 작사, 전수린 작곡, 표봉천 노래, 빅타 KJ1214, 1938년), 〈여창에 기대어〉(이부풍 작사, 조자룡 작곡, 황금심 노래, 빅타 KJ1252, 1938년), 〈외로운 남아〉(이부풍 작사, 문호월 작곡, 송달협 노래, 빅타 KJ1312, 1939년), 〈여로의 조각달〉(이부풍 작사, 김양촌 작곡, 송달협 노래, 빅타 KJ1362, 1939년), 〈여로인생〉(강영숙 작사, 전수린 작곡, 김봉명 노래, 빅타 KJ1361, 1940년) 등에서처럼 '방랑'을 다룬 노래가 많은 수를 차지하였다.

   나그네 뿌린 눈물 강 위에 넘치어라/
   해묵은 들풀들만 근심 뒤에 자랐구나(〈흘러라 낙동강〉)
   설움 많고 눈물 많고 하소연 많은/

---

10 위의 논문, 41쪽.

의지가지 없는 몸이 어데로 가나 어데로 가나(〈여창에 기대어〉)
갈 곳이 어데메냐 보헤미안(Bohemian)아/
애꿎은 술잔 아래 넋두리 한다(〈외로운 남아〉)
떨리는 말방울에 생각은 멀고/
가도 가도 막막한 벌판이구려(〈여로의 조각달〉)
한없이 거친 길에 병들은 팔자/
가련한 이 한 몸이 어데로 가느냐(〈여로인생〉)

'방랑'은 기존의 통속민요에서는 거의 볼 수 없는 주제로 일제의 강점 아래에 놓인 시대적 상황에서 등장한 대중가요의 주제라고 할 수 있다.11 그리고 '방랑'을 주제로 한 노래들은 다시 고향에 대한 그리움이나 향수를 담은 노래와 연결된다. '청춘예찬'을 주제로 한 노래가 대체로 추상적이고도 근거 없는 희망을 표현한 것과 달리,12 '방랑'을 주제로 한 노래는 당시의 시대를 반영하면서 그 속에서 방황하고 헤매는 인물의 모습과 정서를 표출하였다.

박노홍의 작품에서 인생을 다룬 노래 중 세태를 반영한 노래도 주목할 만하다. 〈서울의 지붕 밑〉(이부풍 작사, 이면상 작곡, 이인근 노래, 빅타 KJ1152, 1938년), 〈눅거리 음식점〉(노다지 작사, 석일송 작곡, 이규남 노래, 빅타 KJ1263, 1938년), 〈신혼명랑보〉(강영숙 작사, 전수린 작곡, 박단

---

11 물론 가요사 전체를 놓고 볼 때, '방랑'이란 주제가 꼭 대중가요에서만 나타났던 것은 아니다. 고려가요 〈청산별곡〉도 '유랑인의 비애'를 그 주제로 하고 있다. 그러므로 '방랑' 내지 '유랑'은 국운이 쇠하여 그 나라의 국민이 삶의 터전을 잃고 헤매야 할 때마다 자연스럽게 등장하였던 주제라고 할 수 있다.
12 '청춘예찬'을 주제로 한 박노홍 작품의 예를 제시하면 다음과 같다.
"빛나는 아침 해가 솟아오를 때/노래를 부르잔다 소리 합하여/즐거운 노래 희망의 노래 라라/젊은 날의 코러스 젊은 날의 코러스"(〈청춘부대〉)
"어서 달려라 어서 달려라/청춘의 꿈 싣고 열정을 싣고/근심도 걱정도 모다 버리고/명랑한 인생을 찬미하면서"(〈달려라 청춘마차〉)

마·임영일 노래, 빅타 KJ1281, 1939년), 〈낙화유수 호텔〉(화산월 작사, 조자룡 작곡, 김용환 노래, 빅타 KJ1319, 1939년) 등이 그러한 예이다.

'만요'나 '희가요'와 같은 갈래에 속하는 이러한 노래들은 박노홍 특유의 해학과 재치가 돋보이는 노래라고 할 수 있다. 〈눅거리 음식점〉에 등장하는 음식물의 나열이나 장사치의 목소리로 이루어진 〈낙화유수 호텔〉 등은 모두 서민들의 생활을 해학적으로 묘사한 노래라는 점에서 의미를 지닌다.

마지막으로 통속민요에서 자연 관련 노래가 '능수버들'이나 '할미꽃'과 같이 특정한 소재를 대상으로 하고 있다면, 박노홍의 작품에서 자연 관련 노래는 '봄'과 '새'를 소재로 하고 있다는 차이점을 드러낸다. 동아일보 신춘문에 민요 부문 당선작이기도 한 〈춘풍 삼천리〉(이노홍 작사, 이기영 작곡, 이인근 노래, 빅타 KJ1133, 1938년)와 〈에헤라 춘풍〉(이노홍 작사, 문호월 작곡, 이은파 노래, 오케 12104, 1938년)이 봄을 예찬한 노래라면, 〈닐니리 새타령〉(이부풍 작사, 문호월 작곡, 박단마·표봉천 노래, 빅타 KJ1207, 1938년)과 〈새몰이〉(화산월 작사, 이면상 작곡, 손희순 노래, 빅타 KJ1346, 1939년)는 새를 소재로 한 노래로 기존 민요와의 상호텍스트성이 드러나는 노래이다.

이상으로 박노홍이 광복 이전에 창작한 172곡의 목록 중에서 가사를 확인할 수 있는 127곡의 주제 양상을 살펴보았다. 기존에 통속민요 2,069곡을 대상으로 주제 양상을 살펴본 논의와 비교해보니, 박노홍의 작품도 통속민요 연구에서 제시한 항목으로 분류가 가능하였다. 박노홍의 작품은 크게 '이성', '인생', 그리고 '자연'을 주제로 한 노래로 분류할 수 있었다. 이는 통속민요에서도 가장 많은 비중을 차지하였던 주제이기도 하다. 그러나 통속민요에 나타났던 '노동'과 '계몽 및 교훈'을 주제로 한 노래는 박노홍의 작품에서 거의 찾아볼 수 없었다.

이성 관련 노래에서는 통속민요에서 항목화 하였던 '사랑', '이별', '그리움'을 그대로 적용하여 박노홍 작품 중 이성 관련 노래를 분류하였다. 수치상으로는 거의 유사한 작품 수를 보여주었는데, 통속민요와 마찬가지로 전체적으로는 '이별'과 '그리움'처럼 '임의 부재'를 전제로 한 노래가 많다는 것을 알 수 있었다.

그런가 하면, 인생을 다룬 작품에서 통속민요가 '인생무상'이나 '탄로'를 그 주제로 한 것과 달리, 박노홍의 작품에서는 '방랑'이나 '세태 묘사'에 치중한 노래가 상당수를 차지하였다. 박노홍 가사의 원천은 기존의 통속민요라고 볼 수 있다. 그리고 이는 주제양상에서 뿐만 아니라 가사의 구성 방식에서 더 두드러진다. 다음 장에서는 박노홍 가사의 구성 방식을 통해서 박노홍의 작품이 어떻게 구성되었으며, 이것이 구비시가의 구성 방식을 어떤 식으로 계승하였는지를 살펴보기로 한다.

Ⅳ. 가사의 구성 방식

박노홍의 가사는 기존의 구비시가 구성 방식과 거의 유사한 방법을 사용하여 이루어졌다고 볼 수 있다.13 박노홍이 가사를 구성하는 방식은 크게 두 가지 차원에서 살펴볼 수 있다. 상호텍스트성과 반복의 원리가 그것이다. 그러면 그 구체적인 모습을 살펴보기로 한다.

---

13 구비시가의 구조에 대해서는 한채영, 「구비시가의 구조 연구」, 부산대학교 박사논문, 1992년을 참고할 수 있다. 본고에서 사용한 '구비시가'라는 용어는 토속민요, 통속민요, 잡가 등을 포괄하는 개념이다.

1. 상호텍스트성

이미 알고 있는 민요나 잡가와 같은 구비시가의 내용을 활용한 상호텍스트성(intertextuality)은 박노홍의 가사 창작의 중요한 원리라고 할 수 있다. 그의 작품에 나타나는 상호텍스트성은 크게 후렴의 측면과 소재의 측면으로 나누어서 살펴볼 수 있다. 소재의 측면에서 상호텍스트성이 나타나는 작품은 앞서 살펴보았던 〈북관아가씨〉나 〈심봉사의 탄식〉이 될 것이다. 이러한 작품이 이미 알고 있는 민요나 이야기의 소재를 활용해서 가사를 구성한 것이다. 그런가 하면, 박노홍의 작품 중 상당수가 기존의 민요를 위시한 구비시가의 후렴을 다양하게 차용하였다는 것을 알 수 있다.

스리살랑 사리살랑 어이나 가리 〈상사 구백리〉
(이부풍 작사, 전수린 작곡, 박단마 노래, 빅타 49475, 1937년)

에헤야 데헤야 너하고 나하고/데헤야 어름마 좋다 사랑이로구나 〈상록수〉
(이노홍 작사, 전기현 작곡, 강홍식·유선원 노래, 콜럼비아 40786, 1937년)

둥기당실 니나니 난실/둥기당실 니나니 난실/봄맞이 가 봄맞이 가세 〈에헤라 춘풍〉
(이노홍 작사, 문호월 작곡, 이은파 노래, 오케 12104, 1938년)

에루와 절사 지화자 좋다 〈우리 님 날 보고〉
(이부풍 작사, 이기영 작곡, 박단마 노래, 빅타 KJ1153, 1938년)

맹이야 꽁이야 너마저 울어/아이고나 요 맹꽁아 어이나 하리 〈아이고나 요 맹꽁〉
(이부풍 작사, 형석기 작곡, 박단마 노래, 빅타 KJ1194, 1938년)

에헤라 에헤야 꽃 피는 시절/얼싸나 당기당기 당기당기당실 꿈꾸는 시절 〈꿈꾸는 시절〉

　　　　　(이부풍 작사, 문호월 작곡, 황금심 노래, 빅타 KJ1218, 1938년)

에헤야 에헤야 우어라 난다 지어라/아리아리 스리스리 못 살겠네 〈사발가〉

　　　　　(이부풍 작사, 김난홍 노래, 빅타 KJ1269, 1938년)

에헤라 아 성화에 안달이로구나/너하고 나하고 안달이로구나 〈안달이로다〉

　　　　　(이부풍 작사, 형석기 작곡, 이규남 노래, 빅타 KJ1283, 1939년)

에헤요 데헤요 〈천리에 님을 두고〉

　　　　　(이부풍 작사, 이면상 작곡, 조백오 노래, 빅타 KJ1311, 1939년)

아리아리아리 아리아리아리 내 어이할꼬/요내 설움이 아리아리일세 〈치마폭 눈물〉

　　　　　(강영숙 작사, 이면상 작곡, 조백오 노래, 빅타 KJ1366, 1940년)

아리랑 아리랑 아리랑 아리랑 아라리요 〈아리랑 술집〉

　　　　　(화산월 작사, 문호월 작곡, 김봉명 노래, 빅타 KA3018, 1940년)

　위의 예를 통해 알 수 있듯이, 박노홍은 구비시가의 익숙한 후렴을 그래도 사용하거나 조금 변형시켜서 대중가요 가사에 사용하였다. 구비시가에서 후렴은 창자와 청중이 공유하고 있는 문화적 공동 약호(code)로서 노래의 종류를 변별하게 하는 중요한 장치라고 할 수 있다. 하지만 박노홍의 작품에서 후렴은 형식적으로는 절과 절 사이에서 의미 단락을 경계 짓는 구실을 한다. 그리고 익숙한 후렴을 사용함으로써 대중들이 노래를 친숙하게 받아들일 수 있도록 도와준다.

그런데 후렴의 보다 중요한 구실은 그것이 대중가요의 음악성을 강화시킨다는 점이다. 구비시가에서와 마찬가지로 박노홍의 작품에서의 후렴도 흥을 북돋우는 기능을 하는 것이다. 특히 '스리살랑 사리살랑', '둥기당실 니나니 난실', '아리랑 아리랑'처럼 'ㄴ, ㄹ, ㅇ, ㅁ'의 유음을 주로 활용한 후렴은 노래의 음악성을 강화시킨다. 그리고 이러한 음악성의 강화는 '유희성'으로 이어진다고 할 수 있다. 결국 이러한 유희성은 노래의 전체적인 분위기를 즐겁고 흥겹게 만든다.

예를 들어, 〈에헤라 춘풍〉에서 사용한 '둥기당실 니나니 난실/둥기당실 니나니 난실'은 봄맞이의 즐거움과 봄날의 생동감 있는 풍경을 강조하는 작용을 한다. 마찬가지로 〈우리 님 날 보고〉에서 차용한 '에루화 절사 지화자 좋다'도 사랑에 빠진 청춘 남녀의 행복감을 강조하는 구실을 하는 것이다.

요컨대, 후렴을 이용한 구비시가와 박노홍 작품의 상호텍스트성은 노래의 음악성을 강화시키고 유희성을 강조하는 기능을 한다고 볼 수 있다. 또한 기존의 후렴을 차용하여 대중가요를 대중들이 친숙하고 익숙한 노래로 받아들이게 하였다고 볼 수 있다.

2. 반복의 원리

반복(repetition)은 텍스트 언어학에서 텍스트의 결속구조를 강화하면서 정보처리의 안정성과 경제성을 높이기 위해 텍스트에서 이미 사용한 구조나 패턴을 재사용하는 것을 의미한다. 반복은 다시 크게 세 가지로 나뉜다. 되풀이(recurrence), 병행구문(parallelism), 환언(paraphrase)이 그것이다.[14] 기존의 수사학에서 흔히 반복법이라 칭하였던 '되풀이'는 텍스트의 구성 요소를 아무런 수정을 가하지 않은 채 단순 반복하는 것이다.

이에 반하여 '병행구문'과 '환언'은 이미 사용한 구성 요소를 재사용하되, 수정과 변화를 가하는 것이다. 여기서 '병행구문'이 통사 구조의 반복이라면, '환언'은 동일 의미의 반복이라고 할 수 있다.15

엄밀한 의미에서 앞서 살펴본 후렴도 '반복'의 한 양상이라고 할 수 있다. 그러나 앞서 살펴본 '후렴'이 박노홍의 작품과 기존 구비시가의 상호텍스트성을 설명하기 위한 도구였다면, 지금 여기서 말하는 반복은 박노홍 가사의 결속구조를 알아보기 위한 것이다. 그러면 박노홍 작품에서 반복이 구체적으로 어떻게 나타나는지를 알아보기로 한다.

네 그렇지요 아무렴은요/어쩌면 이렇게도 즐거운지요
〈사랑은 소곤소곤〉
　　(이부풍 작사, 전수린 작곡, 백우선·이규남 노래, 빅타 KJ1224, 1937년)

날 두고 진정 참말 못 떠나가요/아이 못 가세요 가지 마세요
〈날 두고 진정 참말〉
　　(이부풍 작사, 전수린 작곡, 박단마 노래, 빅타 KJ1249, 1937년)

봄바람은 흥흥 불어오건만 흥흥 〈왜 못 오시나〉
　　(이노홍 작사, 박시춘 작곡, 황금자 노래, 오케 12094, 1938년)
　　　　　　　　　　　　　　　　　(밑줄은 인용자: 이하 동일)

눈 오는 겨울밤에 외로이 앉아 울고 웃던 옛 일이 아롱아롱아롱
아롱아롱아롱 퍼진다 〈여인의 길〉
　　(강영숙 작사, 문호월 작곡, 서옥자 노래, 빅타 KJ1312, 1939년)

---

14 위의 논문, 74-109쪽.
15 위의 논문, 75쪽.

인용한 네 작품 중에서 위의 두 작품이 의미 있는 후렴구를 되풀이 한 것이라면, 아래의 두 작품은 단어를 되풀이 한 예이다. 이러한 후렴은 상호텍스트성에서 살펴 본 후렴과 달리 의미가 있는 말로 이루어진 후렴이다. 따라서 단순히 음악성이나 유희성을 강화시키려는 목적 외에도 정보 전달의 명확성을 기하는 효과를 낳는다. 또한 이러한 되풀이를 통해 텍스트의 구조적인 통일성을 창출한다고 할 수 있다. 일정한 위치에 규칙적으로 나타나는 후렴의 되풀이는 구조적인 통일성을 창출하는데 결정적인 기여를 하는 것이다.[16]

그런가 하면, '훙훙'과 '아롱아롱아롱'은 단어를 되풀이 한 예이다. 모두 운율적 특성을 강조한 의성어와 의태어에 해당한다. 이러한 의성어와 의태어의 사용은 작품의 음악성을 증진시키는 역할을 한다. 이처럼 반복의 원리 중에서 '되풀이'는 의미 내용의 강조하고 리듬성을 강화하는 작용을 한다고 볼 수 있다. 그러나 대중가요에서는 단순한 '되풀이'보다는 변화를 추구하는 '병행구문'이나 '환언'이 더 자주 사용되었다.

대체로 병행구문이나 환언은 한 작품에서 중복 사용되는 경우가 허다하다. 즉 병행구문과 환언이 별도로 사용되기보다는 한 작품에서 통사구조의 반복에 해당하는 병행구문과 동일 의미의 반복인 환언이 함께 사용되었던 것이다.

1. 나는 가슴이 두근거려요/알으켜 줄까요 열일곱 살이에요/가만히 가만히 오세요 요리조리로/별빛도 수줍은 버드나무 아래로/가만히 오세요
2. 나는 마음이 울렁거려요/당신만 아세요 열일곱 살이에요/살랑히 살랑히 오세요 이리저리로/파랑새 꿈꾸는 버드나무 아래로/살며

---

16 후렴의 되풀이가 주는 효과는 위의 논문, 88쪽을 참고할 수 있다.

시 오세요

3. 나는 얼굴이 붉어졌어요/손꼽아 헤이면 열일곱 살이에요/어서 어서 오세요 꼬불산○○/언제나 정다운 버드나무 아래로/그대여 오세요

〈나는 열일곱 살〉(이부풍 작사, 전수린 작곡, 박단마 노래, 빅타 KJ1205, 1938년)

〈나는 열일곱살〉 광고(『동아일보』 1938년 8월 23일)

〈나는 열일곱살〉을 부른 박단마

〈나는 열일곱 살〉은 반복의 원리를 잘 보여주는 노래라고 할 수 있다. 병행구문을 보면 1절에서 3절까지 모두 유사한 통사 구조의 반복을 보여주는 것이다. '나는 ~요/~요 열일곱 살이에요/~ 오세요 ~로/~아래로/~오세요'라는 동일한 통사 구조가 1절에서 3절까지 반복되고 있다. 그리고 그러한 병행 구문을 채우는 것은 '되풀이'와 '환언'이다. 1절에서 '가만히 가만히', 2절의 '살랑히 살랑히', 그리고 3절의 '어서 어서'가 '되풀이'된다면, 각 절은 '환언'으로 의미를 채워가고 있다. '가슴-마음-얼굴', '요리조리로-이리저리로', '별빛도 수줍은 버드나무 아래로-파랑새 꿈꾸는 버드나무 아래로-언제나 정다운 버드나무

아래로'는 모두 환언의 예이다.

　다른 표현을 사용하여 유사한 내용을 반복하는 환언은 단순 반복에서 올 수 있는 단조로움에서 벗어나 변화를 통해 다양성과 참신함을 추구한다. '가슴-마음-얼굴'은 신체 부위를 나타내는 어휘로 사용되었고 '요리조리로'와 '이리저리로'는 기표(시니피앙)의 유사성에 입각하여 유음어(paronym)를 중첩시킨 것으로 볼 수 있다. 일반적으로 구비시가에서도 동음이의어와 유음어가 지닌 말소리의 특징을 적절하게 활용해서 주요한 사설 구성 방식으로 삼고 있는데, 박노홍의 작품에서도 유음어를 중첩시켜 리듬성과 유희성을 강조하고 있다. 이러한 유음어중첩법은 일종의 "언어유희(pun)'에 해당한다고 볼 수 있다.

　마지막으로 '버드나무 아래로'가 각 절에서 되풀이 되면서도 각 절에서 '버드나무 아래로'를 꾸며주는 수식어는 '환언'으로 이루어져 있다. 즉 '별빛도 수줍은 버드나무 아래로-파랑새 꿈꾸는 버드나무 아래로-언제나 정다운 버드나무 아래로'처럼 '버드나무 아래로'를 꾸며주는 어구가 '환언'을 통해 형성된 것이다. 하지만 모두 '버드나무 아래'를 낭만적이고도 행복한 공간으로 그리고 있는 것은 공통적이다. 이러한 '환언'은 '되풀이'가 보여주는 단조로움을 극복하고 다양한 어구를 사용하여 변화를 추구한다. 그러면서도 동일한 의미 내용을 다루고 있기 때문에 반복의 효과인 의미 전달의 안정성과 명확성을 기하는데도 효과적이다.

　요컨대, 병행구문과 환언 등의 반복은 기본적으로 의미 내용의 정확성과 안정성을 도모하는데 효과적이다.17 박노홍은 병행구문에서 동일 통사구조를 여러 번 사용하여 자신이 전달하고자 하는 내용을 효율적으로 재구성하였다. 또한 병행구문이 보여주는 통사구조의 등가성은 의미 내용의

---

17 위의 논문, 102쪽.

등가성을 창출하기도 하였다. 이렇게 대중가요 가사가 병행구문을 활용한 것은 대중가요 가사가 기본적으로 정형시이기 때문이다. 대중가요의 각 절은 동일한 선율로 구성되므로, 가사의 내용도 동일한 통사구조를 지녀야 가창하는데 무리가 없는 것이다.

병행구문에서 되풀이 되는 어휘를 '핵심어(key word)'라고도 하는데,[18] 〈나는 열일곱 살〉에서 핵심어는 '나', '열일곱 살', 그리고 '버드나무'라고 할 수 있다. 결국, 〈나는 열일곱 살〉에서 확인하였듯이, 박노홍의 작품에서 '되풀이', '병행구문', '환언'이라는 반복의 세 가지 형식은 어느 한 가지만이 아니라 둘 이상 중복 사용되는 경우가 많다. 결과적으로 이미 사용한 구성소를 두 가지 방식 이상으로 재사용하여 반복의 양상이 다원적으로 중첩하는 것은 텍스트의 연속성과 결속 구조를 더욱 강화하는 구실을 한다.[19]

5. 맺음말

이상으로 박노홍의 작품을 중심으로 대중가요 가사의 주제 양상과 구성 방식을 살펴보았다. 기존의 통속민요에 대한 연구와 비교할 때, 박노홍의 작품 127곡은 대부분이 이성(異性)과 인생을 주제로 한 노래라서 기본적으로 인간의 정감을 표출하거나 인간을 중심으로 한 노래라고 할 수 있다. 이는 통속민요의 주제가 인간뿐만 아니라 자연과 산천경개를 다루고 계몽 내지 교훈 등의 내용마저 담고 있는 것과 차이를 드러냈다.

박노홍 작품에서 이성 관련 노래는 통속민요와 마찬가지로 '사랑', '이별', '그리움' 등의 항목으로 세분화시킬 수 있었다. 수치상으로 볼 때, 세

---

18 김대행, 『한국시의 전통 연구』, 개문사, 1980, 46쪽.
19 한채영, 앞의 논문, 109쪽.

가지 항목의 작품 수는 거의 유사하였는데, 이별과 그리움을 다룬 노래가 모두 '임의 부재'와 상관이 있다는 것을 감안할 때, 박노홍의 작품은 통속민요와 마찬가지로 '임의 부재'에서 유발되는 감정과 정서를 표출하였다고 볼 수 있다. 그런가 하면, 인생 관련 노래에서는 청춘을 예찬한 노래와 더불어 '방랑'을 주제로 한 노래가 많았다. 이는 기존의 통속민요에서 인생을 다룬 노래가 '탄로'와 '인생무상'을 얘기한 것과 구별되는 것이다. 요컨대, '방랑'은 일제강점기라는 시대적 상황에서 소환된 주제라고 볼 수 있다.

박노홍 작품의 구성 방식은 크게 '상호텍스트성'과 '반복의 원리'라는 측면에서 살펴볼 수 있다. 박노홍은 대중가요 가사를 창작할 때 기존에 익히 알고 있거나 친숙한 소재나 후렴을 사용하여 창작하였다. 또한 한 작품을 놓고 볼 때, 각 절은 반복의 원리를 활용하여 결속되어 있다는 것을 알 수 있다. 반복은 다시 '되풀이', '병행구문', '환언'으로 나뉘는 바, 박노홍은 이러한 반복의 요소를 사용하여 대중가요 가사를 구성하였다. 반복의 원리나 상호텍스트성은 기존의 구비시가의 사설 구성에서 중요한 원리였다.

구비시가의 구성 방식과 박노홍 작품의 구성 방식이 유사한 것은 구비시가와 대중가요가 기본적으로 '가창성'을 전제로 하기 때문에 나타난 현상이라고 볼 수 있다. 노래로 불리기 때문에 리듬성과 음악의 흥취를 강화하는 차원에서 반복의 원리와 상호텍스트성이 가사 구성의 중요한 원리로 사용되었던 것이다. 그리고 박노홍은 기본적으로 구비시가의 후렴이나 소재를 대중가요 창작에 적극적으로 활용하였다. 본 연구는 구비시가의 연구방법을 활용하여 박노홍의 작품을 본격적으로 연구했다는 점에서 의의를 지닐 것이다.

* 이 글은 장유정, 「박노홍 대중가요 가사의 양상과 구조 연구」, 『대중음악』3호, 한국대중음악학회, 2009년을 수정·보완한 것이다.

:: **참고문헌**

김대행, 『한국시의 전통 연구』, 개문사, 1980.
김의경·유인경 편, 『박노홍 전집』5, 연극과 인간, 2008.
이준희, 「박노홍과 대중가요: 작사(作詞)에서 작사(作史)까지」, 『대중음악』2호, 한울, 2008.
장유정, 「민요 전통 계승한 김억의 대중가요 가사」, 『문학사상』2006년 1월호, 문학사상, 2006.
장유정, 「안서 김억의 대중가요 가사에 나타나는 민요적 특성 고찰」, 『겨레어문학』제35집, 겨레어문학회, 2005.
장유정, 『오빠는 풍각쟁이야-대중가요로 본 근대의 풍경』, 민음in, 2006.
한채영, 「구비시가의 구조 연구」, 부산대학교 박사논문, 1992.
홍성애, 「통속민요의 성격과 전개양상 연구」, 강릉대석사논문, 1999.

유도순
애상성과 향토성을 지향하다

유도순

I. 머리말

유도순은 일제강점기에 시인, 동시 작가, 대중가요 작사자, 신문사 기자 등으로 활약한 문인이다. 본고는 유도순의 전기와 관련된 몇 가지 쟁점을 살펴보고, 그가 작사한 대중가요 가사의 전반적인 양상을 제시한 후 그 구체적인 특징을 알아보기 위해 작성되었다. 따라서 본고의 목적은 다음과 같다. 첫째, 유도순의 전기(傳記)와 관련된 몇 가지 쟁점을 정리하고 그에 대한 해답을 마련할 것이다. 둘째, 유도순이 작사한 대중가요 작품을 정리하고 그 문학적인 특징을 살펴볼 것이다.

유도순이 창작한 시에 대한 논문이 몇 편 있는 것[1]과 달리 그의 대중가요 가사에 대한 연구는 최근에 단 한편의 논문이 간행되었을 뿐이다.[2]

---

[1] 유도순의 시에 대한 기존 연구의 문헌을 제시하면 다음과 같다.
조성국, 「유도순 시 연구」, 『서강어문』 제7집, 서강어문학회, 1990.
박상무, 「유도순 시 연구」, 대진대학교 석사논문, 1998.
서범석, 「유도순 시의 리듬」, 『국제어문』22집, 서경대학교 출판부, 2000.

[2] 본고를 투고할 당시에는 유도순에 대한 오직 두 편의 발표문이 있었다. 이동순, 「유도순 가요시의 테마와 유형: 1930년대 대중문화의 한 경향」, 『동북아시아문화학회 국제학술대회 발표자료집』, 동북아시아문화학회, 2010ㄱ과 이동순, 「유도순 가요시에 나타난 풍속: 1930년대 대중문화의 한 경향」, 『한국시학회 학술대회 논문집』, 한국시학회, 2010ㄴ이 그것이다. 하지만 투고본의 심사가 끝나고 논문을 수정하여 제출본을 낼 즈음에 유도순과 관련된 논문(이동순, 「유도순 가요시의 테마와 유형-1930년대 식민지 대중문화 아카이브의 새로운 정리-」, 『민족문화논총』 제52집, 영남대학교 민족문화연구소, 2012)이 간행된 것을 알았다. 이에 최근의 성과를 반영하여 원고를 다시 작성하였음을 밝혀둔다.

이 논문은 유도순의 대중가요 가사에 대한 본격적인 연구를 수행했다는 점에서 의미를 지닐 것이다. 하지만 여전히 유도순의 생애와 예명과 관련된 문제가 해명되지 않았으며, 유도순 작품 목록에서도 오류가 드러나는 바 이에 대한 수정과 보완이 필요하다.

더 중요한 것은 유도순의 노랫말에서 여타 대중가요 작사가들의 작품과 구별되는 특징이 드러난다는 것이다. 특히 대중가요 노랫말은 그것이 노래로 불린다는 점을 감안할 때, 그 음악적 특성에 대한 고려를 하지 않을 수 없다. 따라서 본고에서는 음악적인 갈래를 고려하면서 그 가사의 특성을 살펴보기 위해 유행가와 신민요라는 갈래로 나누어 각 가사의 특성을 살펴보고자 한다. 이러한 작업을 통해서 일제강점기에 대중가요 작사가로 활발하게 활동한 유도순과 그의 작품이 지니는 의의를 찾을 수 있을 것이다.

II. 유도순의 전기(傳記)와 관련된 쟁점

평안북도 영변에서 출생한 유도순은 10대 후반에 김억에게 시를 배웠다. 일본 니혼 대학에 다녔던[3] 유도순은 우리나라에 돌아와서는 『매일신보』에서 신문기자로 활동하기도 했다. 1921년 『동아일보』 독자 투고에 〈기념의 황금탑〉이라는 시를 발표, 1923년에 『동아일보』 1천호 기념 현상모집에 동요 〈봄〉이 당선되어 문단에 등장하였다. 1926년에는 시집 『혈혼의 묵화』를 냈고, 1930년대 중반까지 여러 잡지, 신문을 통해 시문을 발표하기도 했다. 1934년부터는 주로 콜럼비아 음반회사에서 작사를 하여

---

3 박상무는 유도순이 일본의 니혼대학에 다닌 것은 분명하나 졸업 여부는 명확하지 않다고 하였다.(박상무, 앞의 글, 6쪽)

'유도순'이라는 이름으로 104편 정도의 작품을 남겼다.4

유도순의 출신지가 '신의주'라는 설이 있었으나 "내 고향은 약산동대"라고 밝힌 그의 글 등을 통해 그가 '영변' 출신임이 밝혀졌다.5 그의 출생 연도는 대부분의 학자들이 1904년이라고 하였으나 1902년이라는 설도 있다.6 하지만 1932년에 나온 「문예가명록」7에는 유도순의 출생 연도와 월을 1904년 12월로 표기하고 있다고 한다. 「문예가명록」을 어느 정도 신뢰할 수 있는지 알 수 없으나 유도순이 활동했던 당시에 나온 자료인지라 후대에 나온 자료보다 신빙성이 있지 않을까 한다.

유도순의 전기와 관련된 쟁점은 크게 두 가지로 나눌 수 있다. 하나는 그의 사망 연도이고, 다른 하나는 그의 호(號) 내지는 예명과 관련된 것이다. 먼저 그의 사망 연도를 언급한 기존 논문을 보면, 그가 1938년에 사망했다고 보는 설과, 1939-40년경에 사망했을 것으로 추정한 설이 있다. 유도순의 생애를 언급한 인터넷 게시 글에서는 그의 사망 연도를 1938년이라 적고 있고, 대부분의 사람들도 이를 따르고 있다. 이에 반해 유도순의 시를 고찰한 조성국은 유도순이 1939년 내지는 1940년에 사망한 것으로 추정하였고,8 박상무도 유도순이 1939, 40년에 숙환인 위병으로 사망했을

---

4 유도순이 작사한 104편의 대중가요 목록이 완벽하다고 볼 수는 없다. 앞으로 자료를 더 찾게 되면, 작품 수가 늘어날 수도 있다. 하지만 현재로서는 유도순이 작사한 작품을 가장 많이 제시한 최선의 목록이라 할 수 있다. 유도순의 작품 목록은 부록에 첨부하기로 한다.
5 유도순은 「진달래의 의미」(『신동아』 1904년 12월호)라는 글에서 "내 고향은 약산동대(藥山東臺)로 진달래꽃의 명승지(名勝地)입니다"라고 하였다 한다.(박상무, 위의 글, 6쪽에서 재인용)
6 이준희·이영미, 『사의 찬미』, 범우, 2006, 309쪽에서는 유도순의 출생 연도를 1902년과 1904년 모두 적고 있다.
7 「문예가명록」, 『문예월간』 1932년 1월호.(박상무, 앞의 글, 6쪽에서 재인용)
8 조성국, 「유도순 시 연구」, 『서강어문』 제7집, 서강어문학회, 1990, 253쪽.

것이라 추정하였다.9

그런가 하면 이동순은 2010년에 작성한 유도순과 관련된 두 편의 발표문 중 한 편에서는 유도순의 사망 연도를 1938년으로,10 다른 한 편에서는 1943년이라 기술하였다.11 그리고 최근 논문에서는 유도순의 사망 연도를 1938년이라 적시하였다.12 그에 따라 1939년 9월, 『문장』에 실린 〈적막〉이라는 시를 유도순의 사후에 발표된 유고로 추정하였다.13 하지만 〈적막〉을 유도순의 유고로 본 것과 달리 동일 논문에서 이동순은 유도순이 작사한 〈통군정 노래〉가 1942년에 발표된 것이라 하였다.14

그렇다면 〈통군정 노래〉를 위시하여 1938년 이후에 발표된 유도순의 작품들은 모두 유도순 사후에 발표된 것일까? 유도순이 1939년부터 1942년까지 발표한 작품은 약 22편이다. 하지만 이 모든 작품들을 유고 작품으로 보는 것은 무리가 있다. 특히 '작사자의 말'에서 유도순은 〈통군정 노래〉와 〈뗏목 이천리〉를 작사하기 위해 현지답사까지 했다고 밝히고 있어서,15 이를 통해 유도순이 〈통군정 노래〉를 작사할 당시까지 생존하였음을 알 수 있다. 이 노래가 유도순이 작사한 대중가요 중 가장 마지막에 발표한 작품이므로 최소한 유도순은 이 노래가 발매된 1942년 8월까지 생존했다고 볼 수 있다. 그리고 이준희는 이러한 정황을 보고 "유도순이 1940년대에 사망했을 가능성이 높다"고 하였다.16

---

9 박상무, 앞의 글, 8쪽.
10 이동순, 앞의 글, 2010ㄴ, 32쪽.
11 이동순, 앞의 글, 2010ㄱ, 112쪽.
12 이동순, 앞의 글, 2012, 360쪽; 363쪽.
13 이동순, 앞의 글, 2010ㄴ, 32쪽; 위의 글, 363쪽.
14 이동순, 앞의 글, 2012, 387쪽.
15 한국고음반연구회 편, 『유성기음반 가사집』4, 민속원, 1994, 1236쪽.
16 이준희·이영미, 앞의 글, 309쪽.

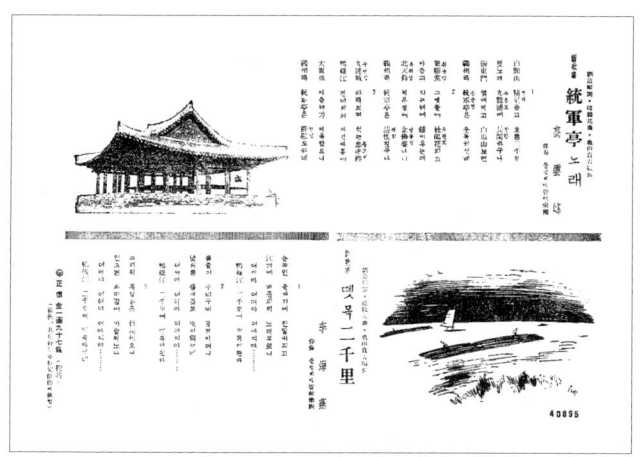

〈통군정 노래〉와 〈뗏목 이천 리〉 음반 광고
(한국유성기음반 아카이브)

대중가요 작품이 발매된 연도를 볼 때, 유도순이 1942년까지 생존했던 것은 분명하나 정확하게 언제 사망했는지가 의문이었다. 그러던 중, 신문 기사를 검색하다가 유도순의 사망 연도를 표기한 다음의 기사를 찾을 수 있었다.

> 劉道順(?~一九四五)『每新』平北支社長[後]蘇軍에게 虐殺됨.
> (「韓國新聞 百人의 얼굴」,『동아일보』1964년 4월 20일)

위의 기록은 우리나라 신문관 관련된 100인의 생몰 연대와 약력을 적시한 기사 중 일부이다. 여기서는 유도순의 사망 연도를 1945년이라 적고 있다. 즉 유도순이『매일신보』평북지사장(平北支社長)으로 있다가, 후에 소련군에게 학살되었다고 한 것이다. 1960년대에 나온 이 기사를 얼마나 신뢰할 수 있을지 의문이 드는 것도 사실이다. 하지만 비교적 상세하게 그의 사망 경위를 밝힌 것으로 보아서 완전히 틀렸다고 보기도 어려울 듯

하다.

　실제로 『매일신보』 1938년 7월 1자에서 신의주 지사 '유도순'의 이름을 확인할 수 있다. 또한 1939년 이후에 나온 『매일신보』에서도 적어도 네 번은 유도순의 이름을 볼 수 있다. 광복 이전에 나온 신문 기사 중 유도순을 언급한 가장 마지막 기사는 아마도 『매일신보』 1939년 11월 4일자가 아닌가 한다. 여기서 '신의주신성운동구상회' 주최와 『매일신보』의 후원으로 이루어지는 제1회 만선축구대회를 소개하였는데, 부회장 이름에 '유도순'이 적혀 있는 것이다. 이러한 일련의 기사만 보더라도 적어도 기존에 유도순의 사망연도로 제시한 '1938년'은 틀렸다고 할 수 있다.

　음반 발매 연도로 볼 때, 적어도 유도순은 1942년까지는 생존했다고 할 수 있다. 하지만 유도순이 광복 이후에 별다른 행적을 드러내지 않은 것으로 볼 때, 1943년부터 광복 직후인 1945년 사이에 사망했을 가능성이 높다. 그렇다면 더 정확한 근거가 필요하긴 하나, 「한국 신문 백인의 얼굴」에 기록된 '1945년'을 유도순의 사망 연도로 볼 수 있지 않을까 한다.

　다음으로 그의 호 내지는 예명과 관련해서도 해결되지 않은 문제가 있다. 현재 유도순이 대중가요 작사를 할 때, 사용한 예명으로는 '홍초(紅初)', '서두성', '범오' 등이 거론되고 있다. 이동순은 유도순이 '가요시'를 창작할 때 '홍초'라는 예명을 사용했다고 하였다.17 또 『동아일보』 1968년 5월 18일자에서도 유도순의 호로 '월양'과 함께 '홍초(紅初)'를 모두 적고 있다. 실제로 이동순이 이미 지적한 것처럼, 〈숨어서 우는 울음〉(유도순 작사, 고하정남 작곡, 최영희 노래, 콜럼비아 40636, 1935)에서 '유도순'과 '홍초'라는 이름이 모두 사용된 것을 확인하였다. 그러므로 '홍초'는 유도순이 사용한 예명이라 할 수 있다.

....
17 이동순, 앞의 글, 2012, 388쪽.

그보다 결정적인 근거는 『삼천리』 1937년 1월호에서 찾을 수 있다. 「작가 작품 연대표」에서 5가지의 질문을 하고 그에 대한 문인들의 대답을 『삼천리』에 실은 것이다. '아호(雅號)'를 묻는 질문에 유도순은 '월양(月洋)'과 '홍초(紅初)'라고 밝히고, '월양'은 달밤을 상상하면서 지었고 '홍초'는 서해(曙海)(최서해)기 지어주었다고 했다.[18] 이를 통해서도 '홍초'가 유도순의 호라는 것을 확인할 수 있다.

다음으로 유도순이 대중가요 가사를 창작할 때 사용한 예명으로는 본명 유도순 외에 '범오(凡吾)'와 '서두성(徐斗成)'이 있는 것으로 알려져 있다. 박노홍은 『한국가요전집』[19]에서 서두성 작사로 되어 있는 〈순풍에 돛 달고〉와 범오 작사로 되어 있는 〈처녀 총각〉과 〈먼동이 터온다〉를 유도순이 작사한 작품인 것처럼 설명하였다. 하지만 이렇다 할 행적이 드러나지 않은 서두성을 유도순과 동일 인물로 보기는 어려워 보인다.

서두성이 작사한 곡으로는 1935년에 콜럼비아 회사에서 발매된 〈순풍에 돛 달고〉와 〈시들은 청춘〉의 두 곡을 확인할 수 있다. 대중가요와 관련된 그의 행적이 드러나지 않는 것과 달리, 『동아일보』 1933년 12월 5일자에서는 서두성이 '송죽 키네마'에 있었고, 그가 심영을 '신극인협회'에 소개해준 장본인이라고 적고 있다. 또한 『동아일보』 1937년 7월 15일자에도 '조선영화협회' 관련 기사에 서두성이라는 이름이 등장하는 것을 확인할 수 있다.

그다지 흔한 이름이 아닌 '서두성(徐斗成)'의 한자 표기가 동일하고 1930년대 동시대에 문화계에서 활동했다는 것을 감안할 때, 두 곡의 대중

---

18 「작가 작품 연대표」, 『삼천리』 1937년 1월호. 유도순은 고향을 묻는 질문에 대해 '영변'이라 하였고, 현재는 '신의주'에 거주한다고 했다. 아쉬운 것은 나이를 물어본 질문에 별다른 대답을 하지 않은 것이다.
19 박노홍, 「한국가요사」2, 『한국가요전집』2, 세광출판사, 1980, 49쪽.

가요 가사를 작사한 서두성은 유도순이 아니라 영화와 관련이 있던 서두성이 아닐까 싶다. 실제로 1937년이면 유도순이 신의주에 머물면서 『매일신보』 평북지사장으로 있을 때라 '조선영화협회'와 관련을 맺은 서두성과 유도순이 동일인일 수는 없다. 그러므로 두 곡의 대중가요를 작사한 서두성은 유도순의 예명이 아니라 할 수 있다.

마지막으로 가장 문제가 되는 것이 바로 '범오'라는 예명이다. 사실상 범오를 유도순의 예명으로 볼 수 있는 확실한 증거가 아직까지 없기 때문이다. 박노홍이 '범오'라는 이름으로 작사된 대중가요를 유도순의 작품인 것처럼 기술하고, 이후 대중가요 연구자들이 이를 그대로 받아들여 범오를 유도순의 예명으로 받아들이고 있으나,[20] 이것만으로 범오를 유도순이 사용한 예명으로 보는 것은 무리가 있다.

박찬호는 『한국가요사』에서 "범오가 유도순의 필명으로 알려져 있으나 확실하지 않다"[21]고 하였고, 서범석도 다음의 몇 가지 이유를 들어서 범오가 유도순과 동일한 사람이라 확신할 수 없다 하였다. 첫째, 대중가요 연구자들이 범오와 유도순을 동일한 사람으로 보는 근거가 된 글이 1970년대 이후에 나온 것이라 신뢰할 수 없다는 점, 둘째, '범오'의 가사들과 '유도순'의 가사들이 상당 부분 이질적이라는 점, 셋째, 음반의 앞·뒷면에 각각 범오와 유도순의 작품이 실려 있어 두 사람이 다른 인물일 가능성이 있다는 점, 넷째, 일제강점기의 자료에서 두 사람을 동일인으로 볼 수 있는 자료를 찾지 못했다는 점이 그것이다.[22]

실제로 범오가 창작한 약 30편의 작품 중에 '재즈송'과 '만요(漫謠)'가

---

20 이준희·이영미, 앞의 책, 309쪽과 이동순, 「이동순의 가요이야기」, 『매일신문』 2012년 9월 6일자 등에서 범오를 아무 의심 없이 유도순의 예명으로 인정하고 있다.
21 박찬호, 『한국가요사』1, 미즈북스, 2009, 291쪽.
22 서범석, 앞의 글, 165쪽.

있는 것과 달리 유도순이 작사한 작품에서는 이를 찾을 수 없다. 물론 일부러 차별화시키기 위해 만요와 재즈송을 작사할 때는 '범오'라는 이름을 사용했을 수도 있다. 하지만 재즈송과 만요뿐만 아니라 신민요와 유행가도 '범오'라는 이름으로 작사한 것을 보면, 일부러 곡종을 차별화시키기 위해 유도순이 '범오'라는 예명을 사용했다고 보기 어렵다.

그리고 유도순의 작품이 주로 애상적인 정조를 보여주는 것과 달리 범오의 작품은 매우 발랄하고 경쾌하게 전개되어서 동일한 사람의 작품으로 보기 어려운 측면도 있다. 특히 곡종명에 '만요'라 적혀 있지만 실제 전옥과 강홍식의 대화로 이루어진 만담 형식의 〈그도 그럴 듯해〉와 〈사람 살려라〉는 유도순의 작품 전반에 흐르는 애상적이고도 진지한 정조와는 매우 이질적인 정조를 드러내는 바, 동일한 인물의 작품으로 볼 수 있는 근거가 희박하다.

그런데 서범석이 언급한 것처럼 앞·뒷면에 각각 범오와 유도순의 이름을 사용한 것이 범오와 유도순을 동일한 인물로 보기 어려운 증거가 될 수는 없다. 왜냐 하면 당시에는 간혹 동일 인물이 다른 예명으로 음반 한 매의 앞·뒷면에 작품을 수록하기도 했기 때문이다. 이는 서범석이 당시 대중가요 생산의 관행을 잘 몰라서 그리 말한 것처럼 보인다. 하지만 서범석이 지적한 것처럼 당시 자료에서 범오와 유도순을 동일한 인물로 볼 수 있는 증거 자료를 아직 찾지 못했다는 것은 범오와 유도순을 동일 인물로 볼 수 없게 만드는 결정적인 요인이 될 수 있다.

이에 본고에서도 확증 자료가 나올 때까지 범오를 유도순으로 보는 것을 유보하기로 한다. 이후에 범오를 유도순으로 볼 수 있는 결정적인 증거가 나온다면 그때 범오를 유도순으로 간주해도 늦지 않다. 따라서 본고에서는 일단 서두성과 범오의 작품을 제하고 홍초와 유도순이라는 이름으로 작사한 작품만을 대상으로 그 전반적인 양상과 가사의 특성을 살펴보기로 한다.

III. 대중가요 가사의 전반적인 양상과 갈래별 특성

이 장에서는 유도순이 작사한 대중가요 가사의 전반적인 양상을 살펴보기로 한다. 유도순이라는 이름이 적시된 작품으로는 총 104곡을 찾을 수 있었다.[23] 유도순은 1934년부터 작사를 시작하였는데, 그 연도별 작품 수를 보면 다음과 같다. 1934년에 33편, 1935년에 35편, 1936년에 14편, 1939년에 14편, 1940년에 4편, 1942년에 4편으로 1934년과 1935년에 가장 많은 수의 대중가요를 작사했다.

한편 곡종을 보면, 서도잡가 1편, 민요 2편, 신가요 4편, 신민요 26편, 유행가 71편으로 유행가를 가장 많이 작사한 것을 알 수 있다. '신가요'가 1940년대 이후 전시 체제로 변하면서 '유행가' 대신 사용한 용어라는 것을 감안할 때, 유도순은 '유행가'를 가장 많이 작사하였다고 볼 수 있다.

---

23 서범석은 유도순이 85편의 대중가요 가사를 창작했다고 하였다.(서범석, 앞의 글, 166쪽) 한편, 이동순은 유도순의 작품으로 총 132곡의 목록을 제시하였다. 132곡에는 범오가 작사한 작품 33곡이 포함되어 있어서, 실제로 유도순이라는 이름으로 작사한 작품은 총 99편 목록을 제시한 것이다.(이동순, 앞의 글, 419-421쪽) 하지만 이동순이 정리한 유도순의 작품 목록에는 다음과 같은 오류가 발견된다. 첫째, 유도순이 작사했다고 한 〈개나리 고개〉는 범오가 작사한 것이 맞다. 둘째, 〈눈물지는 비〉가 두 번 제시되었는데, 이 중 리갈 C210이 맞다. 셋째, 〈아득한 천리 길〉도 두 번 제시되었는데, 그 중 C40621이 맞다. 넷째, 1933년 12월 발표로 제시한 〈야강애곡〉과 〈희망의 북소리〉는 1934년 1월 신보로 광고되었기에 발매 연도를 1934년으로 표기하는 것이 맞다. 결국 이동순의 논문에서 유도순이 작사했다고 제시한 작품은 총 96편이라고 할 수 있다. 이 외에 〈국경의 등불〉, 〈낙화암의 옛 꿈〉, 〈애련화〉, 〈쌍심무〉, 〈울릉도 타령〉, 〈일자일루〉, 〈천리이별〉, 〈청춘문답〉이 이동순의 목록에서 누락된 것을 확인하였다.

또한 곡종이 '민요'라고 표기되어 있는 곡도 유도순이 창작한 것이므로 엄밀하게 말하면 '신민요'라고 할 수 있다. 따라서 유도순은 유행가와 신민요를 주로 창작했다고 볼 수 있다.

여기서 유행가란 오늘날 우리가 '트로트'라 지칭하는 곡들을 범박하게 가리키는 용어로 볼 수 있다. 당시에는 '트로트'라는 장르명이 존재하지 않았고, 더욱이 당시에 이러한 노래들을 '엔카'라고 부르지도 않았다. 그저 새롭게 출현한 일련의 대중가요를 당시에 '유행한다'는 의미를 담아 '유행가'라 불렀던 것이다. 음악적으로 '유행가'의 모든 곡이 트로트에 해당한다고 단정하기 어렵다. 다만 상당수의 노래들이 오늘날 우리가 '트로트'라 하는 노래라고 짐작할 뿐이다. 따라서 본고에서는 트로트 대신에 당시에 통용되던 '유행가'라는 용어를 사용하기로 한다.

그런가 하면 '유도순'이라는 이름으로 '재즈송'과 일종의 코믹송에 해당하는 '만요(漫謠)'를 작사한 것은 찾을 수 없었다. 따라서 그는 다양한 갈래의 대중가요 창작에 몰두하기보다는 자신이 자신 있어 하는 한두 가지의 갈래에만 주목했다고 볼 수 있다. 이는 그의 작품 경향에서도 마찬가지로 나타나는 현상이라고 할 수 있다. 즉 그는 새로운 것의 시도보다는 주로 기존의 것을 계승하고 이를 변용하는 것에 주력했던 것이다. 그러면서 자연스럽게 그의 작품은 '애상성'이나 '향토성'과 연결되었다고 할 수 있다.

그는 초창기부터 콜럼비아 음반 회사에서 작사를 하였고, 주로 작곡자 김준영, 전기현과 콤비를 이루어서 작품을 만들었다. 1936년 이후부터 잠시 대중가요 작사자에 '유도순'의 이름이 보이지 않는데, 이 시기는 유도순이 『매일신보』 '평북지사장'을 지내던 시절과 겹쳐진다. 아마도 『매일신보』 '평북지사장'을 맡아 신의주에 머물면서 자연스럽게 대중가요 작사와도 잠시 멀어졌던 것으로 보인다.

일부 선행 논문에서 1939년이나 1940년쯤에 유도순이 사망했을 것으로 추정한 것[24]과 달리, 유도순은 1939년에 태평 음반 회사의 작사자 이름에 다시 나타난다. 1939년에 태평 회사에서 주로 전기현과 콤비를 이루면서 1940년까지 약 14편의 작품을 낸 유도순은 1942년에 다시 콜럼비아 음반 회사에서 발매된 4편의 작품을 마지막으로 더 이상 대중가요 작사를 하지 않은 것으로 보인다. 사실상 1941년에 태평양 전쟁이 발발한 이후부터 노골적인 군국가요(친일가요)가 등장하였다. 유도순도 일본의 승전지인 '통군정'을 기린다는 차원에서 직접 '통군정'을 답사하고 〈통군정의 노래〉를 만들기도 하였다. 그러나 동일한 음반의 뒷면에 실린 〈뗏목 이천 리〉는 기존의 신민요와 유사해서 친일가요로 보기 어렵기도 하다. 정확한 정황은 알 수 없으나 〈통군정의 노래〉와 〈뗏목 이천 리〉를 마지막으로 유도순은 대중가요 작사자 이름에서 사라진다.

한편 목록에서 확인한 104편의 대중가요 중에서 90편의 가사를 찾을 수 있었다. 다행히 콜럼비아 음반 회사에서 발매된 대중가요는 그 가사가 상당 부분 보존되어 있어서 주로 콜럼비아 음반 회사에서 활동한 유도순의 대중가요 가사도 많이 찾을 수 있었다. 일단 90편의 가사를 대상으로 어휘 빈도수를 살펴본 결과는 다음과 같다.

임(님)(69회)/ 눈물(64회)/ 마음(57회)/ 사랑(56회)/ 속(54회)/ 울다(42회)/ 내(41회)/ 노래(41회)/ 오다(35회)/ 외롭다(32회)/ 가다(31회)/ 맘(30회)/ 길(29회)/ 그립다(28회)/ 가슴(24회)/ 밤(24회)/ 물(23회)/ 산(23회)/ 안다(23회)/ 없다(21회)/ 그대(20회)/ 날(20회)/ 잇다(20회)/ 처녀(20회)/ 넘다(19회)/ 일(19회)/ 고향(18회)/ 누구(18회)/ 알다(18회)/ 들(17회)/ 몸(17회)/ 흐르다(17회)/ 천리(16회)/ 청춘(15회)/ 말(14회)/ 무덤(14회)/ 봄

---

24 박상무, 앞의 글, 8쪽.

(14회)/ 고개(13회)/ 달(13회)/ 되다(13회)/ 안(13)/ 저녁(13회)/ 그림자(12회)/ 능실(12반)/ 달빛(12회)/ 버디(12회)/ 사람(12회)/ 살다(12회)/ 서럽다(12회)/ 어이(12회)/ 즐겁다(12회)/ 집(12회)/ 찾다(12회)/ 한숨(12회)/ 배(11회)/ 보내다(11회)/ 수집(11회)/ 진달래(11회)/ 쾌지나(11회)/ 타다(11회)/ 하소(11회)/ 곳(10회)/ 극단(10회)/ 기심(10회)/ 꿈(10회)/ 눈(10회)/ 삼천리(10회)/ 종이(10회)/ 춤(10회)/ 칭칭나네(10회)/ 푸르다(10회)

어휘빈도수만 놓고 보면, 다양한 어휘를 사용했다는 것을 알 수 있다. 그리고 어휘빈도수만 보면, 김억의 가사와 유사한 측면이 드러나기도 한다. '임'이 가장 많이 등장하는 것에서부터 마음·속·맘·가슴처럼 나의 정서나 태도와 연결되는 어휘를 사용한 것에서 이를 지적할 수 있다. 그렇다면 유도순의 가사도 나와 너와의 관계 속에서 나의 인식과 정서에 주안점을 두는 '나-지향성'을 보여준다고 할 수 있다. 이는 자주 사용한 동사나 형용사에서 확인된다. 즉 울다·외롭다·그립다·서럽다·즐겁다와 같은 어휘가 자주 사용된 것에서 노래 속 화자가 내 자신의 인식과 감정에 초점을 맞추고 있다는 것을 알 수 있다. 만약 '나-지향성'이 아닌 '너-지향성'을 보여준다면 너에 대한 묘사나 서술로 이루어졌을 것이다. 그런데 나와 너와의 관계 속에서 내가 느끼는 감정과 정서를 묘사한다면 그것은 '나-지향성'을 추구한 것이다.

유도순의 노랫말에 나타난 '나-지향성'에서 느껴지는 정서는 한마디로 긍정보다 부정에 가깝다. '즐겁다'와 같은 긍정적인 형용사가 사용되긴 하였으나, 그 외 형용사와 명사 등의 어휘를 보면, 부정적인 것이 우세하다. 눈물·울다·외롭다·없다·서럽다·한숨·하소·무덤 등이 모두 그러한 예이다. 이에 더해, 밤·달·저녁·그림자·달빛 등이 주는 이미지도 '어둠'과 연결된다는 점에서 긍정보다 부정에 가깝다. 요컨대 노랫말의 어휘빈도수를 통해 볼 때, 유도순의 노랫말은 기본적으로 '나-지향성'에서 배태된 부정과 수동성을 특징으로 한다.

앞서 언급했듯이, 유도순은 주로 신민요와 유행가를 작사했다. 만약 재즈송이나 만요 등을 작사했다면 노랫말에 나오는 어휘의 양상도 달라졌을 것이다. 하지만 신민요와 유행가를 주로 작사했고, 그에 따라 그 갈래에 어울리는 어휘들이 노랫말을 채웠다. 그렇다면 그가 작사한 신민요와 유행가의 모습을 좀 더 구체적으로 보기로 한다.

1. 신민요에 나타난 전통의 계승

그가 작사한 신민요는 '민요'로 곡종을 표기한 두 곡을 포함해서 총 28편의 목록을 확인하였고, 이 중에서 5곡을 제외한 23편의 가사를 찾을 수 있었다. 그 제목을 보면 〈오돌독〉, 〈홍타령〉, 〈풍년맞이〉, 〈노원곡〉, 〈기심 노래〉, 〈직부가〉, 〈쾌지나 칭칭〉처럼 기존의 전통가요를 연상케 하는 제목을 다수 사용하고 있는 것을 확인할 수 있다. 실제로 그 면면을 보아도 전통적인 정서나 전통가요에서 사용하는 어휘와 후렴을 다수 계승하고 있음을 알 수 있다.

꽃에 호접 즐겁다 말라 사나운 바람에 락화가 된단다
(후렴) 에헤에헤야 헤헤루디히 에루화 청춘을 노래하자

압남산의 진달래 썩고 북안산에서 백설을 보란다

보름달이 둥굴지만 초생이 되면은 이그러진단다

흘러간물 다시오더냐 백발될 것을 생각을 하여라
놉고 나즌 무덤을 보아라 헛된 꿈 속의 사람이로구나

꽃에 호접 즐겁다 말라 사나운 바람에 락화가 된단다
〈노원곡〉(유도순 작사, 김형원 작곡, 고일심 노래, 콜럼비아, 1935)

위의 작품은 유도순이 작사한 〈노원곡〉이다. 가사를 통해 알 수 있듯이, 각 절은 긴밀하게 연결되기보다는 독립적으로 존재한다. 그러면서도 각 절이 말하는 것은 '모든 것은 변하고 소멸한다'는 뜻의 '제행무상(諸行無常)' 내지는 '인생무상(人生無常)'이라고 할 수 있다. 즉 '모든 것은 변한다'는 큰 주제를 각 절에서 다양하게 표현한 것이다. 그러면서도 후렴인 "에헤에헤야 헤헤루디히 에루화 청춘을 노래

〈노원곡〉 광고
(『조선일보』 1935년 6월 14일)

하자"를 반복하여서 각 절이 완전히 동떨어진 것이 아님을 알려준다. 〈노원곡〉의 내용은 그 이전에 유행한 잡가에서 그 원류를 찾을 수 있다. 이른바 '노세류'의 잡가에서 그 출처를 확인할 수 있는 것이다.

이처럼 유도순은 기존의 '잡가'를 위시한 전통 양식의 노래를 계승하는 차원에서 많은 수의 대중가요 가사를 창작하였는데, 그 구체적인 주제를 보면, 첫째, 이성간의 사랑을 다룬 것, 둘째, 자연, 특히 국토를 예찬하는 노래, 셋째, 역사를 회고하는 노래 등으로 나타난다.

보고도 못 본 체 그러케 쌘둥쌘둥 안 보면 보고저 눈알이 말똥말똥 죠타

(후렴) 둥구대 당실 둥구대 당실
여도 당실 달도 밝으니 집을 나갈가
둘이 그럴까 맘이 신둥

달 넘어 나오는 추파는 햇죽햇죽 멀리서 바라며 목춤만 쑬덕쑬덕 죠타

바쥐 째 새노은 가슴이 아즐아즐 밤마다 잠속엔 뷘춤만 오락가락 죠타

마음이 마저서 사랑은 물쿤물쿤 깃쑴에 써도는 두 맘은 둥실둥실 죠타
〈오돌독〉(유도순 작사, 문예부 採編, 석금성 노래, 콜럼비아, 1934)

〈오돌독〉 음반 가사지

〈오돌독〉은 기존의 민요를 채록한 가사를 바탕으로 다시 창작한 노래에 해당한다. 기존의 후렴을 변용시켜서 사용했을 뿐만 아니라 다양한 의성어와 의태어를 사용한 것도 전통가요를 계승한 것이라 볼 수 있다. 노래 가사의 '뻔둥뻔둥', '말둥말둥', '햇죽햇죽', '꿀덕꿀덕', '아즐아즐', '오락가락', '물쿤물쿤', '둥실둥실'이 모두 그러한 예에 해당한다. 이러한 의성어와 의태어는 작품에 리듬감과 생동감을 부여한다. 이러한 노래가 '이성간의 사랑'을 주제로 하였다면, 〈금강산이 좋을시고〉, 〈금수강산〉, 〈조선타령〉, 〈쾌지나 칭칭〉은 자연을 예찬한 노래에 해당한다. 마지막으로 〈마의태자〉와 〈낙화암의 천년몽〉은 역사적 회고주의를 담은 노래라고 할 수 있다.

대체로 유도순은 신민요를 작사할 때는 유행가와 달리 전통적인 후렴

을 그대로 사용하거나 변용해서 사용했고, 의태어와 의성어를 적극적으로 활용하는 모습을 보여주었다. 즉 새로운 음악 어법에 전통가요의 가사를 차용하여 전통의 계승을 추구한 것이다. 특히 그가 신민요에서 기존의 잡가에서 흔하게 볼 수 있는 '한문투의 표현'을 사용한 것은 당대 여타 신민요와 달라서 주목할 만하다.

"창파에 락시 놋코 옥린을 희롱하는 님을 차저 내가 갈가보다"
(〈갈가보다〉)
"그화요초 욱은 곳에 금강수가 새음 솟고"(〈금강산이 좋을시고〉)
"전파에 오곡이 금파를 지으니 삼천리 산야 춤속에 뛰네"
(〈조선타령〉)
"제월광풍 깃분 날에 옥전비답 풍년이 든다"(〈쾌지나 칭칭〉)

위에 제시한 예를 보면, 유도순이 한문투의 표현을 종종 사용했다는 것을 알 수 있다. 잡가에서 한문투를 사용한 것은 이른바 '상층'과 '하층' 문화가 혼용되면서 나타난 현상 중의 하나라고 할 수 있다. 하지만 다소 상투적이고 현학적이며 의미 전달이 어렵기 때문에 한문투의 표현을 긍정적으로만 바라보기는 어렵다. 잡가의 표현법을 계승했다는 것 자체는 긍정적으로 볼 수 있으나 유도순의 가사는 잡가를 부정적으로 계승했다고도 볼 수 있다. 왜냐하면 우리말의 조탁이나 새로운 표현법의 개발보다 기존의 것을 그대로 사용하는 것에 경도되었다는 느낌이 들기 때문이다.

하지만 〈금강산이 좋을시고〉와 〈조선타령〉 등은 당시에 많은 인기를 얻었다. 이는 당대인이 우리 것을 갈망했고, 노래가 그러한 대중의 욕망에 잘 조응한 결과라고 할 수 있다. 주지하다시피, 1930년대 중반은 신민요가 상당한 인기를 얻었던 시기이다. 그리고 신민요에서 촉발된 전통가요에 대한 관심이 각 지방의 속요와 민요를 발굴해서 음반에 싣는 것으로까지 나아가기도 했다.25 이러한 배경에서 한문투의 표현을 사용한 이러한 노래도 친숙하게 다가올 수 있었고, 대중은 이에 열광했다고 볼 수 있다.

유도순의 신민요 가사에 나타나는 다른 특징으로는 '회고주의'를 들 수 있다. 〈마의태자〉와 〈낙화암의 천년몽〉이 그러한 노래에 해당한다.

〈낙화암의 천년몽〉
광고(한국유성기음반 아카이브)

부여성 것츤 터 쓸쓸히 잠자니 초목도 회포에 잠겻구나
차저도 몰을 그 옛날 일 락화암 락화암 천 년 꿈을 너는 아느냐
꿈은 흘러 흘러 어듸로 갓나

풀 속에 외로히 파무친 지초돌 고란사 종소리 설게 우네
화려한 궁터 즐겁던 일 락화암 락화암 천 년 꿈을 너는 아느냐
꿈은 흘러 흘러 어듸로 갓나

백마강 푸른 물 고요한 뱃머리 고혼의 원한이 잠겨 잇네
삼천의 궁녀 물에든 일 락화암 락화암 천 년 꿈을 너는 아느냐
꿈을 흘러 흘러 어듸로 갓나
〈낙화암의 천년몽〉(유도순 작사, 전기현 작곡, 강홍식 노래, 콜럼비아, 1936)

....
25 신민요에서 촉발된 관심이 각 지방의 속요와 민요를 발굴해서 음반에 싣게 된 과정은 장유정, 「1930년대 신민요에 대한 당대의 인식과 수용」, 『한국민요학』 제12집, 한국민요학회, 2003을 참고할 수 있다.

서기 660년, 백제가 나당연합군의 침공으로 함락되자 궁녀 3,000여 명이 백마강 바위 위에서 투신해 죽었는데, 이 때 그들이 백마강으로 뛰어든 바위를 '낙화암'이라고 한다.26 〈낙화암의 천년몽〉은 과거의 역사를 회고하는 내용으로 이루어져 있다. 역사를 회고하고 그리워하는 것은 그만큼 현실이 각박하고 어렵다는 것을 반증한다. 물론 현실의 어려움을 역사에 대한 회고로 풀어보려는 것은 일시적이고 현실 도피적일 수도 있다. 하지만 문화적 맥락을 고려할 때, 우리나라 사람들에게 '부여성', '낙화암', '백마강', '고란사' 등은 남다른 의미로 다가올 수 있다. 즉 이러한 구체적인 지명을 통해 다른 나라 사람들은 결코 이해할 수 없는 문화적 의미망을 형성하게 되는 것이다. 그리고 그러한 노래를 듣고 부르는 동안에는 한마음이 되면서 공동체 의식이 형성될 수도 있다. 어떤 면에서 이러한 노래들은 민족을 하나로 묶어주는 매개로서의 기능마저 하였던 것이다.

이 밖에도 유도순의 신민요에서는 구체적인 지명의 사용, 후렴구의 활용, 향토적 어휘의 구사가 나타난다. 이러한 양상은 같은 시기 신민요에서도 종종 찾을 수 있다. 하지만 노래 가사에 '한문투의 표현'을 사용한 것은 유도순의 신민요 가사에서만 유독 두드러지는 특징이기도 하다. 이처럼 유도순은 신민요에서 기존의 전통가요를 적극적으로 계승하는 모습을 보여주었다.

---

26 최근에 백제가 나당연합군의 침공으로 함락되어 궁녀 3,000여 명이 백마강 바위에서 투신해 죽었다는 내용은 가짜 뉴스라는 것이 거론된 바 있다(『헤럴드경제』 2017년 7월 8일). 하지만 그것이 사실이 아닐지라도 많은 사람들이 그렇게 알아온 측면도 존재한다. 1930년대도 대중이 그런 생각을 했는지 더 추적해 봐야겠으나, 본고에서는 일단 기존의 통념을 받아들이는 차원에서 원고를 작성했음을 밝혀둔다.

2. 유행가에 나타난 전통의 변모

　유도순이 작사한 유행가에 흐르는 정조는 기본적으로 애상적인 정조라고 할 수 있다. 기쁨을 그린 노래보다 슬픔을 그린 노래가 상대적으로 많은 것이다. 특히 그 슬픔의 근원을 보면 '부재(不在)한 임'에서 비롯한 것이 가장 많은 수를 차지한다고 볼 수 있다. 그리고 이는 김대행이 지적한 민요의 특징과 연결되기도 한다. 즉 김대행은 민요에 나타나는 정서를 '부재하는 임', '시적 화자의 수동성과 과거지향성'을 지적했는데,[27] 이러한 특징들이 유도순이 작사한 유행가에서도 두드러지는 것이다. 그리고 이는 앞서 살펴본 어휘빈도수에서도 나타났던 사실이다.

　김준오는 "부재하는 임을 그리워하는 것, 기다림의 인고 속에 사는 것은 우리 시가가 묘사한 전통 여인상"[28]이라고 한 바 있다. 그렇게 본다면 유독 여성적인 어조로 이루어진 노래가 많은 유도순의 작품들은 이러한 전통적인 여인상과 정서를 계승했다고도 볼 수 있다. 〈소녀 연심곡〉, 〈수부의 아내〉, 〈임의 배〉, 〈녹슬은 비녀〉, 〈사공의 아내〉, 〈처녀의 시절〉 등이 모두 그러한 예에 해당한다. 즉 유도순의 대중가요 가사에서는 떠난 임을 그리워하고 기다리는 여성의 모습을 통해 전통적인 여성상을 재현해서 보여주고 있는 것이다.

　특히 〈수부의 아내〉와 〈사공의 아내〉처럼 '바다'를 사이에 두고 헤어진 임과 그 임을 기다리는 여인의 모습을 통해 '바다-물-눈물'로 이어지는 애상을 표출하는데 주력하는 모습을 보여주었다.

　　그리운 님 소식은 오늘도 업네 압 바다 포구에다 기다림 놋코

27　김대행, 『한국시의 전통 연구』, 개문사, 1980, 159-164쪽.
28　김준오, 『현대시의 해부』, 새미, 2009, 304쪽.

내 홀로 마을에서 세 해를 사네 우리 님 배 소식은 엇재서 업나

그리운 님 소식은 오늘도 업네 바다로 가신 님이 바다로 안 와
아득한 물길에는 백구만 나네 우리 님 배 소식은 엇재서 업나

그리운 님 소식은 오늘도 업네 고기 배 올 째마다 뷘말을 하며
닷소리 북소리에 눈물 흘리네 우리 님 배 소식은 엇재서 업나
〈수부의 안해〉(유도순 작사, 이면상 작곡, 전옥 노래, 콜럼비아, 1934)

위의 작품 속 아내는 떠난 지 삼 년이 된 남편을 하염없이 기다리고 있다. 아내가 할 수 있는 일이라곤 바닷가에 나가 임을 기다리며 행여 돌아오는 배에 임이 타고 있지는 않을까 기대를 가져보는 것뿐이다. 그런데 떠난 임을 기다리는 아내의 상황이 비극적인 것은 그것이 바다를 사이에 두고 이루어진 이별이기 때문이다. 바다는 그것이 물로 이루어져 있기 때문에 시적 화자가 느끼는 심리적인 거리감이 클 수밖에 없다. 그런데 임이 그러한 바다를 건너 떠나갔으므로 아내가 느끼는 상실감은 더욱 커지는 것이다. 하지만 아내가 할 수 있는 일이란 배가 들어올 때마다 '빈말'을 하고, 눈물만 흘리는 것뿐이다.29 이처럼 유도순의 유행가에는 '부재한 임을 기다리고 그리워하는 전통적인 여인상'이 나타난다.

그런데 유도순의 유행가 가사가 더 비극적으로 느껴지는 것은 그가 '죽음'의 소재를 종종 다루고 있는 것에서 비롯한다. 그의 유행가 가사 제목에는 '무덤'이 등장하거나 가사에서 '죽음'을 소재로 한 것이 많은데, 〈임의 무덤〉, 〈봉자의 노래〉, 〈아내의 무덤 안고〉, 〈두 목숨의 저승길〉,

---

29 〈수부의 아내〉에 대한 작품 분석은 일제강점기 대중가요에 나타난 가족의 양상을 고찰하면서 이미 한 바 있다.(장유정, 「일제강점기 대중가요에 나타난 가족의 양상 고찰」, 『구비문학연구』30집, 한국구비문학회, 2010)

〈외로운 길손〉 등이 그러한 예이다. 〈봉자의 노래〉는 엔젤 카페의 여급 김봉자와 의학사 출신의 유부남 노병운의 실제 정사 사건을 소재로 하고 있는 곡이다. 당시 자유연애의 바람이 불자 개인의 욕망이 사회적 요구와 배치되면서 극단적으로 '죽음'을 선택하기도 하였다. 그리고 〈봉자의 노래〉는 그러한 실화를 바탕으로 만들어진 노래이다.30 〈외로운 길손〉도 '자살'을 암시하고 있는 비극적인 노래라고 할 수 있다.

> 물에 써서 홀으는 나무닙 하나 흘러서 가는 곳은 어대인가 싯업네
> 집을 써난 길손은 한만흔 신세이라 눈물에 날 저무네
>
> 서리발에 시드는 풀포기 하나 서름에 죽음 찾는 외론 길손 갓구나
> 옛날 꿈이 그리워 별 보며 내 우나니 눈물에 날 새우네
>
> 산을 넘어 벗은 길 들에다 엇다 구름을 벗삼고서 가는 길은 싯업네
> 일홈 업는 무덤에 영원히 내 자려니 눈물이 압흐르네
> 〈외로운 길손〉(유도순 작사, 고하정남 작곡, 채규엽 노래, 콜럼비아, 1935)

〈외로운 길손〉에는 향방 없이 떠도는 나그네 내지는 길손, 방랑자가 나타난다. 그러나 유유자적하면서 떠도는 길손이 아니라 "설움에 죽음을 찾는 외로운" 길손이다. 마지막 절에서 "이름 없는 무덤에 영원히 내 자려니 눈물이 앞 흐르네"에서는 자살마저 암시하고 있어 노래의 비극성은 배가된다고 할 수 있다. 눈물, 어둠, 설움, 무덤처럼 전반적으로 음울하고 비극적인 어휘들이 가사를 채우면서 노래의 비극성을 강화하는 것이다.

---

30 〈봉자의 노래〉와 이와 관련된 사건은 장유정, 「매체에 따른 글쓰기 방식의 변화 고찰」, 『한국언어문학』제65집, 한국언어문학회, 2008년에서 구체적으로 다루었다.

이처럼 유도순이 작사한 유행가에는 '부재한 임을 그리워하며 기다리는 여인의 모습'과 '정처 없이 떠도는 외로운 나그네의 모습'이 나타난다. '부재한 임을 그리워하며 기다리는 여인의 모습'이 전통적인 정서를 계승한 것이라면, '정처 없이 떠도는 외로운 나그네의 모습'은 당시의 세태를 반영하면서 배태된 노래로 볼 수 있다. 즉 전통의 계승보다 전통의 변용에 초점을 맞추고 있는 것이다. 그러나 두 노래 모두 '비극적 낭만성'을 표출한 것에서는 공통적이라고 할 수 있다. 그런데 이 시기에 나온 대중가요 중에는 유도순의 유행가가 보여주는 '비극적 낭만성'31을 표출한 노래가 많다. 하지만 유도순의 가사가 더 비극적으로 느껴지는 것은 그 비극이 '죽음'과 연결되기 때문이다. 이는 그의 대중가요 가사가 비극적 낭만성을 묘사한 여타 대중가요 가사와 변별되는 점이기도 하다.

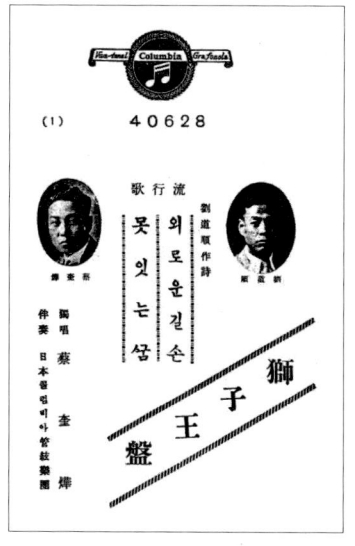

〈외로운 길손〉 음반가사지

---

31 일제강점기 대중가요 작사가인 이하윤과 금릉인의 작품에 나타나는 비극적 낭만성은 장유정, 「이하윤 대중가요 가사의 양상과 특성 고찰」, 『한국민요학』제28집, 한국민요학회, 2010과 장유정, 「대중가요 작사가 금릉인의 생애와 작품세계」, 『한국민요학』제32집, 한국민요학회, 2011을 참고할 수 있다.

Ⅳ. 맺음말

이상으로 유도순의 생애와 작품을 고찰하였다. 먼저 유도순의 전기(傳記)와 관련해서 쟁점이 되고 있는 그의 사망 연도와 그가 사용한 예명을 살펴보았다. 이로써 유도순이 1938년에 사망했다는 기존의 설이 맞지 않다는 것을 논증하였다. 유도순이 적어도 1942년까지 생존했던 것으로 보이는 바, 1945년에 '소련군'에게 학살되어 죽었다는 기사를 따른다면 유도순이 1945년에 사망한 것이 아닐까 추정하였다. 그리고 서두성이 유도순의 예명이 아니라는 것을 밝히고, 다른 증거 자료가 나올 때까지 '범오'를 유도순의 예명으로 보는 것도 보류한다고 했다.

다음으로 유도순이 작사한 대중가요 가사를 정리하고 분석해서 '신민요'와 '유행가'에 따라 그 가사가 어떻게 다르게 나타나는지를 살펴보았다. 어휘빈도수만 보면, 유도순의 노랫말은 기본적으로 '나-지향성'이 나타나되, 그것이 부정적인 방식으로 표출되었다. 그리고 이는 그가 작사한 신민요와 유행가에서 재차 확인되었다.

신민요의 경우, 유도순이 신민요에서 기존의 전통가요를 어떤 식으로 계승하는지를 살펴보면서 전통의 계승에 초점을 맞추어 고찰하였다. 유도순의 신민요는 이성간의 사랑을 다룬 노래, 국토를 예찬한 노래, 역사적 회고주의를 담은 노래로 나눌 수 있다. 이러한 노래들은 의성어와 의태어의 사용, 특정 지명의 차용, 후렴구의 계승과 변용을 통해 전통가요를 계승하는 모습을 보여준다. 특히 '한문투의 표현'을 사용한 것은 어떤 면에서 전통의 부정적인 계승이라 볼 수 있으나 이것이 여타 신민요와 유도순의 신민요가 다른 지점이기도 하다.

한편 유도순이 작사한 유행가에서는 크게 두 가지 인물 군이 나타났다. '부재하는 임을 그리워하고 기다리는 여인'과 '정처 없이 떠도는 외로운 나그네'가 그것이다. '부재하는 임을 그리워하고 기다리는 여인'이 전통을 계승한 것이라면, '정처 없이 떠도는 외로운 나그네'는 전통을 변모시킨 예로 볼 수 있다. 식민지 상황에서 나라 잃은 민중은 누구나 나그네일 수밖에 없다. 그 때문에 당시 대중가요 가사에 '방랑의식'이 드러났던 것이다. 그러면서도 유도순의 작품이 더 비극적인 것은 나그네의 슬픔이 종종 '죽음'과 연결되기 때문이다.

앞으로 유도순이 작사한 대중가요 가사 중에서도 미처 다루지 못한 가사들의 양상과 특징도 상세하게 드러낼 필요가 있다. 또한 '범오'가 누구의 예명인지를 밝히는 작업이 이루어져야 할 것이다. 그리고 최근에 공개된 유도순의 시집 『혈흔의 묵화』[32]를 위시한 유도순의 시와 유도순의 대중가요 가사를 비교 고찰하는 연구도 진행할 필요가 있다. 이에 대한 자세한 논의는 후고를 기약한다.

* 이 글은 장유정, 「유도순의 대중가요 가사 분석과 작품 규정 문제」, 『한국어문학연구』제60집, 한국어문학연구회, 2013을 수정·보완한 것이다.

---

32 장유정, 「유도순의 시집 『혈흔의 묵화』 소개 및 그의 대중가요 가사의 특성 고찰」, 『한국문학회 추계 전국학술발표대회 자료집』 한국문학회, 2012.

〈부록 : 유도순 작품 목록〉

제목	곡종	발매연월	작사	작곡	편곡	음반 상표	음반번호
가시옵소서	유행가	1934	유도순	전기현	강홍식	콜롬비아	40558A
가여운 여자	유행가	1936	유도순	전기현	조금자	콜롬비아	40672B
갈까 보다	민요	1935	유도순		고일심	콜롬비아	40623A
고향을 찾아가니	유행가	1935	유도순	김준영	강홍식	콜롬비아	40621B
과부가	신민요	1935	유도순		장경순, 조병기	콜롬비아	40635B
국경의 등불	유행가	1939	유도순	전기현	채규엽	태평	8629
국경의 부두	유행가	1939	유도순	전기현	고운봉	태평	8640A
그립다 자장가	유행가	1935	유도순	강구야시	김옥선	콜롬비아	40650B
금강산이 좋을시고	신민요	1934	유도순	김준영	미스코리아	콜롬비아	40534A
금수강산	신민요	1934	유도순	김준영	미스코리아	콜롬비아	40534B
기다림의 설움	유행가	1935	유도순	김준영	김선초	콜롬비아	40600B
기심노래	신민요	1935	유도순		정춘봉	콜롬비아	40634A
낙화암의 옛꿈	유행가	1939	유도순	전기현	채규엽	태평	8646
낙화암의 천년몽	신민요	1936	유도순	전기현	강홍식	콜롬비아	40653A
낭낭공주	신민요	1939	유도순	이재호	선우일선	태평	8657B
네 고향 내 고향	유행가	1939	유도순	전기현	송낙천	태평	8637B
노래하자 젊은이	유행가	1939	유도순	전기현	채규엽	태평	8646
노원곡	신민요	1935	유도순	김형원	고일심	콜롬비아	40611B
녹슬은 비녀	유행가	1935	유도순	강구야시	채규엽	콜롬비아	40624A
눈물의 일생	유행가	1935	유도순	전기현	최영희	콜롬비아	40636A
눈물지는 비	유행가	1934	유도순	김기방	최월향	리갈	C210A
님의 넋	신민요	1935	유도순	전기현	석금성	콜롬비아	40626B
님의 무덤	유행가	1934	유도순	정사인	최명주	콜롬비아	40482A
님의 배	유행가	1934	유도순	이면상	김선초	콜롬비아	40567A
님이 온다	신민요	1936	유도순		고일심	콜롬비아	40668A
달마중 가자	신민요	1934	유도순	전기현	석금성	콜롬비아	40574B
도라지순정	신가요	1942	유도순	하영랑	이해연	콜롬비아	40884B
두 목숨의 저승길	유행가	1936	유도순	김준영	채규엽	콜롬비아	40666A
두만강의 비곡	유행가	1934	유도순	박용수	최명주	콜롬비아	40512A

뗏목 이천리	신가요	1942	유도순	손목인	이해연	콜롬비아	40895B
마의태자	신민요	1934	유도순	김준영	미스코리아	콜롬비아	40530A
못 부치는 편지	유행가	1935	유도순	강구야시	전옥	콜롬비아	40612B
못 잊는 꿈	유행가	1935	유도순	강구야시	채규엽	콜롬비아	40628B
물길천리	유행가	1934	유도순	유일	전옥	콜롬비아	40499A
봉자의 노래	유행가	1934	유도순	이면상	채규엽	콜롬비아	40488B
비단실사랑	유행가	1935	유도순	전기현	전옥	콜롬비아	40624B
비련의 노래	유행가	1935	유도순	김준영	권영걸	콜롬비아	40625A
사공의 아내	유행가	1936	유도순	전기현	전옥	콜롬비아	40667B
사라지는 그림자	유행가	1934	유도순	김준영	김선영	콜롬비아	40494B
사랑의 이슬안개	유행가	1934	유도순	김준영	김선초	콜롬비아	40517B
사랑해 주세요	유행가	1935	유도순	김준영	조금자	콜롬비아	40625B
사발가	민요	1934	유도순		석금성	콜럼비아	40513A
사향몽	유행가	1939	유도순	전기현	채규엽	태평	8638
삼천리 오대강	신민요	1939	유도순	전기현	채규엽	태평	8651B
서러운 자취	유행가	1936	유도순	명본경정	채규엽	콜롬비아	40672A
설움 많은 청춘	유행가	1934	유도순	김준영	최명주	콜롬비아	40500B
섬밤	유행가	1934	유도순	유일	전옥	콜롬비아	40481A
소녀연심곡	유행가	1934	유도순	유일	김선영	콜롬비아	40484B
수부의 아내	유행가	1934	유도순	이면상	전옥	콜롬비아	40499B
수양버들	유행가	1936	유도순	전기현	전옥	콜롬비아	40694B
수줍은 꿈	유행가	1935	유도순	김준영	김선초	콜롬비아	40606B
수줍은 처녀	유행가	1935	유도순	전기현	전옥	콜롬비아	40593B
숨어서 우는 울음	유행가	1935	유도순	고하정남	최영희	콜롬비아	40636B
신영변가	서도잡가	1935	유도순		유개동, 김태운	콜럼비아	40630A
쌍심무	유행가	1940	유도순	전기현	선우일선	태평	2004
아내의 무덤 안고	유행가	1935	유도순	전기현	강홍식	콜롬비아	40582A
아득한 천리길	유행가	1935	유도순	강구야시	채규엽	콜롬비아	40621A
아들의 하소	유행가	1939	유도순	전기현	고운봉	태평	8640B
압록강 뗏목노래	신민요	1940	유도순	전기현	선우일선	태평	8661B
압록강 뱃사공	신민요	1935	유도순	김준영	강홍식	콜롬비아	40605A
애련화	유행가	1939	유도순	전기현	채규엽	태평	8638

야강애곡	유행가	1934	유도순	근등정이랑	안일파	콜롬비아	40475B
어이 가리	신민요	1934	유도순	전기현	석금성	콜롬비아	40574A
에헤루 누구시오	신민요	1936	유도순		고일심	콜롬비아	40668B
열여덟살의 봄	유행가	1934	유도순	유일	윤옥선	콜롬비아	40482B
오 내 사랑	유행가	1934	유도순	김준영	미스코리아	콜롬비아	40530B
오돌독	신민요	1934	유도순		석금성	콜롬비아	40495A
외로운 길손	유행가	1935	유도순	고하정남	채규엽	콜롬비아	40628A
외로운 나그네	유행가	1934	유도순	김기방	김정숙	리갈	C196B
외로운 마음	유행가	1934	유도순	박용수	최명주	콜롬비아	40490B
울릉도타령	신민요	1935	유도순	김성파	김창배	시에론	230A
울지 말아요	유행가	1935	유도순	김준영	조금자	콜롬비아	40616B
울지 않을래요	유행가	1935	유도순	강구야시	김옥선	콜롬비아	40637A
원수의 고개	유행가	1934	유도순	유일	신카나리아	리갈	C229A
유랑길	유행가	1939	유도순	김교성	최향옥	태평	8659B
유랑의 가수	유행가	1936	유도순	전기현	채규엽	콜롬비아	40677A
유랑의 애수	유행가	1935	유도순	죽강신행	채규엽	콜롬비아	40599B
이별	유행가	1935	유도순	김준영	임헌익	콜롬비아	40583B
일자일루	유행가	1939	유도순	전기현	백년설	태평	8656A
잃어진 마음	유행가	1936	유도순	안일파	채규엽	콜롬비아	40686A
잃어진 첫사랑	유행가	1935	유도순	전기현	김옥선	콜롬비아	40637B
잘있거라 인풍루	신가요	1942	유도순	하영랑	김영춘	콜롬비아	40882A
정화	유행가	1935	유도순	강구야시	노은홍	콜롬비아	40644B
제3 유랑극단	유행가	1940	유도순	전기현	백년설	태평	2003A
조선의 명산	신민요	1939	유도순	전기현	채규엽	태평	8651A
조선타령	신민요	1934	유도순	전기현	강홍식	콜롬비아	40565A
종로의 달밤	유행가	1935	유도순	강구야시	전옥	콜롬비아	40629B
직부가	신민요	1935	유도순		장경순, 조병기	콜롬비아	40635A
진달래의 애심곡	유행가	1934	유도순	유일	김선초	콜롬비아	40483A
처녀사냥	신민요	1934	유도순	김준영	강홍식	콜롬비아	40501B
처녀의 시절	유행가	1936	유도순	강구야시	김안라	콜롬비아	40686B
천리이별	유행가	1939	유도순	전기현	송낙천	태평	8637A
청춘문답	유행가	1940	유도순	전기현	고운봉	태평	8677

청춘타령	신민요	1935	유도순	김준영	강홍식	콜롬비아	40610A
칠선녀	유행가	1936	유도순	김준영	강홍식	콜롬비아	40662A
카페의 밤	유행가	1934	유도순	박용수	최명주	콜롬비아	40492B
쾌지나칭칭	신민요	1935	유도순		정춘봉	콜롬비아	40634B
통군정노래	신가요	1942	유도순	한상기	고운봉	콜롬비아	40895A
풍년맞이	신민요	1934	유도순	전기현	강홍식, 조금자	콜롬비아	40565B
화려한 저녁	유행가	1936	유도순	김준영	조금자	콜롬비아	40662B
황야의 고객	유행가	1935	유도순	강구야시	강홍식, 노은홍	콜롬비아	40644A
흥타령	신민요	1934	유도순		석금성	콜롬비아	40495B
희망의 북소리	유행가	1934	유도순	고하정남	채규엽	콜롬비아	40475A
희망의 종이 운다	유행가	1936	유도순	전기현	채규엽	콜롬비아	40654A

:: 참고문헌

『매일신보』, 『동아일보』, 『삼천리』, 『헤럴드경제』
「문예가명록」, 『문예월간』 1932년 1월호.
김대행, 『한국시의 전통 연구』, 개문사, 1980.
김준오, 『현대시의 해부』, 새미, 2009.
박노홍, 「한국가요사」2, 『한국가요전집』2, 세광출판사, 1980.
박상무, 「유도순 시 연구」, 대진대학교 석사논문, 1998.
박찬호, 『한국가요사』1, 미즈북스, 2009.
서범석, 「유도순 시의 리듬」, 『국제어문』22집, 서경대학교 출판부, 2000.
유도순, 「진달래의 의미」, 『신동아』 1904년 12월호.
유도순, 『혈흔의 묵화』, 청조사, 1926.
이동순, 「유도순 가요시의 테마와 유형: 1930년대 대중문화의 한 경향」, 『동북아시아문화학회 국제학술대회 발표자료집』, 동북아시아문화학회, 2010ㄱ.
이동순, 「유도순 가요시에 나타난 풍속: 1930년대 대중문화의 한 경향」, 『한국시학회 학술대회 논문집』, 한국시학회, 2010ㄴ.
이동순, 「이동순의 가요이야기」, 『매일신문』 2012년 9월 6일.
이동순, 「유도순 가요시의 테마와 유형-1930년대 식민지 대중문화 아카이브의 새로운 정리-」, 『민족문화논총』 제52집, 영남대학교 민족문화연구소, 2012.
이준희·이영미, 『사의 찬미』, 범우, 2006.
장유정, 「1930년대 신민요에 대한 당대의 인식과 수용」, 『한국민요학』제12집, 한국민요학회, 2003.
장유정, 「일제강점기 대중가요에 나타난 가족의 양상 고찰」, 『구비문학연구』 30집, 한국구비문학회, 2010.
장유정, 「매체에 따른 글쓰기 방식의 변화 고찰」, 『한국언어문학』제65집, 한국언어문학회, 2008.
장유정, 「이하윤 대중가요 가사의 양상과 특성 고찰」, 『한국민요학』제28집, 한국민요학회, 2010.

장유정, 「대중가요 작사가 금릉인의 생애와 작품 세계」, 『한국민요학』제32집, 한국민요학회, 2011.
조성국, 「유도순 시 연구」, 『서강어문』제7집, 서강어문학회, 1990.
한국고음반연구회 편, 『유성기음반 가사집』4, 민속원, 1994.

이하윤
애상과 슬픔의 정조를 표현하다

이하윤
(한국유성기음반 아카이브)

Ⅰ. 머리말

해외문학연구회와 시문학파의 동인으로 활동하였던 이하윤(異河潤: 1906~1974)은 1930년대 대중음악과도 밀접한 관련이 있다. 그는 1933년 부터 대중가요 작사와 제작 문제에 관한 글을 『동아일보』등에 여러 차례 실었고, 1935년 9월부터 1937년 9월까지 약 2년 간 콜럼비아 음반회사의 문예부장을 지냈다.[1] 게다가 1933년부터 대중가요 작사에 참여하여 1941년까지 목록에서 확인되는 것만으로도 약 176곡의 대중가요를 작사하였다. 작품 수로는 일제강점기의 대표적인 작사자였던 조명암과 박영호에 이어 3위를 차지할 정도로 많은 수의 작품을 창작하였던 것이다.[2]

그럼에도 불구하고 이하윤의 대중가요에 대한 관심과 연구는 미비하였다. 「이하윤의 가요시와 유성기 음반」[3]이라는 논문이 유일하나 이하윤 작품 자체의 특징을 밝힌 것이 아니고 목록에서 누락된 작품도 있다. 주지하다시피 일제강점기의 작사자들은 문인 출신이 많고 대중가요 가사를

---

[1] 「레코드가수 고갈 시대」, 『조광』 1935년 12월호; 연포 이하윤 선생 화갑기념논 문집발간위원회 편, 『연포 이하윤선생 화갑기념논문집』, 진수당, 1966, 6쪽.
[2] 일제강점기에 활동한 대표적인 작사자는 장유정, 『오빠는 풍각쟁이야-대중가요로 본 근대의 풍경』, 민음 in, 2006, 65~67쪽을 참고할 수 있다. 한편, 위의 책에서는 이하윤의 작품수를 160곡이라고 하였으나 음반에 수록하지 않은 미취입곡까지 합하면 이하윤이 작사한 작품은 총 176곡이다.
[3] 구인모, 「이하윤의 가요시와 유성기 음반」, 『한국근대문학연구』 제18호, 한국근대문학회, 2008.

일종의 '시(詩)'로 인식하기도 하였다. 오늘날에 작사자와 시인이 구별되는 것과 달리 당시에는 시인이나 극작가가 대중가요를 작사하였다. 이하윤 역시 자신의 시집인 『물레방아』4에 부록으로 「가요시초(歌謠詩抄)」를 수록하고 있어 대중가요 가사를 일종의 '시'로 인식하였음을 알 수 있다. 그러면서도 이하윤이 '가요시'만 모아서 별도로 구성한 것은 가요시를 일반적인 시와 구별하고자 한 의식을 반영한다.

시이지만 시와는 다른 시, 노래로 부르는 시인 '가요시'를 분석하는 방법은 일반적인 시를 분석하는 방법과 다를 수밖에 없다. 특히 그것이 노래로 불렸다는 것을 참작하면 갈래와 음악적인 특성에 대한 고려가 필요하다. 그러면서도 작품 자체에 대한 분석은 문학적인 분석 방법을 적용하지 않을 수 없다.

이에 본고에서는 이하윤 가요시의 전반적인 모습을 살펴보고 작품을 중심으로 주제 양상을 검토할 것이다. 마지막 장에서는 이하윤 작품의 문학적인 특성을 살펴보기로 한다. 이러한 작업을 통해서 이하윤 작품의 전체적인 윤곽과 특성이 드러날 것이다.

II. 작품의 개관 및 전반적 특성

목록에서 확인할 수 있는 이하윤의 가요시는 총 176편이다. 이 수치는 음반으로 취입한 160편과 음반으로 취입하지는 않았으나 「가요시초」에 수록되어 있는 16편을 합친 것이다.5 이하윤은 이하윤이라는 자신의 이름

---

4 이하윤, 『물레방아』, 청색지사, 1939.
5 미취입곡이라고는 하나 현재 유성기 음반 목록집 자체가 완전한 것이 아니라서 이후에 취입곡이 늘어날 확률이 있다. 본고에서 참고한 유성기 음반 목록집은

을 사용하여 주로 작사를 하였으나 김백오, 김열운, 천우학이라는 예명을 사용하기도 하였다.

김백오라는 예명으로는 20곡 정도를 작사하였는데, 콜럼비아사에서 1936년과 1937년에 주로 사용하였다. 천우학이라는 예명으로도 약 20곡 정도를 작사하였으며, 콜럼비아 회사의 대중반인 '리갈' 음반 취입 곡에서 사용하였다. 김열운이라는 예명을 사용한 곡은 1937년에 콜럼비아사에서 취입한 〈잊지는 않으시겠죠〉 한 곡 뿐이다. 다행히 같은 가사가 「가요시초」에도 수록되어 있어서 김열운이 이하윤의 예명이란 것을 확인할 수 있었다.

다음으로 이하윤 작품의 음악적 갈래를 살펴보기로 한다. 목록에서 확인할 수 있는 176곡 중에서 미취입곡으로 추정되는 16곡을 제외한 나머지 160곡의 곡종은 유행가6 135곡, 신민요 14곡, 만요(漫謠) 2곡, 시국가 2곡, 재즈송 2곡, 신가요 2곡, 가요곡 1곡, 블루스 1곡, 곡종을 알 수 없는 곡이 1곡이다. 광복 이전까지 발매된 대중가요 음반에서 '유행가'가 차지하였던 비중이 워낙 압도적이기는 했지만 이하윤 스스로 유행가를 염두에 두면서 작사를 한 것으로 보인다.

김복희가 부른 〈애상곡〉이 인기를 얻은 후에 이 노래의 작사자인 이하윤을 면담한 내용에 따르면, 당시 대중가요 창작할 때 작사가 먼저 이루어진 후에 작곡을 하였다고 한다.7 작사가 작곡보다 먼저 이루어졌고 갈

한국정신문화연구원 편, 『한국유성기음반총목록』, 민속원, 1998; 김점도 편, 『유성기 음반 총람 자료집』, 신나라레코드, 2000; 이준희 개인 유행가 목록이다.
6 음악적 갈래명으로서의 '유행가'는 우리가 오늘날 통상적으로 알고 있는 '트로트'에 해당한다. 그러나 당시에는 트로트라는 용어 자체가 없었고 '유행가' 전부를 트로트라 하기에는 주저되는 측면이 있다. 본고에서는 논의의 객관성을 위해 당시에 사용되었던 '유행가'라는 용어를 그대로 사용하고자 한다.
7 「거리의 꾀꼬리인 십대가수를 내보낸 작곡·작사가의 고심기」, 『삼천리』 1935년 11

래별로 가사의 구성이나 전개 방식이 차이를 드러내는 바,[8] 이하윤은 애초부터 '유행가'를 염두에 두면서 작사를 했다고 할 수 있다.

예를 들어서 신민요를 작사할 때는 주로 기존 민요의 후렴을 그대로 사용하거나 변형시켜서 활용한다. "에헤루야 에헤루야"(〈가슴에 지는 꽃〉), "에헤에 에헤에"(〈명승의 사계〉), "아리랑 우지마라 아리랑"(〈아리랑 우지마라〉), "어랑 어랑 어랑 월계화야 좋구 좋다"(〈그리운 월계화〉), "얼시구 절시구나 지화자 사랑이로다"(〈환락의 농촌〉) 등이 그러한 예이다.

이에 반해서 유행가를 작사할 때는 각 절이 내용구(verse)로만 전개되고 후렴을 사용하더라도 의미 있는 말로 이루어진 후렴구를 사용한다. 따라서 작사가들은 작사를 시작하기 전부터 노래의 갈래를 염두에 두게 된다. 그리고 이하윤은 주로 '유행가'의 작사에 집중하였다.

이하윤이 작사한 작품 중 취입한 곡의 수를 연도별로 제시하면, 1934년에 17곡, 1935년에 19곡, 1936년에 46곡, 1937년에 49곡, 1938년에 13곡, 1939년에 13곡, 1940년에 2곡을 발매하였다. 이준희의 개인 목록에 따르면 1933년 빅타에서 〈눈물 어린 그림자〉[9]가 가장 먼저 발매되었다고 한다. 하지만 현재까지 작곡자 이름과 음반 번호가 누락되어 있어 단정하기는 어렵다.

가장 많은 작품을 발표한 1936년과 1937년은 이하윤이 콜럼비아 회사의 문예부장으로 있었던 시기이기도 하다. 1933년부터 유행가의 작사와

월호

8 일제강점기 대중가요의 갈래 및 특성은 장유정, 앞의 책, 84~89·198~342쪽을 참고할 수 있다.
9 이준희는 자신의 목록에서 〈눈물 어린 그림자〉를 〈눈물에 어린 그림자〉라고 표기하였으나, 「가요시초」와 『삼천리』 1935년 1월호에는 〈눈물 어린 그림자〉로 표기되어 있다. 본고에서는 「가요시초」와 『삼천리』에 적시된 대로 〈눈물 어린 그림자〉라 표기하기로 한다.

제작에 관한 글을 여러 차례 발표하였던 이하윤은 자신의 유행가 제작에 대한 신념 등을 실제 작사와 음반 제작을 통해 실현하고자 했던 것으로 보인다. 특히 그는 작사할 때 '에'와 '의'의 구별과 같은 조사의 사용을 위시한 올바른 어법의 사용을 강조하였다.[10]

목록에서 확인되는 이하윤의 작품 176곡 중에서 음원이 남아 있는 곡은 약 26곡이고[11] 가사를 찾을 수 있는 곡은 162곡이다. 가사는 일제강점기에 발매된 유성기 음반에 첨부된 가사지를 영인한 『유성기 음반 가사집』 1권에서 7권[12]과 이하윤의 시집 『물레방아』에 부록으로 수록된 「가요시초」를 참고하였다. 또한 음원만 남아 있는 곡은 노래를 들으며 가사를 채록하였다. 162곡의 가사는 결코 적은 수가 아니며, 이것만으로도 충분히 이하윤이 작사한 대중가요의 전반적인 모습과 특성을 추출할 수 있을 것이다.

---

10 이하윤, 「유행가 작사 문제」, 『동아일보』(1933년 9월 22일, 1933년 9월 23일, 1933년 9월 24일). 이 외에 이하윤이 쓴 대중가요 관련 글로는 이하윤, 「신민요와 민요 시인」, 『동아일보』(1934년 8월 10일); 「유행가요곡의 제작 문제」, 『동아일보』(1934년 4월 2일, 1934년 4월 3일, 1934년 4월 5일); 「레코드와 라디오고」, 『중앙』(조선중앙일보사, 1935년 3월); 「아로에 방황하는 대중가요」, 『가정지우』 21호(조선금융연합회, 1939년 6월호)가 있다.
11 지금까지 확인된 음원의 수치는 26곡이나 이후에 음원이 더 발견되면 수치는 바뀔 수 있다.
12 한국고음반연구회 편, 『유성기음반가사집』 Ⅰ(민속원, 1990); 한국고음반연구회 편, 『유성기음반가사집』 Ⅱ, 민속원, 1990; 한국고음반연구회 편, 『유성기음반가사집』 3, 민속원, 1992; 한국고음반연구회 편, 『유성기음반 가사집』 4, 민속원, 1994; 최동현·임명진 편, 『유성기음반 가사집』 5, 민속원, 2003; 최동현·임명진 편, 『유성기음반 가사집』 6, 민속원, 2003; 이준희·장유정 편, 『유성기음반 가사집』 7, 민속원, 2008.

III. 주제의 구현 양상

이하윤 작품의 주제 구현 양상을 구체적으로 살펴보기에 앞서 어휘빈도수에 따른 결과를 제시하면 다음과 같다.

임(님)(149회)/ 눈물(147회)/ 가슴(119회)/ 그립다(119회)/ 울다(115회)/ 밤(105회)/ 그(관형사)(97회)/ 사랑(77회) 이(관형사)72회/ 노래(66회)/ 속(65회)/ 길(55회)/ 마음(55회)/ 가다(54회)/ 소리(52회)/ 부르다(46회)/ 외롭다(46회)/ 날(42회)/ 바람(40회)/ 오다(40회)/ 고향(39회)/ 달(38회)/ 몸(38회)/ 바다(35회)/ 한숨(35회)/ 꿈(34회)/ 그림자(31회)/ 말(30회)/ 저(관형사)(29회)/ 하다(29회)/ 배(28회)/ 흐르다(28회)/ 오늘(27회)/ 산(26회)/ 우리(26회)/ 그대(25회)/ 희망(25회)/ 물결(24회)/ 업다(24회)/ 처녀(23회)/ 불(22회)/ 신세(22회)/ 즐겁다(22회)/ 안다(21회)/ 기다리다(20회)/ 보다(20회)/ 새(20회)/ 서럽다(20회)/ 생각(19회)/ 거리(18회)/ 바라보다(18회)/ 포구(18회)/ 항구(18회)/ 구름(17회)/ 너(17회)/ 넘다(17회)/ 눈(71회)/ 때(17회)/ 봄(17회)/ 비(17회)/ 얼골(얼굴)(17회)/ 저녁(17회)/ 젊다(17회)/ 청춘(17회)/ 추억(17회)/ 푸르다(17회)/ 하늘(17회)/ 도라지(16회)/ 믿다(16회)/ 별(16회)/ 시절(16회)/ 언덕(16회)/ 잇다(16회)/ 언덕(16회)/ 더욱(15회)/ 손(15회)/ 울음(15회)/ 짓다(15회)/ 갈매기(14회)/ 타다(14회)/ 광야(14회)/ 나그네(14회)/ 두다(14회)/ 떠나다(14회)/ 버리다(14회)/ 아득하다(14회)/ 언제(14회)/ 오늘밤(14회)/ 이슬(14회)/ 남다(13회)/ 당신(13회)/ 듣다(13회)/ 잡다(13회)/ 피리(13회)/ 되다(12회)/ 등(12회)/ 라라라(12회)/ 물(12회)/ 새다(12회)/ 아침(12회)/ 한(12회)/ 겨울(11회)/ 그리다(11회)/ 누구(11회)/ 만나다(11회)/ 맘(11회)/ 세상(11회)/ 쉬다(11번)/ 안개(11회)/ 유성기(11회)/ 잠(11회)/ 지내다(11회)/ 참다(11회)/ 춤(11회)/ 피(11회)/ 꽃(10회)/ 나오다(10회)/ 말다(10회)/ 모르다(10회)/ 무심(10회)/ 사막(10회)/ 웃음(10회)/ 젖다(10회)지다(10회)/ 추다(10회)

위의 어휘빈도수는 이하윤 노랫말에서 10회 이상 나오는 어휘들을 그 빈도수가 많은 것부터 제시한 것이다. 기본적으로 애상성을 추구한 김억이나 유도순의 노랫말 어휘빈도수와 공통적인 것이 많다. '임'과 '눈물'이 높은 빈도수를 차지한 것에서 이를 확인할 수 있다.

하지만 그러면서도 이하윤의 경우, 동사를 다양하게 많이 사용한 것이 특징적이다. 사물의 동작이나 작용을 나타내는 품사인 동사는 기본적으로 '움직임'을 지향한다. 그렇다면 이하윤 노랫말의 특징은 '고정'이 아닌 '이동(유동)', '멈춤'이 아닌 '움직임'을 추구하는 데 있다고 할 수 있다.

이는 단순히 가다·오다·울다·부르다·떠나다·버리다·흐르다·추다와 같은 동사의 사용에서만 드러나는 특징이 아니다. 동사를 제외한 다른 어휘에서도 이동과 움직임을 포착할 수 있다. 노래·소리·바람·바다·물결·비·울음·피리·라라라·물·유성기·웃음 등의 어휘에서도 이동과 움직임을 느낄 수 있다.

이러한 어휘들은 크게 소리와 물이 주는 이미지로 나누어 볼 수 있는데, 바다·물결·비·물 등이 물을 대표한다면, 노래·소리·피리·라라라·유성기·웃음은 소리를 대표하는 어휘이다. 이 중에서 '울음'은 소리와 물이 주는 이미지를 복합적으로 지니고 있는 어휘인데, 만약 소리 없는 울음이라면 소리보다 물에 가깝다 할 수 있다. 요컨대, 이하윤 노랫말의 어휘빈도수에서 나타나는 특징은 그것이 움직임과 연결되고 그 움직임은 소리와 물로 대표된다고 할 수 있다.

다음으로 이하윤의 작품을 이성, 인생, 자연, 시국 등의 주제 항목을 설정해서 수치로 제시하면 다음과 같다.

〈이하윤 대중가요의 주제 양상 및 비율〉

구분 \ 주제	이성	인생	자연	기타	시국	계
사설 수	108	49	2	1	2	162
비율(%)	66.6%	30.4%	1.2%	0.6%	1.2%	100%

이하윤의 작품에서는 이성 관련 작품이 전체 작품의 66.6%로 가장 많은 수를 차지하였다. 이어서 인생 관련 작품이 49편으로 전체 작품의 30.4%를 차지하였고, 자연과 시국 관련 작품이 각각 2편으로 전체 작품의 1.2%, 기타가 1편으로 0.6%를 차지하였다. 자연 관련 작품은 〈명승의 사계〉와 〈유람 타령〉으로 모두 신민요이며, '자연 예찬'을 그 주제로 하고 있다.

시국 관련 작품은 〈승전의 쾌보〉와 〈총후의 기원〉이다. 일제의 군국주의 침략 전쟁에 부응하기 위한 목적으로 만들어진 이러한 노래들은 노골적이고 선동적인 어휘로 인해 당시 대중의 호응을 얻지 못하였다.13 '기타'에 해당하는 작품으로는 〈그 곡조〉가 있다.

  불너도 보기전에 목소린 쉬고
  아뢰어 보기전에 줄에 녹쓰니
  울엉찬 목소리로 불러 보려든
  고흔줄 골나잡아 타보려 하든
  그곡조 인제다시 드를길 업네

  다시는 드를길이 바이 업서도
  그곡조 잇지말고 익혀야 하리
  녹쓴줄 울닐때가 잇슬 것이오

....
13 「전시하의 레코드 계 현상」, 『조광』 1943년 5월호.

쉰목도 틔울날이 머지 안흐니
그곡조 잇지말고 익혀야 하네

⟨그 곡조⟩(유행가, 이하윤 작사, 임벽계 작곡,
김용환 노래, 포리돌, 1935년)[14]

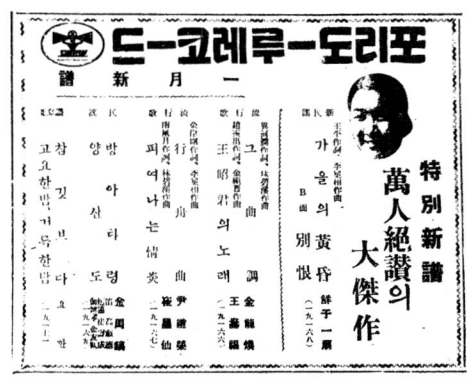

⟨그 곡조⟩ 광고(『조선일보』 1934년 12월 14일)

'곡조를 잊지 말자'는 내용의 ⟨그 곡조⟩는 인생, 이성, 자연 그 어디에도 포함시키기 어려워 '기타' 항목에 넣었다. 그런데 이 작품에서 '곡조'의 의미가 심상치 않다. 구체적으로 어떤 곡조인지는 모르겠으나 지금은 부르거나 연주할 수 없는 곡조임에는 틀림없다. 중요한 것은 지금 그 곡조를 부르거나 연주하지 못하더라도 언젠가는 연주하고 노래할 날이 있으니 그 곡조를 잊지 말고 익혀야 한다는 것이다.

단정할 수는 없으나 '그 곡조'를 민족의 노래로 보는 것이 결코 부당한 해석은 아닐 것이다.[15] 가야금이나 거문고 같은 우리나라 고유의 현악기

---

14 가사의 띄어쓰기와 표기는 「가요시초」와 '유성기 음반 가사지'의 원문을 따랐음을 밝혀둔다.
15 이하윤의 작품 중에서 ⟨그 곡조⟩처럼 민족적인 의미로 해석이 가능한 작품은

를 연상시키는 표현과 지금은 들을 길이 없으나 잊지 말고 익혀야 하는 곡조는 민족의 음악으로 볼 여지가 충분한 것이다. 그러므로 이하윤이 「가요시초」의 가장 첫 번째 작품으로 〈그 곡조〉를 배치한 것은 우연이 아닐 것이다.

'이성' 다음으로 높은 비율을 보여준 '인생' 관련 노래는 대부분 '방랑 의식'을 전제로 하고 있다. 대부분 떠도는 화자가 신세 한탄을 하거나 고향을 그리워하는 내용으로 이루어져 있다. 〈포구의 회포〉, 〈내 눈물 가엾어〉, 〈탄식의 노래〉 등이 화자의 신세 한탄으로 이루어졌다면, 〈광야의 달밤〉, 〈달빛 어린 사막〉, 〈마음의 고향〉, 〈추억의 불면조〉 등은 고향을 그리워하는 화자의 모습을 담고 있다.

한편, 이하윤 작품의 주제 양상을 동시대에 활동하였던 다른 작사자 박노홍의 그것과 비교하면 '이성', '인생', '자연'의 항목이 유사하게 나타나는 것을 알 수 있다.16 즉 박노홍의 작품과 마찬가지로 이하윤의 작품에서도 자연 관련 노래가 상대적으로 적게 나타난 것이다. 하지만 이성 관련 노래를 소 항목으로 분류한 수치는 박노홍 노랫말과 이하윤 노랫말에서 다르게 나타났다.

〈서울의 밤〉과 〈다듬이 소리〉이다.
16 참고로 박노홍 작품의 전체 주제 양상과 비율은 다음과 같다.

구분 주제	이성	인생	자연	기타	계
사설수	82	39	4	2	127
비율(%)	64.6%	30.7%	3.1%	1.6%	100%

⟨이하윤 작품 이성 관련 대중가요의 소주제 양상과 비율⟩

구분 \ 주제	사랑	이별	그리움	계
사설 수	15	27	66	108
비율(%)	14%	25.%	61.%	100%

⟨박노홍 작품 이성 관련 대중가요의 소주제 양상과 비율⟩[17]

구분 \ 소주제	사랑	이별	그리움	계
사설 수	23	28	31	82
비율(%)	28%	34.2%	37.8%	100%

위에 제시한 표에 나타난 것처럼 이성 관련 노래는 '사랑', '이별', '그리움'으로 세분화할 수 있다. 사랑 노래가 주로 사랑의 기쁨 내지는 사랑 전의 설렘 등을 그리고 있다면, 이별 노래는 이별 상황을 묘사하고 있다. 마지막으로 그리움을 주제로 한 노래는 떠나간 임을 그리워하는 내용으로 이루어져 있다. 이하윤의 작품에는 이별과 그리움이 동시에 나타난 작품이 있는데, ⟨눈물 어린 그림자⟩가 그러한 예이다.

   안개속에 아득히 무치려는 배
   포구에서 바라보며 눈물 지든밤
   그날밤에 구진비만 아니 왓서도
   가슴속에 쓰린못은 안백혓슬걸

   안가겟다 두세번 밤만 먹엇지
   해질녁만 되여오면 포구에 나서

---

[17] 위의 글, 160쪽.

> 하눌까에 맛다흔 바다를 보며
> 안타까운 이하로를 또 보냅니다
> 엇지하랴 그시절 안 니치는걸
> 안개속에 무처서 비를 마즈며
> 어 지도 모를길 떠나버린님
> 눈물어린 그림자가 그립습니다
> 〈눈물 어린 그림자〉

　전체 3절로 이루어진 〈눈물 어린 그림자〉는 1절에서 화자가 이별 상황을 회상하고 이어서 2절과 3절에서는 떠나간 임을 그리워하는 내용으로 이루어져 있다. 이처럼 이하윤의 작품 중에는 이별 상황의 회상과 이별한 임을 그리워하는 내용이 함께 나타나는 작품이 있다. 그러나 이러한 경우에도 화자의 주된 정조는 '이별'하는 순간의 느낌이나 정서가 아니라 과거의 이별에서 유발된 현재의 '그리움'에 있다고 할 수 있다. 오히려 이별 상황에 대한 회상은 임에 대한 화자의 그리움을 촉발하는 구실을 하는 것이다. 그 때문에 이 작품은 '그리움'의 항목에 귀속시켰다.

　이하윤이 작사한 이성 관련 작품 중에서 그리움을 표현한 노래가 61%로 가장 높은 비율을 차지하였다. 그 다음이 이별 상황을 묘사한 작품이 25%, 사랑의 기쁨을 표현한 작품이 13%를 차지하였다. 이는 박노홍의 이성 관련 작품에서 사랑, 이별, 그리움을 그린 작품의 비율이 각각 28%, 34.2%, 37.8%로 비슷한 수치를 드러낸 것과 비교된다.

　결국 이하윤은 이성 관련 작품 중에서도 그리움을 그리고 있는 노래에 치중하여 작품을 창작하였던 것이다. 상실과 부재를 전제로 하는 '그리움'은 충족되지 않은 상태에서 발생하기 때문에 애상이나 슬픔의 정조와 자연스럽게 연결된다. 이하윤의 작품이 대체로 우울한 열기를 발산하는 것은 그의 작품 대부분이 '그리움'을 표현한 것과 무관하지 않을 것이다. 다음

장에서는 이하윤의 작품에 나타나는 문학적인 특성을 살펴보기로 한다.

Ⅳ. 가사의 문학적 특징

이하윤의 작품을 살펴보면 몇 가지 특징이 나타난다. 이는 '물의 부정적인 이미지'와 '청각 이미지의 환기', 그리고 '자연 상관물의 활용'으로 나누어서 구체적으로 살펴볼 수 있다. 이는 앞서 언급한 노랫말의 어휘빈도수와 조응한다. 먼저, '물의 부정적인 이미지'부터 살펴보기로 한다.

1. 물의 부정적인 이미지

이하윤의 작품 중에는 물의 이미지를 사용한 것이 많다. 이러한 물의 이미지는 '바다', '눈물', '비', '술' 등으로 형상화되어 나타난다. 특히 '눈물'은 이하윤의 작품 중에서 가장 많은 빈도수를 차지할 정도로 빈번하게 나타나는 어휘이기도 하다. 물이 일반적으로 생명력, 성스러움으로의 정화, 영원한 삶의 흐름 등을 내포하는 것에[18] 반해, 이하윤의 작품에서는 물이 대체로 부정적인 이미지를 내포하였다.

> 연긔만 두고가는 저기 저 배엔
> 눈물을 흘니며 눈물을 흘니며 우는 님이여
> 써나는 님을 써나는 님을
> 보도 못하고
> 한마듸 말슴조차 못햇슴니다

---
18 이상오, 『한국 현대시의 상상력과 자연』, 역락, 2006, 271쪽.

포구에 홀로남은 외로운 몸은
눈물을 씨스며 눈물을 씨스며 짓는 이 한숨
써나신 님이 써나신 님이
그저 그리워
얼골을 숙이고서 홀로 웁니다(미취입)

기약도 업것만은 남겨논 정은
쓰라린 가슴에 쓰라린 가슴에 다시 새로워
못 오신다면 못 오신다면
나도 갈 것을
오늘도 저녁 해만 넘어갑니다

〈포구에 우는 여자〉
(유행가, 이하윤 작사, 전기현 작곡, 유선원 노래, 콜럼비아, 1938년)

 이하윤의 작품 중에는 포구와 항구를 배경으로 한 노래가 많은데, 위에 인용한 〈포구에 우는 여자〉를 위시하여 〈애수의 포구〉, 〈포구의 회포〉, 〈정든 포구〉, 〈항구의 미련〉, 〈이별의 항구〉, 〈눈물의 항구〉, 〈항구는 슬퍼요〉, 〈항구의 이별〉 등이 그러한 예에 해당한다. 제목에서 짐작되는 것처럼 그 내용은 대체로 홀로 남은 화자의 신세 한탄이나 떠나간 임에 대한 원망과 그리움으로 이루어져 있다.
 이러한 작품들은 기본적으로 물의 이미지를 사용한다. 〈포구에 우는 여자〉는 임 실은 배가 떠나가는 바다의 이미지와 화자의 눈물이 중첩되면서 물의 이미지가 노래 전체를 지배하고 있다. 여기서 물의 이미지는 이별이나 슬픔과 연결되는 부정적인 의미로 사용되고 있다. 1절에서는 임과의 이별 상황을 묘사하고 있다. 임과의 이별이 안타깝고 슬프지만 화자는 떠나가는 임을 보지도 못하고 말도 한마디 하지 못한다. 슬픔을 표현할 수 있으면 오히려 다행이다. 슬픔이 지나치면 아예 아무 말도 할 수 없는 것이 인지상정이다. 극도의 슬픈 상황에서는 눈과 입이 닫히고 마는 것이다. 여자로 추정되는 작품 속의 화자도 떠나가는 임을 쳐다보지 못한 채 그저 눈물만 흘리고 있다.

2절과 3절에서는 포구에 홀로 남은 화자가 눈물을 흘리며 임을 그리워하는 모습이 그려진다. 그런데 물의 이미지를 사용한 이하윤의 작품에서는 공통적으로 떠나가는 임의 능동성과 남아서 임을 기다리는 화자의 수동성이 대비된다. 그리고 이러한 작품은 대체로 떠나가는 임을 남성으로, 남은 화자를 여성으로 그

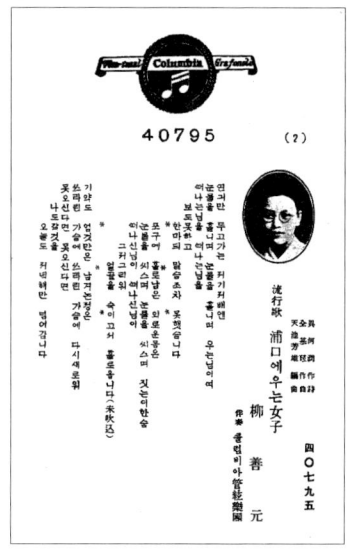

〈포구에 우는 여자〉 음반가사지

리고 있다. 떠나가는 임 앞에서 임을 보내야 하는 여성 화자는 대부분 아무 말도 하지 못한 채 눈물을 흘리며 임을 보내고 임이 떠나간 포구에서 그저 임을 그리워한다. 고전 문학 중 "여성 화자의 작품이 주로 이별, 홀로 있음, 기다림, 그리고 피동성을 드러낸다"[19]는 것이 이하윤의 작품에서도 재현되는 것이다.

이러한 여성 화자의 수동성과 비극성은 '눈물'로 표상된다. 특히 임이 배를 타고 바다 저편으로 떠났다는 점에서 바다는 이별의 상황을 극대화시키는 역할을 한다. 바다 저편은 육지와 달라서 아무 때나 갈 수 있는 곳이 아니다. 그 때문에 바다는 임과 화자의 거리감을 강화한다. 이런 상

---

19 김대행, 「문학의 화자와 여성」, 『고전문학과 여성화자, 그 글쓰기의 전략』, 월인, 2003, 18쪽.

황에서 화자가 할 수 있는 일은 별로 없다. 바다와 육지의 경계이자 임이 떠나간 곳인 포구에 나와서 그저 임을 그리워하며 눈물을 흘릴 뿐이다.

임을 데리고 간 야속하고도 부정적인 이미지로서의 물은 다음의 작품에서도 마찬가지로 나타난다.

>꽃핀봄날 언덕에서 노래부를땐
>오래오래 계신다고 말슴하시고
>가을날이 고요한 이아침에는
>야속히도 써나시단 웬말슴이오
>
>이섬속에 우릴두고 가시는그대
>언덕에서 바라뵈는 배가미워서
>안보려고 몃번이나 맘먹고서도
>안개속에 무치도록 늣겨웁니다
>
>바닷가의 소나무는 머리숙이고
>사공노래 처량도한 저녁포구여
>갈매기쩨 우지즈며 날너다니고
>저언덕엔 섬색시들 그저웁니다
><섬 색시>(이하윤 작사, 김준영 작곡, 정일경 노래, 콜럼비아, 1934년)

위의 작품에서도 부정적인 물의 이미지가 '바다'와 '눈물'로 표상된다. 또한 <포구에 우는 여자>와 마찬가지로 여성 화자의 수동성이 나타난다. <섬 색시>의 화자로 설정된 '섬 색시'는 떠나가는 임 대신에 그저 임을 싣고 떠나가는 배가 밉다고 말하고 눈물을 흘릴 뿐이다. 사실상 섬은 다른 육지와도 떨어져 있는 바다 한 가운데의 공간이기 때문에 그 고립감이 한층 강화된다. 이처럼 이하윤이 작사한 일련의 작품에는 물의 이미지가 부정적으로 표현되었고 여성 화자의 수동성이 나타났다.

그런데 이러한 부정적인 물의 이미지와 수동적인 여성 화자의 모습은 새로운 것이 아니다. 고대가요인 〈공무도하가〉에서부터 지속적으로 나타나고 있기 때문이다. 백수 광부가 강을 건너다가 빠져 죽자 그의 아내가 이를 한탄하면서 불렀다는 〈공무도하가〉에서도 이별보다 더한 '죽음'을 상징하는 물의 이미지와 수동적인 여성의 모습이 나타나고 있다. 결국 이하윤의 작품들은 〈공무도하가〉에서 나타나는 전통적인 물의 이미지와 수동적인 여성 화자의 모습을 계승하였다고 볼 수 있다.

〈섬색시〉 광고(한국유성기음반 아카이브)

그리고 물의 부정적인 이미지와 수동적인 여성 화자의 모습은 이후 대중가요에도 종종 나타난다. 대표적인 작품이 심수봉이 부른 〈남자는 배 여자는 항구〉일 것이다. 이 작품은 떠나가는 남자의 능동성을 '배'로 표현하였고, 보내주고 기다리는 여자의 수동성을 '항구'로 표현한 것이다. 그러면서도 〈남자는 배 여자는 항구〉의 여성 화자는 이하윤의 작품에 나타나는 여성 화자보다 영특하다. "아주 가는 사람이 약속은 왜 해"냐며 임을 원망하고 바다만 바라보며 임을 기다리다가 "남자는 다 그래"라며 체념해 버리는 것이다. 이전 가요에서 보이던 지고지순한 여성 화자의 모습이 후대에 변형되었다고 할 수 있다.

2. 청각이미지의 환기

이하윤 작품의 두 번째 특징으로는 청각이미지를 다양하고도 빈번하게 사용하는 것을 들 수 있다. 청각이미지를 환기하는 구체적인 시어는 '노래', '종소리', '휘파람', '개구리 소리', '기적 소리', '풀피리', '조수 소리', '기타 소리' 등이다. '개구리 소리'와 '조수 소리'처럼 자연이 내는 소리에서부터 '휘파람'이나 '기타 소리'처럼 인간이 내는 소리까지 다양한 소리가 이하윤의 작품에 등장한다. 〈첫사랑의 꿈〉에서처럼 '물소리'와 '새소리'가 사랑의 노래로 설정된 경우가 없는 것은 아니나, 이하윤 작품에 나오는 다양한 소리는 주로 애상과 슬픔의 정조를 강화하는 기제로 활용되고 있다.

> 왔다가도 못 만나고 떠나는 이 몸
> 울며불며 외론 발길 돌렸습니다
> 밤은 깊고 <u>종소리</u>만 구슬픈 이 밤
> 아 울음이나 맘껏 울어볼까요
> 〈단장곡〉(유행가, 이하윤 작사, 전수린 작곡, 김복희 노래, 빅타, 1935년)
> (밑줄은 인용자, 이하 동일)

> 마차야 날 태우고 어듸까지 가려나
> 저 하눌 끗업서 그려보는 내 고향
> <u>휘파람</u> 구슲흐다 누가 날 울니나
> 항구의 밤거리엔 불빗도 조네
> 〈항구의 애수〉(유행가, 김백오 작사, 김준영 작곡,
> 강홍식 노래, 콜럼비아, 1936년)

〈단장곡〉의 1절에 등장한 '종소리'와 〈항구의 애수〉 3절에 나온 '휘파

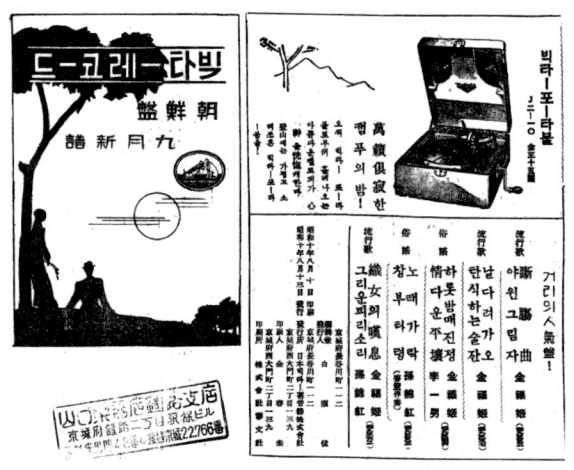

〈단장곡〉 광고(한국유성기음반 아카이브)

람' 소리는 모두 애상과 슬픔의 정조를 강화하는 기제이다. 사실상 소리 자체가 어떤 정감을 자아낸다고 보기는 어렵다. 그 소리를 듣는 화자의 마음 상태에 따라서 달리 들리게 마련이다. 〈단장곡〉의 화자는 지금 임을 만나러 왔다가 만나지 못하고 돌아가는 길이다. 그런 화자에게 때마침 한밤의 정적을 깨고 들려오는 '종소리'는 구슬프게 들릴 수밖에 없다. 그래서 화자는 구슬픈 종소리를 들으며 맘껏 울어보겠다고 하는 것이다.

〈항구의 애수〉도 마찬가지다. 고향을 떠나온 화자는 지금 이역에서 마차를 타고 이동 중이다. 비마저 내리는 항구에서 어디론가 떠나는 화자에게 들려오는 휘파람 소리는 화자의 애간장을 끊는 소리가 아닐 수 없다.

이처럼 이하윤의 작품에 등장하는 소리는 대부분 애상과 슬픔의 정조를 강화하는 구실을 한다. 단순히 시각적인 것보다 시각이미지에 청각이미지가 더해졌을 때 그 가사가 유발하는 정서적 효과는 배가 된다. 이하윤은 특히 청각이미지에 주목하였는데, 이러한 청각이미지는 작품의 음악성을 높이는 구실을 하기도 한다.

    그런가 하면, 이하윤은 '노래'라는 어휘를 매우 빈번하게 사용하였다. 그의 작품에 나오는 노래는 크게 '위로의 노래'와 '사랑의 노래'로 나눌 수 있다. 〈춘야소곡〉, 〈무너진 오작교〉, 〈비 나리는 밤〉, 〈꿈길 언덕〉, 〈강산의 신록〉, 〈방랑의 일야몽〉, 〈광야의 달밤〉, 〈십 년이 어젠 듯〉에 등장하는 노래가 주로 슬픔과 그 슬픔을 어루만져주는 '위로의 노래'라면, 〈동트는 대지〉, 〈즐거워라 이 내 청춘〉, 〈청춘의 개가〉, 〈청춘녹원〉, 〈연애설계도〉, 〈청춘명랑보〉, 〈창공의 별 둘〉에 나오는 노래는 기쁨과 즐거움의 노래이자 사랑의 노래이다.

    별빛도 어렴풋한 봄날 저녁에
    바람은 감기는 듯 숨여듭니다
    먼하눌 바라보며 눈물 짓는밤
    정다운 봄바람을 한아름 안고
    꿈속에 그리운님 맛나려가네

    멀니서 들녀오는 처량한 노래
    끈허진 마디마디 애태움니다
    가늘고 고흔음성 늙겨 우는밤
    바람은 빰을싯고 지나가것만
    그노래 임자만은 알길이 업네

    저 노래 뼈속까지 숨여드러서
    젊은이 타는가슴 울녀줍니다
    한만은 젊은시절 울어새는 밤
    떨니는 멜로듸에 귀를 기우려
    한숨에 젓는가슴 어루만지네

                                    〈춘야소곡〉(「가요시초」, 133~134쪽)

꼿 피고 새가 우는 들에서
그대와 속삭이니 즐거워
라라라 라라 라라라
라라라 라라 라라라
나지나 밤이 되나 사랑의 노래

사랑에 타오르는 희망이
썰니는 이 가슴에 찻스니
라라라 라라 라라라
라라라 라라 라라라
꿈에나 생시이나 즐거운 청춘

비 오는 창밋해도 그림자
달밝은 거리에도 그림자
라라라 라라 라라라
라라라 라라 라라라
반가운 눈물 속에 깁허가는 밤

〈연애설계도〉
(유행가, 이하윤 작사, 손목인 작곡, 박세환 노래, 콜럼비아, 1937년)

　제목에 이미 '노래'가 들어가 있는 〈춘야소곡〉에 등장하는 '노래'는 화자의 마음을 울려주는 위로의 노래이다. 봄밤에 어디선가 들려오는 처량한 노래 소리가 임을 그리워하는 화자의 마음을 울려준다. 누가 부르는지조차 알 수 없지만 봄날 저녁을 수놓는 '고운 음성'은 화자의 뼛속까지 스며 들어서 화자의 가슴을 어루만져 주는 것이다.
　이하윤의 작품에서 '노래'는 추억을 상기시키는 '옛 노래'(〈광야의 달밤〉)이며, 애상과 슬픔의 '설운 노래'(〈십 년이 어젠 듯〉)이다. 그러나 단순히 서럽기만 한 것은 아니다. 슬플 때 듣거나 부르는 '설운 노래'는 위

〈연애설계도〉 음반가사지

안이며 위로가 될 수 있다. 마치 〈춘야소곡〉에 등장하는 노래가 화자의 가슴을 어루만져 주듯이 우리는 슬픈 노래를 듣고 부르며 많은 위로와 위안을 얻는 것이다.

한편, 〈연애설계도〉를 위시한 일련의 작품에 등장하는 '노래'는 기쁨의 노래이자 사랑의 노래이다. 이하윤의 작품에서 밝고 명랑한 분위기를 보여주는 노래가 많은 것은 아니나, 대체로 이런 분위기의 노래는 '청춘'과 연관이 있다. '청춘'이 담보하고 있는 역동성이 '노래'를 통해 더욱 강조된다. 사랑에 빠진 연인에게는 이 세상 모든 것이 희망 가득한 장밋빛으로 보인다. 그 때문에 "라라라"가 절로 나오는 것이다. 〈연애설계도〉에서도 "라라라"와 같은 의성어와 더불어 노래의 청각이미지가 강조되면서 노래가 전체적으로 밝고 명랑한 분위기를 연출하고 있다.

3. 자연 상관물의 활용

이하윤의 작품에 등장하는 대표적인 자연 상관물로는 '새'를 들 수 있는데, 새 중에서도 '갈매기'나 '물새'처럼 '물'과 관련된 새가 자주 등장하였다. '갈매기'와 같은 바닷새가 빈번하게 출현한 것은 이하윤의 작품이 주로 포구와 항구 같은 바다 근처를 배경으로 하기 있기 때문이다. 그리고 이러한 새들은 객관적인 상관물이 아니라 화자의 감정이 이입된 대상으로 존재한다.

갈매기 바다에서
울지 말고 날어라
써나간 님의얼골 그리움을 못닉여
오늘도 물에써서 해를보내네

바다에 미련두고
돌아서는 이발길
시달닌 가슴이라 등불조차 외로워
래일도 바다에가 기다리오리

끗업시 가신님을
기다리니 서러워
노저어 하로해를 바다에서 보내면
갈매기 울음소리 더욱처량해

〈시달린 가슴〉
(유행가, 이하윤 작사, 고관유이 작곡, 채규엽 노래, 콜럼비아, 1936년)

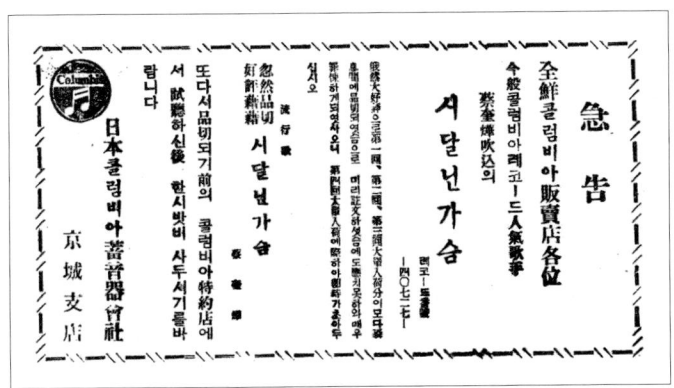

〈시달린 가슴〉 광고(『조선일보』 1936년 12월 1일)

그저 날고 있는 갈매기에게 "울지 말고 날라"고 명령하는 말로 시작하는 〈시달린 가슴〉에는 임을 잃고 그리워하는 화자가 등장한다. 앞서 살펴보았던 다른 작품들과 마찬가지로 이 작품 속의 화자도 떠나가는 임을 그저 그리워만 하는 수동적인 화자이다. 이 화자가 하는 일이란 매일 배를 타고 바다에 나가 임을 기다릴 뿐이다. 그런 화자에게 있어서 갈매기의 울음소리는 처량하게 들릴 뿐이다. 그 때문에 갈매기를 향해 "울지 말고 날라"고 말하는 것이다. 사실상, 갈매기는 그저 울뿐이고 그것을 기쁨 혹은 슬픔으로 받아들이는 것은 그 소리를 듣는 사람의 마음 상태에 따라 달라진다. 임을 잃고 서러운 화자에게 있어서 갈매기의 울음소리는 처량하고도 슬픈 소리가 아닐 수 없다.

새 외에 자주 등장하는 자연 상관물로는 '달(달빛)'과 '별(별빛)'을 들 수 있다. 달과 별이 등장한다는 것은 작품의 시간적 배경이 '밤'이라는 것을 의미한다. 이하윤 작품 중에는 실제로 '밤'을 배경으로 한 작품이 많다. 밤에는 그 어둡고 깜깜함으로 인해서 낙관보다는 비관적인 생각들이 떠오르기 쉽다. 광야를 헤매는 나그네와 임을 잃고 임을 기다리는 서러운 화자에게 세상은 온통 밤처럼 어둡기만 하다. 그러한 밤을 밝혀주는 것이 '달'과 '별'이다. 〈애수의 해변〉이나 〈애상곡〉에 등장하는 달과 별은 '희미하여' 제 구실을 한다고 보기 어렵지만 다음의 작품에 나오는 '별'은 지향점 내지는 안내자로서의 역할을 한다.

  가이 업시 넓은 사막에 해는 저 밤이 될때
  모래 우에 약대그림자 어듸로 가랴는가
  (후렴) 님을그리는 그 곡조를 또 한번 부르며 울고 가리
  달이 쓰면 눈물 흐르는 그 서름 참을 길 업네

  사막에는 길도 업구나 별 짤아 가고가자

노래 불러 밤을 샛노라 눈물에 젓지 말고

사막에서 달을 안은 채 눈물로 날이 새면
노래 업는 아츰이엇만 하눌도 무심하다

〈사막의 눈물〉
(유행가, 김백오 작사, 김준영 작곡, 김초운 노래, 콜럼비아, 1936년)

〈사막의 눈물〉 속 화자는 지금 사막에 있다. 아득히 크고 넓은 사막은 황량하고 메마른 땅이다. 게다가 그런 사막에 밤마저 오면 그곳의 화자는 더 큰 두려움과 외로움을 느낄 수밖에 없다. 그런 화자가 의지 삼아 걷는 것은 밤하늘의 '별'이다. 일제강점기 대중가요 중에는 당시의 시대적 배경 때문에 '사막'이 노래에 등장하는 경우가 종종 있다.[20] 이하윤이 작사한 〈사막의 눈물〉에서도 나그네 신세인 화자의 비극적인 상황을 강조하는 배경으로 사막이 등장하였다. 눈물을 흘리고 노래를 부르며 끝없는 길을 가는 화자에게 유일한 희망은 '별'이다. 이처럼 〈사막의 눈물〉에서 '별'은 외롭고 서러운 화자에게 희망이자 위안의 기제로 존재하는 것이다.

V. 맺음말

이상으로 이하윤이 작사한 작품의 전반적인 모습과 특성을 살펴보았다. 2장과 3장에서는 이하윤이 작사한 작품의 음악 갈래와 주제 양상을 고찰하였다. 이하윤이 작사한 작품은 목록에서 확인되는 것만 176곡이며, 이 중에서 가사를 찾을 수 있는 곡은 162곡이었다. 162곡을 주제별로 살

---

[20] 일제강점기 대중가요에 나타난 '사막'에 대해서는 장유정, 앞의 책, 2006, 316~319쪽을 참고할 수 있다.

펴보면, 이성, 인생, 자연, 시국 관련 작품의 순으로 나타나는 것을 알 수 있다. 이 중에서 가장 많은 수를 차지한 이성 관련 작품은 임이 부재한 상황에서 임에 대한 그리움을 표현한 노래가 가장 많았고, 이별 관련 노래와 사랑 관련 노래가 뒤를 이었다.

4장에서는 이하윤의 작품에서 나타나는 특징을 '물의 부정적인 이미지', '청각이미지의 환기', '자연 상관물의 활용'으로 나누어서 고찰하였다. 작품에서 '물'의 이미지는 눈물, 바다, 비, 술 등의 시어로 형상화 되어 나타났다. 이때의 물은 애상과 슬픔의 정조를 표현하기 위해 사용된 부정적인 이미지의 물이라고 할 수 있다. 특히 떠나가는 남성의 능동성과 그를 기다리는 여성의 수동성을 대비해서 보여주었다. 그리고 이러한 설정은 〈공무도하가〉와 같은 고대가요에서 이후 시기의 〈남자는 배 여자는 항구〉에까지 이어지는 전통적이면서도 익숙한 설정이라고 할 수 있다.

또한 이하윤의 작품 중에는 '청각이미지'를 환기하는 시어로 노래, 종소리, 휘파람 소리, 개구리 소리, 기타 소리 등이 나타났다. 청춘의 역동성과 연결되어 기쁨과 사랑의 노래가 없는 것은 아니나, 이하윤 작품 속의 '노래'는 슬픔과 그 슬픔을 위로해 주는 역할을 하였다. 마지막으로 '자연상관물'로는 갈매기와 같은 바닷새가 화자의 감정이 이입된 대상으로 등장하였고 밤을 배경으로 한 작품이 많아서 '달'과 '별'이 빈번하게 등장하는 것을 확인할 수 있었다.

이상에서 살펴본 이하윤 작품의 특성은 '비극적 낭만성(melancholy)'이라고 규정할 수 있다. 이하윤 작품의 전체를 지배하는 애상과 슬픔의 정조는 바로 '비극적 낭만성'에서 연유하는 것이다. 그런데 대중가요에서는 작가의 의도 못지않게 독자가 해석한 의의가 중요하다. 이하윤이 작사한 작품이 음악을 만나 노래로 불리는 순간 개인의 노래가 집단의 노래로 확장되는 것이다. 이하윤의 작품을 지배하고 있는 이별, 방랑, 그리움도 단순히 개인의 정감만은 아니다. 비록 화자의 고백적인 언술로 이루어져 있을지라도 그것이 노래도 불리면 집단의 정감으로 확장된다.

뇌와 음악의 관계를 책으로 풀어낸 신경과 전문의 올리버 색스에 의하면, "어떤 음악은 고통과 슬픔을 더욱 강렬하게 안겨주지만 동시에 위안과 위로도 안겨준다"[21]고 한다. 이하윤의 작품을 지배하는 특성이 '비극적 낭만성'이라고 해서 그의 작품이 지니고 있는 가치가 떨어지는 것은 아니다. 사람들은 기쁨을 나눌 때보다 슬픔을 함께 할 때 더 많은 공감대를 느낀다. 이하윤의 작품에 흐르는 애상과 슬픔의 정조는 상호주관성(inter-subjectivity)을 높여주는 구실을 한다. 타인이 나와 동일한 느낌과 감정을 지니고 있다는 것은 커다란 위로가 아닐 수 없다. 대중가요의 핵심은 바로 여기에 있으며 이하윤의 작품은 '비극적 낭만성'을 통해 상호주관성을 높였다고 볼 수 있다.

* 이 글은 장유정, 「이하윤 대중가요 가사의 양성과 특성 고찰」, 『한국민요학』28집, 한국민요학, 2010을 수정·보완한 것이다.

[21] 올리버 색스 지음, 장호연 옮김, 『뮤지코필리아』, 알마, 2008, 419쪽.

:: 참고문헌

『가정지우』, 『동아일보』, 『삼천리』, 『조광』, 『중앙』
구인모, 「이하윤의 가요시와 유성기 음반」, 『한국근대문학연구』 제18호, 한국근
 대문학회, 2008.
김대행, 「문학의 화자와 여성」, 『고전문학과 여성화자, 그 글쓰기의 전략』, 월
 인, 2003.
연포 이하윤 선생 화갑기념논문집발간위원회 편, 『연포 이하윤선생 화갑기념논
 문집』, 진수당, 1966.
이상오, 『한국 현대시의 상상력과 자연』, 역락, 2006.
이준희·장유정, 『유성기음반 가사집』 7, 민속원, 2008.
이하윤, 『물레방아』, 청색지사, 1939.
장유정, 「박노홍 대중가요 가사의 양상과 구조 연구」, 『대중음악』 3호, 한국대
 중음악학회, 2009.
장유정, 『오빠는 풍각쟁이야-대중가요로 본 근대의 풍경』, 민음in, 2006.
최동현·임명진 편, 『유성기음반 가사집』 5, 민속원, 2003.
최동현·임명진 편, 『유성기음반 가사집』 6, 민속원, 2003.
한국고음반연구회 편, 『유성기음반 가사집』 3, 민속원, 1992.
한국고음반연구회 편, 『유성기음반 가사집』 4, 민속원, 1994.
한국고음반연구회·민속원 공편, 『유성기음반가사집』 I, 민속원, 1990.
한국고음반연구회·민속원 공편, 『유성기음반가사집』 II, 민속원, 1990.
올리버 색스 지음, 장호연 옮김, 『뮤지코필리아』, 알마, 2008.

〈부록 : 이하윤 작품 목록〉

제목	곡종	발매연월	작사	작곡	편곡	가수	음반 상표	음반번호	음원
가두의 피에로	유행가	3710	이하윤		문예부	정찬주	콜롬비아	40784A	
가세요 가세요	유행가	3806	천우학	이영근	복부양일	함국심	리갈	C442B	
가슴만 타지요	만요	3407	이하윤	김교성		강석연, 최남용	빅타	49286B	
가슴에 지는 꽃	신민요	3702	이하윤	전기현	오산정길	김인숙	콜롬비아	40747A	
가슴에 타는 불꽃	유행가	3701	김백오	김준영	김준영	채규엽	콜롬비아	40736B	
가시면 어제 오시랴	신민요	3607	이하윤	홍수일	김준영	안명옥	콜롬비아	40688B	
강산의 신록	유행가	3704	이하윤	전기현	전기현	강홍식	콜롬비아	40752B	
거울은 좋은 시절	유행가	3712	이하윤		문예부	박세환	콜롬비아	40791A	
고도의 추억	유행가	3502	이하윤	전기현	인목타희웅	임헌익	콜롬비아	40583A	
고도의 탄식	유행가	3501	이하윤	전수린		강석연	빅타	49329B	
고향 잃은 갈매기	신민요	3510	이하윤	전우영		손금홍	빅타	49376B	
고향 하늘	유행가	3707	이하윤		문예부	김인숙	콜롬비아	40770B	
고향에 님을 두고	유행가	3601	이하윤	원야위이	인목타희웅	채규엽	콜롬비아	40654B	
공허에 지친 몸	유행가	3503	천우학	유일	중야성일	신카나리아	리갈	C253B	○
과거몽	유행가	3707	이하윤	강구야시	인목타희웅	함영애	콜롬비아	40766A	
광야의 달밤	유행가	3600	이하윤	탁성록	레이몬드복부	유종섭	콜롬비아	40703A	
광야의 황혼	유행가	3701	이하윤	강구야시	강구야시	채규엽	콜롬비아	40744A	○
광야행마차	유행가	3711	이하윤		문예부	유종섭	콜롬비아	40787A	
귀여운 눈동자	유행가	3705	이하윤	강구야시	강구야시	김인숙	콜롬비아	40757B	
그 곡조	유행가	3501	이하윤	임벽계		김용환	포리돌	19166A	
그리운 그밤			이하윤					미취입	
그리운 노래	신민요	3612	이하윤	이영근	전기현	김인숙	콜롬비아	40734B	
그리운 월계화	유행가	3608	김백오	이승학	김준영	김인숙	콜롬비아	40696B	
꿈길언덕			이하윤					미취입	
꿈에 피엿든 꽃			이하윤					미취입	
꿈을 실은 배	가요곡	3610	김백오	김준영	김준영	전영길	콜롬비아	40718B	
끝없는 추억	유행가	3412	이하윤	이경주		최남용	빅타	49323A	
낙동강의 애상곡	신민요	3710	이하윤	탁성록	천지방웅	유종섭	콜롬비아	40782C	
남 모르는 도라지	신민요	3606	이하윤	레이몬드복부	레이몬드복부	장일타홍	리갈	C355B	

남자의 눈물	유행가	3801	이하윤	전기현	복부양일	박세환	콜롬비아	40796A	
남자의 사랑	유행가	3612	이하윤	지전불이남	오산정길	채규엽	콜롬비아	40727A	
남해의 황혼	유행가	3807	이하윤		문예부	채규엽	콜롬비아	40818B	
내 갈 길 어디메냐	유행가	3610	김백오	탁성록	김준영	유종섭	콜롬비아	40713A	
내 눈물 가엾어	유행가	3610	천우학	김기방	김기방	이정원	리갈	C387A	
농 속의 새라도	유행가	3812	천우학	강구야시	인목타희웅	김춘희	리갈	C464B	
눈 쌓인 달밤에			이하윤					미취입	
눈물 어린 그림자		3300	이하윤			강석연	빅타		
눈물 어린 등대	유행가	3703	이하윤	고관유이	오산정길	채규엽	콜롬비아	40752A	
눈물의 술잔	유행가	3611	김백오	김준영	김준영	강홍식	콜롬비아	40726A	
눈물의 편지	유행가	3502	천우학	이상춘	천지방웅	송영애	리갈	C244A	
눈물의 항구	유행가	3712	이하윤	탁성록	인목타희웅	유종섭	콜롬비아	40792A	
눈오는 밤	유행가	3412	이하윤	유일	오산정길	송영애	리갈	C229B	
님도 꿈이런가	유행가	3901	이하윤	전기현	오산정길	이옥란	콜롬비아	40842B	○
님맞이배	신민요	3406	이하윤	김교성		손금홍	빅타	49283A	
님의 그림자	유행가	3511	천우학	유일	중야정길	김옥경	리갈	C308A	
님의 향기	유행가	3510	이하윤	나소운		손금홍	빅타	49378A	
다드미 소리								미취입	
단장애곡	유행가	3706	이하윤	죽강신행	오산정길	유종섭	콜롬비아	40760A	
단장곡	유행가	3505	이하윤	전수린		김복희	빅타	49352A	○
달빛 어린 사막	유행가	3607	이하윤	강구야시	강구야시	채규엽	콜롬비아	40695B	○
당신은 나의 남편	유행가	3705	이하윤	강구야시	인목타희웅	함영애	콜롬비아	40761B	
덧없는 청춘	유행가	3802	이하윤		문예부	박세환	콜롬비아	40798A	
동무의 추억	유행가	3604	이하윤	가튼	오산정길	김안라	콜롬비아	40666B	○
동트는 대지	유행가	3906	이하윤	강구야시	인목타희웅	김영춘	콜롬비아	40857A	○
마음의 고향	유행가	3700	이하윤	김준영	김준영	강홍식	콜롬비아	40742A	
만주의 달	유행가	3701	이하윤	강구야시	강구야시	채규엽	콜롬비아	40735B	
말없이 간 님	유행가	3905	이하윤	이용준	천지방웅	남일연	콜롬비아	40858A	
망향곡			이하윤					미취입	
명승의 사계	신민요	3706	이하윤	김준영	김준영	강홍식, 김초운	콜롬비아	40762A	○
못 오실 님	유행가	3610	이하윤	전기현	전기현	안명옥	콜롬비아	40712A	

무너진 오작교	유행가	3809	이하윤		문예부	채규엽	콜롬비아	40827B	○
무정한 님	유행가	3906	이하윤	이용준	오산정길	남일연	콜롬비아	40856B	
물새야 왜 우느냐	유행가	3606	이하윤	죽강신행	오산정길	채규엽	콜롬비아	40685A	○
미안하외다	만요	3412	이하윤	김교성		강석연, 최남용	빅타	49324A	
방랑애곡	유행가	3611	이하윤	이영근	레이몬드복부	유종섭	콜롬비아	40720A	
방랑의 일야몽	유행가	3707	이하윤	이영근	복부양일	유종섭	콜롬비아	40776A	
뱃길천리	유행가	3606	김백오	이승학	전기현	장옥조	콜롬비아	40693B	
버드나무 그림자에	유행가	3610	김백오	김준영	김준영	김초운	콜롬비아	40719B	
북만주 황야	유행가	3712	이하윤		문예부	김인숙	콜롬비아	40791B	
북방소식	유행가	3701	이하윤	대촌능장	대촌능장	김인숙	콜롬비아	40744B	
비 내리는 밤1	유행가	3407	이하윤	김교성		이은파	빅타	49288B	
비내리는 밤2			이하윤				미취입		
비련			이하윤				미취입		
비에 젖은 정화	유행가	3805	이하윤		문예부	유종섭	콜롬비아	40809B	○
비오는 밤	블루스	3907	이하윤	이용준	인목타희웅	강남주	콜롬비아	40860B	
사랑은 바람 타고	유행가	3903	천우학	강구야시	인목타희웅	함국절	리갈	C469A	
사랑을 믿지 마라	유행가	3611	김백오	전기현	전기현	김인숙	콜롬비아	40720B	○
사랑의 달	유행가	3702	이하윤	레이몬드복부	레이몬드복부	채규엽	콜롬비아	40748B	
사랑의 트로이카	유행가	3701	이하윤	강구야시	강구야시	채규엽	콜롬비아	40736A	
사막의 눈물	유행가	3607	김백오	김준영	김준영	김초운	콜롬비아	40702B	
사향루	유행가	3506	이하윤	김교성		김복희	빅타	49356A	
산 넘어 그리운 님	유행가	3411	이하윤	이면상		임헌익	콜롬비아	40560A	
산골시악시			이하윤				미취입		
산은 부른다	유행가	3705	이하윤	좌등길오랑	오산정길	채규엽	콜롬비아	40757A	
서러운 뱃길			이하윤				미취입		
서울의 밤	유행가	3707	이하윤	강구야시	인목타희웅	유종섭	콜롬비아	40773B	
서울의 삼경			이하윤				미취입		
섬색시	유행가	3405	이하윤	김준영	인목타희웅	정일경	콜롬비아	40506B	○
수일과 순애	유행가	3706	천우학	강구야시	인목타희웅	박윤선, 한화연	리갈	C402A	
수줍은 처녀	유행가	3508	이하윤			강석연	빅타	49369B	
승전의 쾌보	시국가	3801	이하윤	정진규	오산정길	박세환,	콜롬비아	40794B	○

제목	장르	번호	작사	작곡	편곡	가수	레이블	음반번호	비고
시달린 가슴	유행가	3612	이하윤	고관유이	오산정길	정찬주 채규엽	콜롬비아	40727B	
신혼풍경	유행가	3610	천우학	강구야시	인목타희웅	한화연	리갈	C409A	
실연비가	유행가	3702	이하윤	명본경정	오산정길	채규엽	콜롬비아	40748A	
십년이 어젠듯	유행가	3609	김백오	전기현	전기현	장옥조	콜롬비아	40703B	o
아리랑 우지 마라	신민요	3606	이하윤	레이몬드복부	레이몬드복부	장일타홍	리갈	C355A	
애달픈 피리	유행가	3509	이하윤	이경주		최남용	빅타	49374B	
애달픈 피리소리	유행가	3803	천우학	손목인	천지방웅	임원	리갈	C432B	
애상곡	유행가	3409	이하윤	전수린		김복희	빅타	49304A	o
애상의 청춘	유행가	3702	이하윤	강구야시	강구야시	김인숙, 채규엽	콜롬비아	40747B	
애수의 여로	유행가	3909	이하윤	문예부	문예부	강남주, 남일연	콜롬비아	40866B	
애수의 포구	유행가	3707	이하윤	탁성록	인목타희웅	김인숙	콜롬비아	40771B	
애수의 해변	유행가	3605	이하윤	고목청엽	레이몬드복부	장옥조	콜롬비아	40687B	o
어디로 가셨느냐	유행가	3610	천우학	유일	오산정길	한화연	리갈	C406B	
얼룩진 편지	유행가	3903	천우학	손목인	복부양일	유성엽	리갈	C469B	
연애설계도	유행가	3710	이하윤	손목인	복부양일	박세환	콜롬비아	40783A	
외로운 꿈	신민요	3805	천우학	유일	천지방웅	함국심	리갈	C439B	
용서하세요	유행가	3706	천우학	강구야시	오산정길	한화연	리갈	C402B	
우리 고향	신민요	3506	이하윤	전수린		김복희	빅타	49357B	
우리의 가을	유행가	3410	이하윤	김교성		김복희, 손금홍, 이은파, 최남용	빅타	49312B	
우중행인	유행가	3706	이하윤	죽강신행	오산정길	유종섭	콜롬비아	40760B	
울면서 기다리며	유행가	3610	김백오	태백산	레이몬드복부	전영길	콜롬비아	40712B	
울어라 푸른 하늘	유행가	3608	김백오	김준영	김준영	김인숙	콜롬비아	40705B	
울음은 한이 없네	유행가	3502	이하윤	전기현	오산정길	조금자	콜롬비아	40581A	
울음의 벗	유행가	3408	이하윤	전기현	레이몬드복부	전옥	콜롬비아	40528A	o
울지 마오	유행가	3408	이하윤	김교성		이은파	빅타	49303A	
울지 말고 가세요	유행가	3610	천우학	고관유이	레이몬드복부	미스리갈	리갈	C399A	
웃음 짓는 희망	유행가	3609	이하윤	강구야시	강구야시	미스터 콜롬비아	콜롬비아	40710B	

유람타령	신민요	3605	김백오		김준영	조병기	콜롬비아	40679A
유랑의 곡예사	유행가	3707	이하윤	탁성록	천지방웅	유종섭	콜롬비아	40767B
유랑의 마음	유행가	3505	천우학	김기방	중야정길	송영애	리갈	C266A
이렇게 되었답니다	유행가	3705	이하윤	죽강신행	오산정길	유종섭, 함영애	콜롬비아	40761A
이별애가			이하윤					미취입
이별의 눈물	유행가	3601	김백오	전기현	전기현	안명옥	콜롬비아	40743A
이별의 처녀	유행가	3710	이하윤	전우삼	오산정길	유선원	콜롬비아	40783B
이별의 항구	유행가	3708	이하윤		문예부	박세환	콜롬비아	40781A
이태리의 정원	째즈송	3609	이하윤	에르윈	인목타희웅	최승희	콜롬비아	40704A
일야몽	유행가	3512	이하윤	전기현	인목타희웅	전옥	콜롬비아	40649B
잃어진 청춘	유행가	3502	이하윤	안일과	레이몬드복부	김선초	콜롬비아	40584B
잊고 마세요	유행가	3611	김백오	이소웅	김준영	김인숙	콜롬비아	40728B
잊으시었나	유행가	3407	이하윤	김교성		손금홍	빅타	49288A
잊지는 않으시겠죠	유행가	3701	김열운	김준영	김준영	안명옥	콜롬비아	40737B
장장추야	유행가	3909	이하윤	이용준		김영춘	콜롬비아	40869B
적막한 꿈나라	유행가	3411	이하윤	박용수	중야정길	윤옥선	콜롬비아	40559B
젊은날 꿈이여	유행가	3608	이하윤	레이몬드복부	레이몬드복부	미스리갈	리갈	C350B
정든 포구	유행가	3610	천우학	탁성록	천지방웅	박윤선	리갈	C406A
정열의 탄식	유행가	3701	이하윤	죽강신행	죽강신행	채규엽	콜롬비아	40735A
조선타령	신민요	3405	이하윤	김용환		김용환, 왕수복, 윤건영	포리돌	19133A
종로행진곡	유행가	3412	이하윤	전수린		강석연	빅타	49323B
즐거워라 이 내 청춘	유행가	3707	이하윤	이영근	복부양일	유종섭	콜롬비아	40772B
창공의 별 둘	유행가	3711	이하윤		문예부	박세환	콜롬비아	40788A
찾지나 말지	유행가	3706	이하윤	전기현	천지방웅	김인숙	콜롬비아	40762B	○
처녀 열여덟엔	유행가	3405	천우학	이면상	인목타희웅	정일경	콜롬비아	40506A
처녀행진곡	유행가	3610	천우학	유일	오산정길	이정원	리갈	C382A
처량한 기타소리	유행가	3802	이하윤	손목인	복부양일	유선원	콜롬비아	40798B
첫사랑의 꿈	유행가	3607	김백오	김준영	김준영	강흥식, 장옥조	콜롬비아	40695C	○
청춘녹원	유행가	3707	이하윤		문예부	유종섭	콜롬비아	40778A
청춘마차	유행가	3908	이하윤	이용준	인목타희웅	김영춘	콜롬비아	40862A	○

청춘명랑보	유행가	3711	이하윤	전기현	인목타희웅	유선원	콜롬비아	40787B	
청춘의 개가	유행가	3707	이하윤		문예부	박세환	콜롬비아	40777A	
청춘의 고향			이하윤					미취입	
청춘일기	유행가	3609	이하윤	죽강신행	죽강신행	미스터 콜롬비아	콜롬비아	40710A	
청춘항로	신가요	4109	이하윤	윤남양	인목타희웅	김영춘	콜롬비아	40879B	○
총후의 기원	시국가	3712	이하윤	손목인	오산정길	박세환, 정찬주	콜롬비아	40793A	
추억의 불면조	유행가	3610	이하윤	전기현	전기현	강홍식	콜롬비아	40711A	○
추억의 손	유행가	3611	김백오	태백산	김준영	전영길	콜롬비아	40728A	
추억의 환영	유행가	3603	이하윤	강구야시	강구야시	채규엽	콜롬비아	40661A	
춘야소곡			이하윤					미취입	
탄식의 노래			이하윤					미취입	
탄식하는 밤	유행가	3501	이하윤	전기현	레이몬드복부	전옥	콜롬비아	40575B	
탄식하는 캐래반		3901	천우학	전기현		김춘희	리갈	C459B	
포구에 우는 여자	유행가	3801	이하윤	전기현	천지방웅	유선원	콜롬비아	40795A	
포구의 여자	신가요	4110	이하윤	남방춘	오산정길	김영춘	콜롬비아	40876B	
포구의 회포	유행가	3605	이하윤	탁성록	오산정길	채규엽	콜롬비아	40671A	
피거든 드리지요	유행가	3707	이하윤	지전불이남	천지방웅	유종섭	콜롬비아	40765A	
함께 가자우	유행가	3708	이하윤		문예부	정찬주	콜롬비아	40781B	
항구는 슬퍼요	유행가	3807	이하윤	형석기	천지방웅	김인숙	콜롬비아	40819B	
항구의 미련	유행가	3707	이하윤	김준영	천지방웅	김인숙	콜롬비아	40773B	
항구의 애수	유행가	3607	김백오	김준영	김준영	강홍식	콜롬비아	40702A	○
항구의 이별	유행가	3506	이하윤	레이몬드복부	레이몬드복부	안일파	콜롬비아	40618B	
향수	유행가	3700	김백오	태백산	김준영	전영길	콜롬비아	40743A	
향수의 무희	째즈송	3609	이하윤	최승희	인목타희웅	최승희	콜롬비아	40704B	
향수천리	유행가	3911	이하윤	이용준	인목타희웅	김영춘	콜롬비아	40870A	
환락의 농촌	신민요	3610	김백오	김준영	김준영	강홍식	콜롬비아	40719A	
희망의 별			이하윤					미취입	
희미한 달빛	유행가	3909	이하윤	이용준		김영춘	콜롬비아	40866B	

조명암
갈래에 따라 다른 정서를 지향하다

조영출(조명암)

Ⅰ. 머리말

'조명암'이라는 이름으로 더 잘 알려져 있는 조영출(1913~1993)은 광복 이전에 박영호와 더불어 매우 많은 수의 대중가요 가사를 작사한 광복 이전 대중가요계의 거두이다. 하지만 광복 이후, 월북(越北)을 한 그가 북한에서 교육문화성 부상(副相), 평양가무단 단장, 조선문학예술총동맹 중앙위원회 부위원장 등 비교적 높은 지위를 차지하면서 우리에게 그는 한동안 자의 반 타의 반으로 잊힌 인물이 되었었다. 그러다가 금지곡으로 묶여 있던 그의 노래들이 1987년에 다른 금지곡과 함께 해지되면서 우리 곁으로 돌아왔다. 이후, 1993년에 그가 북한에서 운명(殞命)하면서, 점차로 그와 그의 작품에 대한 정리와 평가가 우리나라에서도 조금씩 이루어졌다.

수년 동안 광복 이전에 활동한 작사가들의 생애와 작품을 연구해 온 필자에게 있어 조영출과 그의 작품은 꼭 한 번 검토할 자료로 남아 있었다. 박영호와 더불어 일제강점기에 매우 많은 수의 작품을 남겼기에, 그의 작품을 살펴보아야 당시 대중가요 가사의 전반적인 현황을 언급할 수 있었던 것이다. 다행히 우연한 기회에 몇 년 동안 조영출의 대중가요 가사를 수집하고 정리하는 작업을 수행하면서 조영출의 대중가요 가사를 살펴볼 수 있었다. 본고는 그 동안 작업한 결과를 소개하고 그의 가사에서 드러나는 특성을 살펴보는 것을 목적으로 한다.

현재 조영출의 대중가요 가사를 다룬 논문은 수적으로 매우 적은 편이다. 비교적 이른 시기에 조영출의 대중가요 가사에 대한 연구를 통해 조영출 작품의 대략적인 모습을 밝힌 김효정의 석사학위 논문[1]은 당시 대중가요의 연구 상황을 고려할 때 매우 뛰어난 논문이라고 할 수 있다. 이어서 『조명암 시선집』[2]을 펴낸 바 있는 이동순은 「조명암 문학의 복원과 그 의미」[3]라는 논문에서 조영출의 시와 대중가요 가사를 함께 다루어서 그 전모를 드러낸 바 있다. 하지만 그가 창작한 작품 수를 고려할 때, 그의 작품에 대한 연구는 아직 초기 단계라 할 수 있다.

기존에 조영출이 창작한 시와 더불어 그의 대중가요 가사를 수집하고 정리한 『조명암 시선집』이 있음에도 불구하고 조영출의 대중가요 가사를 다시 정리한 것은 그 사이에 그의 작품을 상당수 더 찾았기 때문이다. 또한 기존에 제시된 목록과 가사에서 상당한 오류가 발견되는 바, 이에 대한 수정과 보완 작업이 요청되었다. 그에 따라 2013년에 필자와 조명암 선생님의 사위이신 주경환 선생님이 함께 편찬한 『조영출 전집1-조명암의 대중가요』가 나오게 되었다.[4]

광복 이후에 조영출이 월북을 하고 그의 노래가 금지곡으로 묶이면서 한동안 그의 노래를 부르거나 들을 수 없었다. 이때 편법으로 그가 작사한 노래를 개사하여 부르는 일이 발생하였다. 특히 작사가 반야월은 '추미림'이라는 예명을 사용하여 조영출이 작사한 대중가요를 자주 개사하였다. 그렇게라도 조영출의 작품이 불렸다는 점에서 긍정적으로 평가할

---

1 김효정, 「일제강점기 조명암의 대중가요 가사 연구」, 영남대학교 석사논문, 2000.
2 이동순 편, 『조명암 시선집』, 선, 2003.
3 이동순, 「조명암 문학의 복원과 그 의미」, 『한민족어문학』42, 한민족어문학회, 2003.
4 장유정·주경환 편, 『조영출 전집1-조명암의 대중가요』, 소명출판, 2013은 조명암의 대중가요 가사를 집대성한 것이다. 하지만 이 책이 나오고 약 5년이 흐른 2018년 현재, 또 다시 일부 오류들을 발견했고 보완할 것도 생겼다. 이에 대해서는 다른 논고에서 다시 다루기로 한다.

수 있을지 모르나 연구자의 입장에서 원본의 훼손은 심각한 문제가 아닐 수 없다. 이번 조영출 대중가요 가사를 다시 수집하고 정리하면서 되도록 그가 애초에 작사한 원본을 살리는데 집중하였다. 완벽하지는 않을지라도 원본을 중심으로 가장 많은 수의 조영출의 작품을 직접 정리하면서 그의 작품에 좀 더 다가갈 수 있었다.[5]

이에 2장에서는 조영출 대중가요 가사의 현황을 짚어보고 전반적인 특징을 살펴보기로 한다. 이어서 3장에서는 조영출이 작사한 대중가요 가사의 양상과 특성을 구체적으로 알아볼 것이다. 이러한 작업을 통해 광복 이전 대중가요 작사가 중 가장 높은 위상을 차지한 조영출 작품의 전모가 드러날 것으로 기대한다.

II. 조영출 작사 대중가요의 현황

조영출은 대중가요 가사를 작사하면서 조영출이라는 본명 외에 약 4개의 예명을 사용하였다. 조명암, 금운탄, 이가실, 김다인이 그것이다. 이 중에서 김다인은 아직 그 존재가 정확하게 밝혀지지 않았다. 김다인의 존재와 관련된 기존의 설은 크게 네 가지가 있다. 첫째, 김다인이 조명암이라는 설, 둘째, 김다인이 박영호라는 설, 셋째, 김다인이 특정 인물이 아니라 문예부에서 공동으로 창작한 작품을 지칭할 때 사용했다는 설, 넷째, 김다인이 제 3의 인물이라는 설이 그것이다.

하지만 중요한 것은 조영출이 작사한 몇 작품이 김다인이 작사한 것으로도 소개되었다는 것이다. 즉 김다인이라는 이름으로 작사한 모든 작품

---

[5] 조영출의 작품이 워낙 방대해서 본고에서 그 목록을 제시하기가 불가능하다. 조영출 작품의 목록과 가사는 위의 책을 참고할 수 있다.

을 조영출로 볼 수 있는 증거는 부족하지만 동일한 작품을 김다인과 조영출이라는 이름으로 적시한 것으로 보아서 조영출이 김다인이라는 이름을 사용한 것은 사실이다.

예를 들어, 〈낙화유수〉의 작사자가 오케 신보 광고에서는 '김다인'으로, 『매일신보』 1942년 6월 3일자에는 '조명암'으로 기록되어 있다. 〈낙화유수〉 외에 〈인생선〉, 〈포구의 인사〉, 〈천리정처〉와 같은 곡에서도 조명암과 김다인이 혼용되고 있다. 따라서 이들 작품에서 김다인은 조명암을 지칭한다고 볼 수 있다.

각각 김다인과 조명암으로 표기된 〈낙화유수〉 광고

하지만 더 확실한 증거가 나올 때까지 김다인의 모든 작품을 조영출의 작품으로 보는 것은 보류하기로 한다. 왜냐하면 지금까지 김다인의 작품으로 찾은 작품이 약 95곡인데, 이 중 4곡 정도에서 김다인과 조명암이 동일인으로 나타난다 해서 나머지 90여 곡 전부를 조명암의 것으로 보는 것은 무리가 있기 때문이다. 또한 일제강점기에 가수로 활동했고 광복 이후 작사가로 활발한 활동을 했던 반야월 선생님은 생전에 '김다인'이 박영호라고 한 적이 있다고 한다. 그런가 하면 오리엔트 회사의 창립자이신 이병주 선생님과, 작곡가 손목인 선생님의 사모님이신 오정심 선생님은, 김다인을 제 3의 인물로 기억하였다.

비록 김다인이라 적시된 모든 대중가요 작품을 조영출의 작품이라고 단정하기에는 아직 더 많은 증거가 필요하지만, 일단 1946년 이후에 발간된 문헌에 적시된 '김다인'은 조명암으로 보인다. 왜냐 하면 조명암이 1948년에 월북한 것과 달리, 박영호는 1946년에 월북하였기 때문이다. 다시 말해, 조명암과 박영호가 모두 '김다인'이란 예명을 사용했을지라도, 박영호는 1946년에 월북했기 때문에 1946년 이후에 나온 '김다인'은 '박영호'일 수 없는 것이다. 그렇다면 1946년 이후 문헌에 나타나는 김다인은 조명암으로 볼 수 있는 여지가 많다.

그런가 하면 최근 연구에서 오케에서 사용한 김다인을 조명암으로, 태평과 콜럼비아에서 사용한 김다인을 박영호로 본 것은 어느 정도 일리가 있다.[6] 반야월 선생님이 생전에 증언한 바에 따르면, 오케와 태평은 라이벌 관계에 있었고 예술가들이 서로 접촉조차 못하게 했다고 한다. 이런 정황을 염두에 둘 때, 김다인이 오케 회사와 태평 회사에서 모두 작품을 내었다고 보기는 어렵다. '김다인'이란 예명을 어떻게 공동으로 사용하게 되었는지는 현재로서는 알 수 없으나, 당시 전속 제도를 염두에 둘 때, 오케 음반회사의 김다인은 조명암, 태평 음반회사의 김다인을 박영호로 볼 여지가 있다.

하지만 오케의 김다인을 조명암으로, 태평의 김다인을 박영호로 본다

---

[6] 이준희, 「누가 김다인인가?」, 『대중음악』10호, 한국대중음악학회, 2012, 143-145쪽.

하더라도 기존 연구에서 콜럼비아의 김다인마저 박영호로 본 것은 무리가 있다. 단순히 연도만으로 콜럼비아와 오케의 김다인을 구분하는 것은 근거가 빈약하기 때문이다. 게다가 이는 애초에 근거로 내세운 '전속 제도' 운운과도 맞지 않게 된다.

『동아일보』 1991년 11월 2일자에 '신파극 작가 김다인'이라는 제목의 라디오 프로그램을 소개하는 기사가 실려 있다. '소리 100년 생활 100년'이란 프로그램에서 '개화기의 신파 작가 김다인에 대해 알아보고 그의 활약상을 조명한다'고 적혀 있는 것이다. 지금으로서는 방송 내용을 확인할 수 없으나 적어도 이 프로그램에서는 김다인을 조명암이나 박영호 중의 한 사람으로 간주한 것 같지는 않아 보인다.

생전에 반야월 선생님은 "조명암의 작품은 가늘고 여성적인 경향을 띠고 박영호의 작품은 선이 굵다"[7]고 평한 바 있다. 따라서 김다인의 작품만을 분석해서 그 작품 경향을 추출하고 이를 조영출과 박영호의 작품과 비교한다면 김다인의 정체를 밝힐 수 있는 단서를 찾을 수 있을 지도 모른다. 현재 김다인이라는 이름으로 작사한 작품 중 95곡의 목록을 작성하고 64곡의 가사를 확보하였으나, 분량 등의 이유로 본고에서 직접적으로 다루지 못하였다. 앞으로 김다인의 작품에 대한 고찰이 필요하리라 본다. 일단 본고에서는 김다인이라는 이름으로 작사된 약 95곡을 분석 대상에서 제외하기로 한다.[8]

김다인이라는 이름으로 작사한 95곡을 제외하면 조영출이라는 이름으로 7곡, 금운탄이라는 이름으로 48곡, 이가실이라는 이름으로 44곡, 그리

---

7 반야월,『불효자는 웁니다-반야월 회고록-』, 도서출판 화원, 2005, 111쪽.
8 비록 본고에서는 김다인의 작품을 분석 대상에서 제외했지만, 이후에 김다인 작품만을 대상으로 논문을 작성할 필요가 있다. 가사의 특성을 도출하는 과정에서 김다인의 작품이 조영출과 박영호의 작품과 같고 다른 점이 드러날 수 있고, 이러한 작업을 통해 김다인의 정체도 드러날 수 있기 때문이다.

고 마지막으로 조명암이라는 이름으로 작사한 422곡을 찾을 수 있다. 이로써 광복 이전에 조영출이 작사한 대중가요 521곡의 목록을 정리할 수 있었다. 이는 『조명암 시선집』9에서 제시한, 조영출 작품 6곡, 금운탄 작품 30곡, 이가실 작품 36곡, 그리고 조명암 작품이라고 목록에 제시한 334곡을 모두 합친 406곡보다 115곡 정도의 목록을 더 찾은 것이다.

그러면 각 예명별로 노래의 전반적인 특징을 살펴보기로 한다. 먼저 조영출이라는 이름으로 작사한 노래로는 7곡의 목록을 정리했고, 이 중에서 3곡의 노래 가사를 찾았다. 주로 1934년과 1935년에 포리돌 회사에서 발매한 노래에 '조영출'이라는 이름을 사용한 것을 확인하였다. 1934년은 조영출이 처음으로 대중가요 작사를 시작했던 해이기도 하다. 그러므로 조영출은 처음에 자신의 본명을 사용해서 대중가요 가사를 창작했다고 볼 수 있다. 조영출이라는 이름으로 작사한 곡을 보면 재즈송, 유행가, 신민요가 모두 나타나고 있다. 조영출이라는 이름으로 작사한 작품이 워낙 적기도 하지만 이들 노래들의 갈래별 편향성은 드러나지 않는다.

다음으로 금운탄이라는 예명도 주로 포리돌 회사에서 음반을 발매할 때 사용한 예명이라는 것을 알 수 있다. 뉴코리아에서 발매된 〈창파에 가시는 님〉을 제외한 47곡이 모두 포리돌 회사에서 나왔기 때문이다. 총 48곡의 목록에서 가사를 찾은 곡은 17곡이다. 항간에 금운탄을 김운탄으로 표기하기도 하였으나, 조영출 선생님의 유족의 증언에 따르면 '금운탄'으로 표기하는 것이 맞다 한다. 이는 조영출과 함께 봉명 학교의 선후배로 지내던 설산 스님께서 말씀해주신 것이라 한다.10

---

9 이동순 편, 앞의 책, 624-641쪽.
10 조영출은 어린 나이에 아버지가 돌아가셨고, 석왕사로 출가한 어머니를 따라 건봉사로 출가하였다. 건봉사에서 운영하던 봉명학교를 다녔던 조영출은 만해 한용운의 추천으로 보성고등학교에 입학해서 졸업하였고, 이후 일본 와세다대학교 불문과를 졸업하였다.

연도별 작품 수를 보면, 1935년에 13편, 1936년에 15편, 1937년에 16편, 그리고 1938년에 4편의 작품을 금운탄이라는 이름으로 발표하였다. 그 곡종을 보면, 가요곡이 3편, 유행가가 26편, 서정민요가 1편, 신민요가 12편, 재즈송이 4편, 합창이 2편으로 나타났다. 연도별 작품 수를 보건대, 금운탄이라는 이름은 조영출의 대중가요 작사 인생 중 비교적 초기에 해당하는 1935년에서 1937년에 주로 사용되었다.

다음으로 이가실이라는 예명을 사용한 작품은 총 44곡이며, 이 중 41곡의 가사를 찾을 수 있었다. 이가실은 1940년 이후부터 주로 콜럼비아 회사에서 사용했는데, 그 구체적인 연도별 작품 수는 다음과 같다. 즉 1940년에 5편, 1941년에 17편, 1942년에 8편, 1943년에 13편, 1948년에 1곡으로 나타났다. 그 곡종별 작품 수를 보면, 신가요 27편, 유행가 16편, 대중가요 1편으로 나타났다. '대중가요'는 광복 이후에 나온 〈울어라 은방울〉에서 찾을 수 있고, 나머지는 대부분 신가요와 유행가임을 알 수 있다.[11]

마지막으로 조명암이라는 예명으로 발표한 작품은 총 422곡의 목록을 정리하였고, 이 중에서 237곡의 가사를 찾을 수 있었다. 그 연도별 작품 수를 보면, 1934년 1편, 1935년에 5편, 1936년에 3편, 1937년에 4편, 1938년에 48편, 1939년에 87편, 1940년에 78편, 1941년에 89편, 1942년에 62편, 1943년에 42편, 1944년에 2편, 1946년에 1편으로 나타났다. 연도별 작품 수를 볼 때, 조명암이라는 예명은 주로 1930년대 후반과 1940년대 초반에 사용되었다. 다음으로 곡종별 작품 수를 보면, 유행가가 241곡으로 가장 많고, 이어서 가요곡이 103곡, 신민요가 42곡, 만요 8곡, 주제가 9곡, 신가요 3곡, 민요 1곡, 신가곡 1곡, 경기잡가 3곡, 자서곡 1곡, 애국가 1곡, 블루스 1곡, 마지막으로 곡종을 알 수 없는 곡이 총 6곡으로 집계되었다.

....
11 '신가요'는 전시 체제 하에서 유행가를 대신했던 곡종명이다.

III. 조영출 대중가요 가사의 특성

앞 장에서는 조영출의 예명별 작품 수와 연도별 작품 수, 그리고 곡종별 작품 수 등을 살펴보았다. 이 장에서는 조영출 대중가요 가사에서 나타나는 특징을 살펴보기로 한다. 작품의 양상을 구체적인 양상을 살펴보기에 앞서 조영출 작품 속 어휘빈도수를 제시하면 다음과 같다.

사랑(190회)/ 내(나)(174회)/ 가다(161회)/ 눈물(154회)/ 밤(118회)/ 가슴(115회)/ 속(112회)/ 임(님)(106회)/ 길(88회)/ 고향(85회)/ 그립다(79회)/ 없다(78회)/ 꿈(77회)/ 마음(76회)/ 꽃(74회)/ 달(69회)/ 바다(67회)/ 넘다(64회)/ 피(63회)/ 날(58회)/ 거리(57회)/ 사람(57회)/ 한(57회)/ 부르다(56회)/ 청춘(52회)/ 바람(51회)/ 봄(51회)/ 하늘(51회)/ 어머님(어머니)(49회)/ 고개(48회)/ 구름(45회)/ 몸(45회)/ 있다(45회)/ 때(43회)/ 세상(43회)/ 어서(43회)/ 흐르다(43회)/ 보다(42회)/ 불(42회)/ 보내다(41회)/ 쓰다(41회)/ 푸르다(41회)/ 돈(40회)/ 눈(39회)/ 다시(39회)/ 빛(39회)/ 생각(38회)/ 하다(38회)/ 당신(37회)/ 울리다(37회)/ 떠나가다(36회)/ 말(36회)/ 웃다(36회)/ 항구(36회)/ 이별(35회)/ 흘러가다(34회)/ 관상(33회)/ 아래(33회)/ 모르다(32회)/ 어데(32회)/ 들다(31회)/ 떠나다(30회)/ 붉다(30회)/ 편지(30회)/ 소리(29회)/ 안(29회)/ 오늘(29회)/ 젊다(29회)/ 집(29회)/ 추억(29회)/ 얼굴(29회)/ 알다(27회)/ 물(26회)/ 곳(25회)/ 바라보다(25회)/ 손(25회)/ 남(24회)/ 누구(24회)/ 둥둥(24회)/ 머리(24회)/ 술(24회)/ 잊다(24회)/ 넘어가다(23회)/ 노새(23회)/ 많다(23회)/ 맹서(23회)/ 세월(23회)/ 피다(23회)/ 희망(23회)/ 말다(22회)/ 물결(22회)/ 아들(22회)/ 안다(22회)/ 잡다(22회)/ 배(21회)/ 여보(21회)/ 외롭다(21회)/ 맘(20회)/ 비(20회)/ 어린(20회)/ 옛날(20회)/ 정들다(20회)/ 죽다(20회)/ 치다(20회)/ 달리다(19회)/ 멀다(19회)/ 버리다(19회)/ 산(19회)/ 새(19회)/ 천리(19회)/ 해(19회)/ 기다리다(19회)/ 꾸다(19회)/ 못하다(19회)/ 사쿠라(18회)/ 살(18회)/ 서울(18회)/ 시절(18회)/ 돌다(17회)/ 목숨(17회)/ 목화(17회)/ 살

다(17회)/ 아이(17회)/ 안개(17회)/ 춤(17회)/ 무엇(16회)/ 부모(16회)/ 설움(16회)/ 언제나(16회)/ 옛(16회)/ 웃음(16회)/ 저녁(16회)/ 지다(16회)/ 치마(16회)/ 타향(16회)/ 놓다(16회)/ 맹세(15회)/ 무슨(15회)/ 별빛(15회)/ 사나이(15회)/ 수박(15회)/ 아버님(15회)/ 앞(15회)/ 위(15회)/ 좋다(15회)/ 타다(15회)/ 풀(15회) 헤매다(15회)/ 나그네(14회)/ 누님(14회)/ 뛰다(14회)/ 만나다(14회)/ 맺다(14회)/ 바치다(14회)/ 백년(14회)/ 봄날(14회)/ 아리랑(14회)/ 여름(14회)/ 옛사랑(14회)/ 저물다(14회)/ 처녀(14회)/ 행복(14회)/ 가을(13회)/ 날리다(13회)/ 돌아가다(13회)/ 둥글둥글(13회)/ 마을(13회)/ 목(13회)/ 물새(13회)/ 사정(13회)/ 얼다(13회)/ 젊은이(13회)/ 젖다(13회)/ 짓다(13회)/ 청춘(12회)/ 가세(12회)/ 강산(12회)/ 그늘(12회)/ 나라(12회)/ 나려온다(12회)/ 낙화(12회)/ 넘치다(12회)/ 되다(12회)/ 따르다(12회)/ 마소(122회)/ 받다(12회)/ 싸구려(12회)/ 아름답다(12회)/ 연기(12회)/ 읽다(12회)/ 찻집(12회)/ 창문(12회)/ 한숨(12회)/ 꿈꾸다(11회)/ 노다지(11회)/ 누가(11회)/ 땅(11회)/ 말씀(11회)/ 모래(11회)/ 묻다(11회)/ 믿다(11회)/ 뱃사공(11회)/ 사연(11회)/ 삽살개(11회)/ 싫다(11회)/ 알뜰(11회)/ 애달프다(11회)/ 우리(11회)/ 장사(11회)/ 정(11회)/ 탄식(11회)/ 풀다(11회)/ 꽃피다(10회)/ 끝(10회)/ 끝없이(10회)/ 나르다(10회)/ 마지막(10회)/ 밤거리(10회)/ 방울(10회)/ 손목(10회)/ 술잔(10회)/ 슬프다(10회)/ 원수(10회)/ 웬일(10회)/ 이름(10회)/ 임자(10회)/ 잠(10회)/ 지평선(10회)/ 죄(10회)/ 참(10회)/ 파도(10회)/ 하소연(10회)/ 혼자(10회)/ 휘파람(10회)/ 흔들다(10회)/ 이별(10회)

위에 제시한 어휘빈도수는 조영출의 노랫말에 10번 이상 나온 어휘를 제시한 것이다. 여타 작가들의 작품과 비교해서 상대적으로 10번 이상 나온 어휘가 많은 것을 알 수 있다. 이는 조영출이 다양한 어휘를 사용하기도 했지만 기본적으로 작사한 작품이 워낙 많기 때문에 그렇게 된 것이다.

그가 사용한 어휘들을 보면, 김억, 이하윤, 유도순 작품의 어휘와 유사하다는 것을 알 수 있다. 나·임·눈물·가다·가슴 등 나와 임과의 관계 속에서 내가 느끼는 애상적인 정서를 기본적으로 배태하고 있는 것이다. 말하자면, 이러한 어휘들이 당시 유행가(트로트)에 주로 사용된 어휘들이기 때문에 자주 나왔다고 할 수 있다.

그러면서도 다른 작가들의 작품과 비교해서 조명암 가사에만 나타나는 특징도 드러난다. 예를 들어, 가족 관계 호칭어가 그러한 예이다. 어머니(어머님)·아들·여보·부모·아버님·누님·임자 등이 노랫말에 등장하는데, 이는 여타 작가들의 작품에서는 크게 두드러지지 않았던 부분이다. 조명암은 가족이 등장하는 노랫말을 많이 지었는데, 그 때문에 가족 관계 호칭어도 빈번하게 나오게 되었다.12

그 외에 다양한 동사가 등장하는 것도 특징적이다. 이를 통해, 조영출이 노랫말을 창작할 때 다채로운 동사를 활용한 것을 알 수 있다. 또한 누구·어디·무엇 등처럼 잘 모를 때 막연하게 가리키는 대명사를 많이 사용하였다. 이러한 대명사는 문맥에 따라 다르게 해석할 여지가 있다. 다만 이런 대명사를 많이 사용했다는 것으로, 조명암이 '정체성'에 관심이 있었다는 것은 지적할 수 있다.

조영출이 광복 이전에 작사한 작품만 500여 곡이 넘는다. 워낙 방대한 양의 작품인지라 이를 몇 갈래로 분류하고 그 각각의 특징을 살펴보는 작업이 쉽지 않았다. 게다가 주지하다시피, 대중가요는 가사와 음악이 결합된 형태로 존재한다. 특정 작사자의 작품을 살펴볼 때, 일차적으로 그 가사 자체에 집중할 수밖에 없으나, 일반적인 시를 분석하듯이 대중가요 가사에서 문학적 형상화에 초점을 맞추는 것은 노랫말의 특성을 온전하게 드러내는 방법은 아닐 것이다.

시와 달리, 대중가요 가사는 노래로 불리는 것을 전제로 해서 창작되

---

12 조명암이 창작한 가족 관련 노랫말에 대해서는 작품 분석에서도 다시 언급할 것이다.

었기 때문에 음악적인 형식에 제약을 받게 된다. 그 때문에 상대적으로 시와 비교해서 정형적이고 단순할 수밖에 없다. 그렇다고 해서 그것이 대중가요 가사의 문학성을 떨어뜨리는 요인이라고 말하기는 어렵다. 정형적이고 단순한 가사가 아름다운 음악과 만나서 많은 이들의 공감을 받고 호응을 얻기도 하기 때문이다.

본고에서는 조영출이 작사한 대중가요 가사를 그 갈래에 따라 살펴보기로 한다. 물론 당시에 갈래 인식이 명확하였다고 보기 어렵다. 하지만 당시에도 갈래명을 다르게 사용했고, 갈래에 따라 그 가사의 모습이 달라지는 것도 사실이다. 당시의 대표적인 대중가요 갈래로는 유행가, 신민요, 만요, 재즈송이 있다.[13] 이 중에서 유행가는 오늘날 우리가 알고 있는 트로트와 더불어 당시에 유행했던 신식의 노래를 범박하게 지칭하는 용어로 사용되었다. 그 때문에 다른 갈래에 비해 월등히 많은 수를 차지하고 있기도 하다. 하지만 유행가로 지칭된 가사에서 몇 가지 특성을 추출할 수도 있다. 이에 본고에서는 각 갈래별 가사에서 나타나는 특징을 포착해서 제시하기로 한다. 이는 음악적인 양식을 고려한 상태에서 가사를 살펴보기 위한 방편이라 할 수 있다.

조영출이 작사한 모든 가사를 통틀어 볼 때, 재즈송 6곡, 만요 8곡으로 재즈송과 만요는 그다지 많지 않다고 할 수 있다. 하지만 '만요'의 경우, 곡종명에 '만요'를 적시하지 않았더라도 그 가사 내용에 풍자나 해학이 드러나는 곡이 더러 있다. 이에 반해 재즈송은 매우 적다. 물론 전체 대중가요에서 재즈송이란 곡종명을 달고 나온 노래들이 워낙 적기도 하다. 그와 동시에 조영출이 서양 대중음악의 영향을 받아서 출현한 재즈송에 별 관심을 두지 않았다고도 볼 수 있다.

---

13 일제강점기 갈래별 형성과 전개 과정에 대해서는 장유정, 『오빠는 풍각쟁이야-대중가요로 본 근대의 풍경』, 민음in, 2006을 참고할 수 있다.

다음으로 신민요는, 서정민요 1곡을 포함하여 약 56곡 정도를 찾을 수 있었다. 마지막으로 유행가는 약 287곡인데, 1940년대 들어서 가요곡과 신가요가 유행가라는 용어를 대신하였다. 따라서 가요곡 106곡과 신가요 30곡도 모두 유행가의 범주에서 다룰 수 있다. 그러므로 유행가는 총 423곡 정도를 작사했다고 할 수 있다.14

한편 가사를 살펴볼 때는 전통을 계승하는 측면과 근대에 새롭게 변모된 모습을 모두 고려하고자 한다. 대중가요가 근대와 근대 매체의 산물이라는 점에 주목할 때, 우리의 관심사는 그 대중가요 가사에서 지속적인 측면과 변모된 측면이 무엇인가 하는 점에 놓인다. 실제로 대중음악사에서 전통가요의 대중음악적인 수용과 변용 양상을 살펴보는 작업은 의미가 있을 것이다. 이는 대중음악을 연속적 개념에서 파악하려는 명제의 실현 과정이면서, 동시에 전통단절론이나 이식문화론을 실증적으로 극복하려는 노력의 일환이기 때문이다.

모든 문학 작품이 좋든 싫든 과거에 대한 의식 없이 쓰일 수 없고, 자각하든 자각하지 아니하든 전체 세계 문학사가 전통이라는 맥락 위에서 전개되듯이,15 대중음악사 또한 전통의 지속과 변모 과정 속에서 형성되고 전개된 것은 자명하다. 그러므로 중요한 것은 단절이냐 지속이냐의 이분법적 논란이 아니라 오랜 동안 축적되어 온 문화적 집적물에서 지속과 변화의 맥락들을 추출하고 이에 적극적으로 의미를 부여하는 일일 것이다.16

이에 본고에서도 조영출의 대중가요 가사에 나타나는 지속적인 측면(전통성)과 변모된 측면(근대성)을 갈래별 작품을 통해 살펴보기로 한다.

---

14 조영출이 창작한 가장 방대한 양의 작품을 수집하고 정리하였다고 하나, 여기서 제시한 수치도 완벽한 것은 아니다. 그렇더라도 구체적인 수치는 작품의 전반적인 양상을 이해하는데 도움이 될 것이다.
15 박노준 외, 『현대시의 전통과 창조』, 열화당, 1998, 10쪽.
16 위의 책, 89쪽.

수많은 전통적인 모습 중에서 어떤 것이 지속 또는 계승되었고, 그 의미가 무엇인지를 알아볼 필요가 있다. 마찬가지로 전통과 달리 새롭게 출현했거나 변모된 것이 무엇이고, 그것이 지니는 의미를 고찰할 필요가 있다. 이러한 작업을 통해 광복 이전 대중가요 가사 중 조영출이 작사한 대중가요 가사의 위상이 드러날 것이다.

1. 신민요에 나타나는 향토성

조영출이 작사한 신민요에서 기본적으로 언급할 수 있는 것은 '향토성'이라 할 수 있다. '향토성'이라 하면 보통 '토속적인 풍경'을 떠올릴 수 있다. 여기에 더해 '향토성'은 향토적인 소재와 정서, 그리고 미학을 아우르는 말로 사용할 수 있다. 그리고 기존의 민요나 잡가 등의 전통가요에서 내용과 형식을 차용했다면 여기서도 향토성을 지적할 수 있다.

당대 여타의 신민요가 그러했던 것처럼 조영출이 작사한 신민요에서도 기존 민요나 잡가의 후렴과 여음을 그대로 사용하거나 변용해서 사용한 것을 쉽게 볼 수 있다. 이는 그 자체로 향토적인 요소라 할 수 있다.

"에헤여/ 데헤여"(〈구십 리 고개〉)
"에여라차 에여라차"(〈금노다지 타령〉)
"얼시구 좃타 절시구나 홍"(〈금송아지 타령〉)
"에헤루여 데헤루여"(〈처녀제〉)
"아리살짝궁 웅 쓰리쓰리 웅"(〈가거라 초립동〉)
"당기당둥 둥둥 둥둥 당기당 둥둥 어럼마 얼싸 당기당둥"
(〈당기당 타령〉)
"두리둥둥 둥실둥실둥실 두리둥둥 둥실둥실둥실/
두리두리두리둥둥둥 성화로구나"(〈비둘기 소식〉)

"늴리리 늴리리 늴리리야"(〈쌍도라지 고개〉)
"얼싸 좋다 지화자 좋다"(〈풋난봉〉)

일제강점기 대중가요 갈래 중 신민요가 여타 갈래와 변별되는 것은 바로 기존의 후렴을 그대로 내지는 변용해서 사용한다는 것에서 찾을 수 있는데, 조영출의 작품에서도 이를 확인할 수 있다. 그리고 조영출의 신민요 제목에는 기존의 민요나 잡가 제목에 '신(新)' 내지는 '신작(新作)' 등을 첨부하거나 '타령'을 넣은 것이 대부분이다. 〈신작아리랑〉, 〈신오돌독〉, 〈신작노들강변〉, 〈신작도라지〉, 〈십오야 타령〉, 〈신고산타령〉 등이 그러한 예이다. 이러한 제목은 제목에서부터 기존 가요를 의식하고 창작하였음을 알려준다.

한편, 기존의 후렴을 사용하지 않더라도 〈삽살개 타령〉, 〈서귀포 칠십리〉, 〈서생원 일기〉, 〈섬색시〉, 〈알쌍급제〉, 〈초가삼간〉, 〈목포는 항구〉 등은 농촌이나 어촌과 같은 시골 풍경이나 그 곳의 인물을 소재로 하여 향토성을 드러내고 있는 노래라고 할 수 있다.

그런데 조영출이 작사한 이러한 노래들은 현실을 있는 그대로 반영하기보다는 희망하는 세계를 그리는 것에 경도되어 있다.

> 노들두 강변에 늘어진 양유를
> 한 가지 쑥 꺽거 피리를 맨들어
> 시화년 년풍에 金송아지 타고서
> 얼시구 좃타 절시구나 홍
> 피리를 불자네
>
> 금강두 산골에 자라난 칡덩쿨
> 한줄기 쑥 잘너 감어를 두엇다
> 아리랑 바람에 가는 님의 허리를

얼시구 좃타 절시구나 홍
동여나 매잔쿠

삼신산 불로초 다 어데 간느냐
한 폭이 쑥 쏩아 화분에 심었다
고흔 님 오시건 늙지를 말자고
얼시구 좃타 절시구나 홍
난우어 먹잔다

〈금송아지 타령〉
(신민요, 금운탄 작사, 김저석 작곡, 이화자 노래, 포리돌 19399, 1937)

〈금송아지 타령〉 광고(『조선일보』 1937년 3월 24일)

　〈금송아지 타령〉은 현실을 그린 노래라기보다는 희망과 바람이 넘쳐 나는 노래라 할 수 있다. 즉 민요에서 종종 볼 수 있는 '선취된 미래'를 그린 노래로 볼 수 있는 것이다. '태평성대(太平聖代)'를 비유하는 사자성어인 '시화연풍(時和年豊)'을 사용하고 있을 뿐만 아니라 "금송아지를 타고", "삼신산 불로초를 화분에 심은" 등의 표현에서 이를 알 수 있다. 어쩌면 허무맹랑한 바람을 표현한 것으로 볼 수 있으나 이 노래를 부르고 듣는 순간만큼은 기쁨의 세계에 있을 수 있다. 당시 신민요는 '홍겨움으로 위안 얻기'[17]를 담당하고 있었고, 조영출의 작품에서도 이러한 사실을

---

17 일제강점기 신민요에 나타나는 '홍겨움으로 위안 얻기'에 대한 설명은 장유정,

확인할 수 있다.

이처럼 향토성이 기쁨과 즐거움의 세계로 이어지는 것과 마찬가지로, '국토 예찬'을 주제로 한 그의 작품에서도 향토성이 기쁨의 정서와 연결되는 것을 알 수 있다.

> 북으로 백두산은 구름 속에 꿈꾸고
> 남으로 한라산은 물소리에 꿈꾸네
> 이 江山 處女들은 三千里 꿈속에
> 五色실로 아롱아롱 사랑을 수놋네
> 아리아리 둥둥 스리스리 둥둥
> 둥둥둥 북을 울려라
> 二八은 處女時節 노래 불으자
>
> 평양도 大同江은 물이 맑어 조쿠나
> 제일도 江山에는 꽃이 만어 조쿠나
> 연두나 조고리에 연분홍치마에
> 이리 굼실 저리 굼실 구경이 조쿠나
> 아리아리 둥둥 스리스리 둥둥
> 둥둥둥 북을 울려라
> 二八은 處女時節 노래 불으자
>
> 숫처녀 허리에는 봄바람이 감도네
> 실버들 늘어진데 선녀들이 춤추네
> 당홍두 갑사댕기 바람에 날리면
> 삼수갑산 어름 눈도 녹고야 만다네
> 아리아리 둥둥 스리스리 둥둥
> 둥둥둥 북을 울려라

앞의 책, 273-275쪽을 참고할 수 있다.

> 二八은 處女時節 노래 불으자
>
> 〈朝鮮의 處女〉(신민요, 금운탄 작사, 석일송 작곡,
> 이화자·조영심 노래, 포리돌 19431(X535 재발매), 1939)

당시 신민요의 한 모습이던 '국토예찬'을 주제로 하고 있는 〈조선의 처녀〉는 향토성이 기쁨의 정서로 이어지고 있는 작품이다. 이 작품은 시어에서부터 우리나라 사람들에게 남다른 의미로 다가오는 시어들을 사용하고 있다. 백두산, 한라산, 삼천리, 대동강, 삼수갑산 등이 모두 그러한 예이다. 게다가 '아리랑'을 연상시키는 "아리아리 둥둥 스리스리 둥둥"이라는 후렴이 우리나라 사람들의 문화적 의미망 속에서 남다른 의미를 지니는 것은 물론이다. 구체적인 지명의 사용, 향토성을 드러내는 시어의 활용 등을 통해 이 작품이 궁극적으로 지향하는 정서는 '기쁨의 정서'라고 할 수 있다.

이처럼 '향토성'을 드러내는 작품들은 기존의 민요와 잡가 등의 형식과 내용에서 많은 요소들을 차용하고 있다. 시어, 소재, 후렴, 주제 등에서 전통의 지속적인 측면을 찾을 수 있는 것이다. 하지만 이것이 당시의 현실을 있는 그대로 반영하거나 비판하기보다는 기쁨의 정서와 연결되면서 상황을 추상적이고 낭만적으로 그리는데 치중하고 있음을 알 수 있다.

1930년대 후반에는 시에서도 '향토'가 중요한 화두로 등장하곤 했다. 1930년대 후반에 가면 일제 검열의 핵심적인 대상이 민족주의와 공산주의였는데, 이와 관계가 없는 작품은 엄격한 잣대를 제시하지 않았다.[18] 이때 '향토'는 식민지 조선을 표상하는 국가 대신 대리 보충물로 발견되었다.[19]

---

18 고봉준, 「일제 후반기 시에 나타난 향토성 문제」, 『우리문학연구』30집, 우리문학회, 2010, 12쪽.
19 한만수, 「1930년대 '향토'의 발견과 검열 우회」, 『한국문학이론과 비평』30집, 한국문학이론과 비평학회, 2006, 394쪽.

하지만 당시에 김종한은 시에 등장하는 '향토'를 민족주의적인 향수의 표상이 아니라 방향을 상실한 세대가 희구하는 낭만주의적인 이상의 상징이라고 하였다.[20] 고봉준은 김종한의 글에 동의하면서, "향토에 대한 상상이 제국-일본과의 관계 속에서 로컬로써의 정체성에 저항하면서 조선문화의 정체성을 사유하고 확립하고자 했던 민족적이며 탈식민적인 실천으로 평가할 수 있다"[21]는 주장에 반론을 제기하였다. 즉 일제 후반에 광범위하게 확인되는 '조선적인 것'의 추구가 '동양(일본)=보편/조선=특수'라는 동양 담론의 영향권 내에 놓여있다는 것이다. 더 나아가서 고봉준은 한국시가 추구한 '향토성'이 이국 취미를 선호하는 제국의 시선에 의해 매개된 표상에 불과하며, '향토'가 조선인의 삶의 터전이 아니라 풍물과 유물로 채워진 비역사적 세계라고 한 것이다.[22]

일제 후반기 시에 대한 이러한 지적은 당시 일련의 신민요 가사에도 적용할 수 있다. 하지만 신민요가 민족적인 차원에 놓여 있든, 아니면 동양 담론에 위치하고 있든지 간에 당대인들이 신민요를 통해 추구한 것은 일종의 '흥겨움으로 위안 얻기'라 할 수 있다. 그리고 이는 김효정이 지적한 것처럼 충족되지 못한 욕망을, 욕망 그 자체를 강조하거나 가상적 현실이나 유토피아로 대체한 것이라 할 수 있다.[23] 그리고 전통가요를 계승하는 여러 요소들이 신민요가 당대인의 호응을 얻는데 도움을 주었음은 물론이다.

그렇다고 해서 당시 모든 대중가요가 기쁨의 정서만을 추구한 것은 아

---

20 김종한, 「일지의 윤리」, 『국민문학』, 1942년 3월호.
21 김진희, 「1930년대 조선문화의 정체성과 로컬 향토의 상상」, 『어문연구』61집, 어문연구학회, 2009, 383쪽.
22 고봉준, 앞의 논문, 23쪽.
23 김효정, 「조명암 대중가요 연구」, 『낭만음악』50호, 낭만음악회, 2001, 40쪽.

니다. 신민요보다 상대적으로 더 많은 수를 차지하고 있던 유행가는 상실감을 통해 당대의 현실을 반영하고 핍진하게 드러내고 있다.

2. 유행가에 표출된 상실감

신민요가 흥겨움에 경도된 것과 달리 유행가에서는 당대의 현실을 그대로 반영해서 보여주고 있다. 특히 유행가에 나타나는 상실감은 크게 고향의 상실과 임의 상실로 나누어서 살펴볼 수 있다.

1) 고향의 상실

일제강점기는 자의 반 타의 반으로 고향을 떠나 방랑하는 나그네가 많았던 시기였다. 그 때문에 대중가요 가사에도 방랑과 이산이 주요 소재로 사용되었고, 고향의 상실에서 비롯한 방랑의식과 고향에 대한 그리움이 많이 나타났다. 종종 한 노래에 방랑과 고향에 대한 그리움이 동시에 표출되기도 하였다.

고향의 상실에서 비롯한 방랑과 고향에 대한 그리움을 드러낸 대표적인 작품으로는 〈쓸쓸한 여관방〉, 〈얼러 본 타관 여자〉, 〈역마차〉, 〈오로라의 눈썰매〉, 〈유랑의 나그네〉, 〈제 2 타향〉, 〈주막의 하롯밤〉, 〈청노새 탄식〉, 〈타향의 술집〉, 〈황야에 해가 점으러〉, 〈남포의 추억〉, 〈정한의 남북〉 등을 들 수 있다. '사막'을 배경으로 한 〈사막의 밤 눈물〉과 〈사막의 정가〉와 〈타관천리〉에서도 방랑의식이 드러나고 있다.

   沙漠에 해 저므러 나그네 고달퍼라
   椰子樹 그늘 속에 하로밤을 지낼까
   님이여 옛사랑의 노래를 불러다오

외로운 駱駝 등에 눈물 넘친다

어제는 故鄕살이 오늘은 他鄕살이
달빛에 속삭이는 그 옛날이 그립다
님이여 정처 업시 沙漠을 써나가자
나그네 가슴속에 눈물 넘친다
〈沙漠의 밤 눈물〉(유행가, 금운탄 작사, 김준영 작곡,
조영심 노래, 포리돌 X545 재발매, 1939)

〈사막의 밤 눈물〉 광고(『조선일보』 1938년 2월 24일)

위의 작품에서 '사막'은 나그네의 비극성을 강화하는 배경이라 할 수 있다. 나그네는 고향을 떠나 타향을 헤매고 있으며, 그가 느끼는 감정은 고달픔에서 비롯한 '눈물'로 설명할 수 있다. 고향을 떠나 헤매거나 헤맬 수밖에 없던 대중에게 이런 노래는 자신의 심사를 드러내주는 노래로 많은 공감을 얻을 수 있었다. 조영출이 작사한 이러한 일련의 노래들은 당대 대중가요가 보여주는 상실의식과 다르지 않다. 이에 반해, '임의 상실'을 드러낸 노래는 여타 대중가요와 조금 다른 특성을 드러내는 바, 이에 대한 고찰이 필요하다.

2) 임의 상실

조영출이 작사한 가사에서 임은 크게 두 가지로 나타난다. 하나는 사랑하는 임이면서 부재(不在)한 임이고, 다른 하나는 가족이다. 임의 상실에서 비롯한 임에 대한 그리움을 표출한 노래는 당시 대중가요 가사에서 쉽게 볼 수 있다. 하지만 조영출의 작품에서 유독 두드러지는 것은 임의 상실 중, 가족의 상실을 작품에서 많이 다루었다는 것이다. 〈부모이별〉, 〈오호라 부주 전〉, 〈일가친척〉, 〈일허버린 아버지〉, 〈동생을 찾아서〉, 〈남매〉 등이 모두 그러한 예이다. 이러한 노래들은 가족과의 평화로운 한때를 그리는 것이 아니라 가족들이 모두 흩어지고 헤어져서 서로를 그리워한다는 점에서 당대를 핍진하게 반영한 것으로 볼 수 있다.[24]

> 싸락눈 흩날리는 신작로 굽은 길
> 오늘도 양차 위에 황혼이 어린다
> 동생을 찾아서 동생을 찾아서 여기까지 왔건만
> 그리운 동생은 대답이 없다
>
> 어머니 슬하에서 자라난 두 형제
> 우리는 아버지의 얼굴도 모른다
> 세월이 흘러서 세월이 흘러서 이별한 지 십여 년
> 동생아 널 찾아 나는 헤맨다
>
> 양차는 떠나간다 눈발을 헤치고
> 낯설은 거리 거리 네 이름 부르며

---

[24] 일제강점기 대중가요에 나타난 가족의 양상과 의미에 대해서는 장유정, 「일제강점기 대중가요에 나타난 가족의 양상 고찰」, 『구비문학연구』제30집, 한국구비문학회, 2010을 참고할 수 있다.

> 동생아 아느냐 동생아 아느냐 눈물겨운 운명을
> 살아서 있다면 대답을 해라
> 〈동생을 찾아서〉(유행가, 조명암 작사, 박시춘 작곡,
> 이인권 노래, 오케 20029, 1940)

조영출의 작품에서 헤어진 가족은 단순히 어머니나 아버지뿐만이 아니다. 〈동생을 찾아서〉에서 보듯이 헤어진 사람이 동생으로도 나타난다. 이 노래는 헤어진 동생을 찾아 헤매는 형의 심사를 절절하게 그리고 있는 노래이다. 그런데 그 내용을 보면, 형의 감정이나 정서를 드러내기보다는 한 편의 이야기를 떠오르게 한다는 것을 알 수 있다. 즉 아버지 없이 어머니 슬하에서 자라난 두 형제가 있다. 그런데 이들은 헤어진 지 10년이 되었고, 형은 동생을 찾아서 낯선 거리를 헤매고 있는 것이다. "아프다" 내지는 "슬프다"라고 말하지 않지만 오히려 사실적이고 구체적인 정황의 설명은 듣는 이로 하여금 안타까움을 자아내고 더 많은 슬픔을 전해주기도 한다.

주지하다시피, 일제는 강점 시기 내내 조선인의 희생을 대량으로 강요했다. 모집, 징용, 보국대, 근로동원, 정신대 등을 통해 노동력을 강제 수탈했고, 침략전쟁이 본격화하기 전에는 농촌에서 쫓겨난 조선의 값싼 노동력을 '모집'이라는 형식으로 일본의 토목공사장이나 광산에 집단 동원했다. 1937년 중일전쟁 이후에는 국가총동원법(國家總動員法)을 공포하고 이어서 국민징용령(國民徵用令)을 실시하여(1939년) 많은 조선인을 침략전쟁 수행을 위한 노동력으로 강제 동원했다.[25] 이런 배경에서 가족들은 헤어질 수밖에 없었고, 헤어진 가족들은 서로 그리워할 수밖에 없었다.

그런가 하면, 조영출의 유행가에서도 임의 상실에서 비롯한 애상을 표현한 작품이 많다.

---

25 강만길, 『고쳐 쓴 한국 현대사』, 창작과 비평사, 1994, 36-37쪽.

울어야 보지 못할 사람이라면/ 차라리 그 이름도 잊으련마는
비오는 저문 거리 깜박이는 등불에/ 가슴 속 타오른다
아 눈물의 추억

빗방울 유리창에 부딪칠사록/ 흐르는 식은 눈물 쉴 새 없나니
떨리는 이 가슴을 혼자 안어 보면서/ 마음 속 불러본다
아 그리운 사랑

애꿎은 입술만을 깨물어 가며/ 아프고 쓰린 심정 참아보건만
거울에 비친 얼굴 여외 가는 청춘에/ 눈물이 넘쳐난다
아 흘러간 사랑

〈눈물의 신호등〉(유행가, 조명암 작사, 박시춘 작곡,
김정구 노래, 오케 12193, 1938)

〈눈물의 신호등〉 음반 이미지(주경환 제공)

〈눈물의 신호등〉은 당시에 만연했던 임과의 이별을 제재로 하고 있는 노래이다. '임과의 이별'이 어찌 일제강점기 때만 만연했겠는가? 그 이전 시기에도 '임과의 이별'을 제재로 한 문학 작품 내지 가요는 많았다. 특히 김대행이 지적한 것처럼 '임의 부재에서 생기는 정서는 우리 고유의 정

서'이고, 이것이 민요에서 '부재(不在)한 임'과 '과거지향성', 그리고 '시적 화자의 수동성'으로 발현되는 것이다.26 〈눈물의 신호등〉에서도 이를 확인할 수 있다. 작품의 시적 화자는 비 오는 거리에서 떠난 임을 그리워하며 눈물을 흘리고 있는 것이다. 김대행이 지적했던 것처럼, 시적 화자는 현재 자신의 곁에 없는 임을 그리워하며 눈물을 흘리고 있는데, 여기서 '과거지향성'과 '시적 화자의 수동성'도 지적할 수 있다.

특히 이 작품에서 전반적으로 나타나는 '물'의 이미지는 이 작품의 애상성을 강화하는 기능을 하고 있다. '비'와 '눈물'이 교차되면서 임이 없는 현실의 비극성을 강조하는 것이다. 다만 전통적인 시가 작품에서 임을 그리워하고 기다림의 인고 속에서 사는 것이 주로 여성이었다면,27 〈눈물의 신호등〉에서는 시적 화자의 성별을 알 수 없을뿐더러 김정구라는 가수를 떠올리면 오히려 남성 화자로 볼 수 있는 여지마저 있다. 물론 무조건 가수의 성별을 작품 속 화자와 동일시할 수는 없다. 하지만 종종 우리는 노래를 부르는 가수와 작품 속 화자의 성별을 동일한 것으로 간주하며 노래를 듣기도 한다. 당대 유행가에는 떠난 임을 그리워하며 기다리는 사람이 대부분 여성이었다. 이에 반해 〈눈물의 신호등〉에서는 시적 화자를 남성으로 볼 수 있기에, 이를 여타 대중가요와 달라진 모습으로 받아들일 수 있다.

3. 유행가에 드러난 이국성(異國性)

조영출의 작품 중에는 이국성을 드러낸 작품도 상당수 있다. 이국성이란 범박하게 이국적인 소재를 다루고 있는 노래로 볼 수 있다. 그런데 이

---

26 김대행, 『한국시의 전통 연구』, 개문사, 1980, 159-164쪽.
27 김준오, 『현대시의 해부』, 새미, 2009, 304쪽.

국성은 다시 이국정취와 이국정서로 나눌 수 있다. 동일하게 이국적인 소재를 다루면서도 이것이 단순히 소재주의적인 차원에서 이국적인 분위기를 표현하는데 치중하고 있다면 이국정취라 하고, 이국적인 특징이 가사 속에서 정서의 자기화 내지는 내면화까지 거친다면 이국정서를 표현했다고 볼 수 있는 것이다.28

조영출의 작품 중 이국성을 드러낸 작품으로는 〈만주 뒷골목〉, 〈만주 아가씨〉, 〈북경의 달밤〉, 〈산동 아가씨〉, 〈중국 아가씨〉, 〈춘풍신호〉, 〈할빈 다방〉, 〈홍사등 푸념〉, 〈상해릴〉, 〈만주 신랑〉29 등을 들 수 있다. 이 중에서 만주 뒷골목의 풍경을 묘사한 〈만주 뒷골목〉이 이국정취를 드러내고 있다면, 〈상해릴〉은 이국정서를 드러낸 곡이라 할 수 있다. 그런데 조영출의 작품에서 이국의 여성을 제재로 한 노래가 많은 것은 주목할 만하다. 〈만주 아가씨〉, 〈산동 아가씨〉, 〈중국 아가씨〉, 〈홍사등 푸념〉 등이 그러한 예이다.

> 중국아가씨 중국아가씨/ 새빨간 초롱에 불을 드는 이 밤에
> 노래를 불러 담던 호궁을 울리며/아 아 흐르는 장크에 꿈꾸는 사랑
> 중국아가씨 어여쁜 아가씨 (이하 누락)
> 〈중국 아가씨〉(유행가, 조명암 작사, 박시춘 작곡,
> 장세정 노래, 오케 20010, 1940)

> 해점은 거리에 꽃파는 아가씨/ 故鄕을 물으면 山東이라네
> 눈瞳子가 깜박 깜박 사랑스런 속눈썹/

---

28 장유정, 「1950년대 대중가요의 이국성 고찰」, 『구비문학연구』제27집, 한국구비문학회, 2008, 316쪽.
29 〈만주 신랑〉은 "새 사랑 새 태양에 신랑이 되자"고 해서 만주 이주를 조장하는 듯한 내용으로 이루어져 있다. 따라서 이 작품은 조영출의 군국가요에서 다룰 필요가 있다. 하지만 본고에서는 일단 제외하고 다른 논고에서 다루고자 한다.

아 어여뿐 洋蘭온(?) 山東아가씨 (이하 누락)
〈산동 아가씨〉(가요곡, 조명암 작사, 이봉룡 작곡,
장세정 노래, 오케 31078, 1941)

〈산동 아가씨〉 음반 이미지(주경환 제공)

〈중국 아가씨〉와 〈산동 아가씨〉를 통해 알 수 있듯이, 시적 화자는 이국 여성을 '어여쁜 아가씨'로 간주하고 있다. 1950년대에 금사향이 부른 〈홍콩 아가씨〉의 원조격으로 볼 수 있는 〈산동 아가씨〉 속 아가씨는 〈홍콩 아가씨〉의 아가씨와 마찬가지로 '꽃을 파는 아가씨'이다. 여기서 '꽃'과 '아가씨'의 이미지가 중첩되면서 산동 아가씨는 순수 내지는 순진한 여성으로 표상되는 것이다.[30] 이처럼 이국 여성을 제재로 한 조영출의 노래들은 대부분 이국 여성에 대한 환상과 욕망을 드러낸다. 그러면서도 이국 여성의 외향을 묘사하고 예쁘다고 하는 것에 그치고 있다. 즉 이국 여성이 적나라하거나 노골적인 욕망의 대상이라기보다는 추상적이거나 관념적인 동경의 대상이었다고 할 수 있다.

흥미로운 것은 광복 이후에는 대중가요 속 이국 여성이 광복 이전 이

---

30 장유정, 앞의 글, 2008, 324쪽.

국 여성과 다르게 그려진다는 점이다. 한국전쟁을 거치면서 서구의 문물이 물밀 듯이 밀려왔고, 서양 영화 등을 통해 많은 남성들이 서양 여성에 대한 동경과 환상을 키워왔다. 그 때문에 이국의 여성을 제재로 한 1950년대 대중가요에서는 아시아계 이국 여성이 하층 계급 여성으로 그려지고, 서구의 여성은 찬미나 찬양의 대상 내지는 사랑의 대상으로 나타났다.[31] 이는 광복 이전 이국 여성을 제재로 한 노래와 차별된다. 이를 통해 대중가요 속 이국 여성의 변모된 모습을 확인할 수 있다. 그리고 이는 당대 남성들의 욕망이 변한 모습의 일단을 보여주기도 한다.

4. 만요에 표현된 풍자와 해학

일종의 코믹송(comic song)에 해당하는 만요는 풍자와 해학으로 당대인에게 웃음과 교훈을 동시에 주었던 갈래라고 할 수 있다. 조영출의 대표적인 만요로는 〈모던 관상쟁이〉, 〈복덕 장사〉, 〈세상은 요지경〉, 〈수박 행상〉, 〈신접살이 풍경〉, 〈앵화춘〉, 〈앵화폭풍〉, 〈요즈음 찻집〉, 〈월급날 정보〉 등을 들 수 있다. 이 중에서 〈신접살이 풍경〉, 〈월급날 정보〉는 근대에 와서 달라진 신식 가정의 풍경을 웃음으로 묘사한 작품이다.[32] 이에 반해, 〈모던 관상쟁이〉, 〈복덕 장사〉, 〈수박 행상〉 등은 기존의 민요 중 유희요에서 종종 볼 수 있는 반복과 열거를 통한 웃음을 지향하고 있다.

관상이요 관상입니다/ 자 관상입니다 관상 관상입니다 관상
아씨마님 관상입니다/ 이마가 넓으면 남의 덕을 보고

---

31 위의 글, 322-328쪽.
32 만요를 통해 본 1930년대 근대 문화에 대해서는 장유정, 「만요를 통해 본 1930년대의 근대 문화」, 『웃음문화』 창간호, 한국웃음문화학회, 2006을 참고할 수 있다.

귀가 크면은 남의 말을 잘 듣고/ 입이 크면은 먹을 것이 많습니다
자 어서 어서 관상입니다/ 십 전을 내면 십 전 어치
오십 전 내면은 오십 전 어치/ 일원을 내면은 일원 어치요
자 관상이요 관상입니다

〈모던 관상쟁이〉(만요, 조명암 작사, 김영파 작곡,
김정구 노래, 오케 12203, 1939)

대추드렁 사려 대추드렁 사려/ 충청도 당대추 꿀맛이요 자
신랑 신부 잔치상에 이 대추를 쓸랴치면/
옥동자가 한 쌍이요 귀동자가 한 쌍이요
장사하면 돈 잘 벌고 백년해로/ 언제든지 싸움 안 하고 살터이니
있을 적에 다들 사소/ 자 대추 대추 대추드렁 사려

〈복덕장사〉(만요, 조명암 작사, 김영파 작곡,
김정구 노래, 오케 12236, 1939)

〈복덕장사〉 광고(『동아일보』 1939년 4월 30일)

위에 제시한 〈모던 관상쟁이〉와 〈복덕장사〉는 반복과 열거로 언어유희를 추구한 작품이다. 풍자보다 해학에 초점을 맞추고 있는 이러한 노래들은 그 가사 자체로 웃음을 유발시킨다고 할 수 있다. '관상쟁이'의 목소리로 이루어진 〈모던 관상쟁이〉에서는 1절에서 3절까지 차례로 '아씨 마님', '학생 아씨', 그리고 '신부 신랑'의 관상을 열거한다. '관상'이란 말의

열거에서 '십 전', '오십 전', '일 원'으로 점층법을 사용하여 재미를 유발하고 있다. 게다가 가수 김정구가 노래와 말을 섞어가며 재미를 유발하는 것도 이 노래의 특징이라고 할 수 있다.

〈모던 관상쟁이〉가 일종의 호객 행위를 하는 관상쟁이의 말로 이루어져 있다면, 〈복덕 장사〉 또한 복과 덕을 파는 장수의 말로 1절부터 3절까지 이루어져 있는 노래이다. 각 절을 보면, 1절에서는 대추 파는 장수, 2절에서는 고기 파는 장수, 3절에서는 명태 파는 장수가 나와서 각각 자신들이 파는 것이 얼마나 좋은 지를 광고하고 있다. 〈복덕 장사〉의 1절에서 "신랑 신부 잔칫상에 이 대추를 쓸라치면 옥동자가 한 쌍이요, 귀동자가 한 쌍이요"라는 표현에서 이것이 일종의 과장 광고라는 것을 알 수 있다. 하지만 부르는 사람이나 듣는 사람이나 이것이 과장 광고인지 알면서도 묵인하고 수용하면서 웃음 공동체를 이룬다고 할 수 있다. 그리고 이는 기존의 사설시조에서 볼 수 있던 가사의 계승이라는 점에서 그 의미를 부여할 수 있다.[33]

그런가 하면, 〈세상은 요지경〉, 〈요즈음 찻집〉, 〈앵화폭풍〉, 〈앵화춘〉은 세태를 풍자하고 있는 노래로 주목할 만하다.

> 요즈음 찻집은 브로커 세상/ 요즈음 찻집은 기업가 세상
> 이 구석에 금광이 왔다갔다/ 저 구석에 중석광(重石鑛)이 왔다갔다
> 천원 만원 주먹구구 뻘건 눈이 돌아갈 때/
> 전화통은 찌릉 찌릉 찌릉 찌릉
> 찌릉 찌릉 찌릉 찌릉 운다 울어 운다 울어
>
> 요즈음 찻집은 여행권 세상/ 요즈음 찻집은 급행권 세상

---

33 만요와 사설시조의 유사성에 대해서는 장유정, 앞의 책, 2006, 239-244쪽을 참고할 수 있다.

이 테불엔 만주를 들락날락/ 저 테불엔 北支那 들락날락
앉은뱅이 활개치듯 젊은 피가 춤을 출 제/
유성기는 풍짱 풍짱 풍짱 풍짱
풍짱 풍짱 풍짱 풍짱 운다 울어 운다 울어

요즈음 찻집은 아가씨 세상/ 요즈음 찻집은 도련님 세상
南窓 위엔 연극장 포스터요/ 北窓 우엔 베토벤 꿈을 꾼다
우유 차에 살이 쪘나 찻집 아씬 토실토실/
라디오가 살금 살금 살금 살금
살금 살금 살금 살금 운다 울어 운다 울어
〈요즈음 찻집〉(유행가, 조명암 작사, 김해송 작곡,
박향림 노래, 오케 31018, 1941)

〈요즈음 찻집〉은 1940년대에 들어서 달라진 다방(찻집)의 풍경을 풍자적으로 그린 작품이다. 주지하다시피, 근대 유흥 공간으로 출현한 다방은 문인의 공동 서재이자 룸펜의 안식처로 기능하였다. 그리고 이곳은 커피를 마시며 명곡을 감상하는 공간이기도 하였다.34 하지만 〈요즈음 찻집〉에서 찻집은 전화기가 울어대고 유성기와 라디오 소리에 정신없는 공간으로 그려지고 있다. 특히 당시에 불어온 '노다지 열풍'도 짐작할 수 있다. 개인 전화를 소유하기 어려웠던 시절에 다방은 연락을 주고받는 공동 사무실의 기능도 하였던 것이다. 1절의 '브로커'와 '기업가'는 이러한 배경에서 등장한 것이다. 그리고 이를 심각하게 묘사하기보다는 '찌릉', '풍짱', '살금' 등의 의태어와 의성어를 사용하여 재미있게 묘사하고 있다.

---

34 일제강점기 다방의 풍경에 대해서는 장유정, 『다방과 카페, 모던보이의 아지트』, 살림, 2008을 참고할 수 있다.

Ⅳ. 맺음말

이상으로 조영출이 작사한 대중가요의 갈래별 가사의 특징을 살펴보았다. 신민요에 나타나는 향토성을 알아보고, 유행가에 표출된 상실감을 고향의 상실과 임의 상실로 나누어 살펴보았다. 아울러 유행가에 드러난 이국성의 구체적인 모습도 고찰하였다. 마지막으로 만요에 표현된 풍자와 해학의 모습을 구체적인 작품을 통해 드러냈다.

기존의 민요나 잡가와 같은 전통가요를 의도적으로 계승한다는 차원에서 노래 제목에 '타령'이나 '신작'을 넣은 것은 조영출 신민요의 특징이다. 하지만 당대 여타 신민요 마찬가지로 조영출도 신민요에서 현실의 세계보다 기쁨과 흥겨움의 세계를 그리는데 치중하였다. 유행가의 경우, 여타 유행가와 마찬가지로 현실 인식에서 비롯한 상실감을 고향의 상실과 임의 상실로 보여주었다. 이는 당대를 핍진하게 반영하면서 나온 노래로 볼 수 있고, 그 때문에 많은 이들의 공감을 얻기도 하였다.

조영출의 작품에서 임은 종종 '가족'으로 등장하는데, 이는 조영출 작품의 특징으로 지적할 만하다. 조영출의 작품에 유독 가족이 많이 등장한 것은 어쩌면 아버지가 일찍 돌아가시고 15살에 출가해서 승려가 되었던 개인사와도 관련이 있을 지도 모른다. 이산과 해체된 가족은 당대 우리 민족의 모습이기도 했고, 조영출은 구체적 형상화를 통해 이러한 현실을 노래에 담았다.

다음으로 조영출의 유행가 중에는 이국성을 표출한 노래도 있다. 그런데 이러한 노래의 경우 이국의 아가씨를 제재로 한 것이 가장 많은 수를 차지하였다. '어여쁜 아가씨'로 상정한 이국의 아가씨를 추상적이면서도 다소 낭만적으로 그리고 있는 것이 특징적이다. 특이한 것은 이국의 여성 중 중국 지방 쪽의 여성은 노래 가사에 종종 등장하는 반면에 일본의 여성은 찾기 어렵다는 것이다.35 이것이 일제강점기에 일본이 현전하는 대상이었기 때문에 굳이 동경과 낭만의 대상이 될 필요가 없었는지에 대해서는 앞으로 좀 더 살펴보아야 할 것이다.

마지막으로 조영출이 작사한 만요에서는 해학과 풍자를 통해 웃음을 지향하는 작품을 찾을 수 있었다. 전통적인 소재나 형식을 차용한 만요가 주로 해학적인 웃음을 지향했다면, 근대 문물을 제시한 작품은 풍자에 치중하였다. 하지만 이는 여타 만요와 다르지 않은 특징으로, 조영출의 만요에서만 나타나는 특징을 포착하기는 어려웠다.

광복 이전에 워낙 방대한 양을 작사하였기 때문에 조영출의 작품을 살펴보는 작업은 쉽지 않았다. 갈래별로 가사에서 나타나는 특징을 몇 가지로 분류하여 살펴보았으나, 미처 어디에도 속하지 못한 예외가 존재하는 것도 사실이다. 본고에서 다루지 못한 작품까지 아울러야 앞으로 조영출 작품의 구체적인 특징이 드러날 것이다. 본고에서는 일단 이제까지 활발하게 언급되지 않았던 작품을 중심으로 대체적인 갈래별 양상을 조망한 것으로 소임을 다하고자 한다. 앞으로 다양한 각도에서 조영출의 작품에 대한 연구가 이루어질 필요가 있다. 이에 더해 그가 작사한 군국가요도 별도로 살펴 볼 필요가 있다. 이는 다음 논고에서 다루기로 한다.

* 이 글은 장유정, 「조영출(조명암) 대중가요 가사 자료 보강 및 그 갈래별 특성 고찰」, 『한민족문화연구』제42집, 한민족문화학회, 2013을 수정·보완한 것이다.

35 광복 이전에 나온 대중가요 중에서 일본 여성을 동경하는 내용으로 이루어진 노래를 찾기가 어렵다. 다만 〈항구의 붉은 소매〉(유행가, 조명암 작사, 손목인 작곡, 이난영 노래, 오케 20058, 1940년)가 거의 유일하게 일본 여성을 대상으로 하고 있는 곡이다.

:: 참고문헌

강만길, 『고쳐 쓴 한국 현대사』, 창작과 비평사, 1994.
고봉준, 「일제 후반기 시에 나타난 향토성 문제」, 『우리문학연구』30집, 우리문학회, 2010.
김대행, 『한국시의 전통 연구』, 개문사, 1980.
김종한, 「일지의 윤리」, 『국민문학』, 1942년 3월호.
김준오, 『현대시의 해부』, 새미, 2009.
김진희, 「1930년대 조선문화의 정체성과 로컬 향토의 상상」, 『어문연구』61집, 어문연구학회, 2009
김효정, 「일제강점기 조명암의 대중가요 가사 연구」, 영남대학교 석사논문, 2000.
김효정, 「조명암 대중가요 연구」, 『낭만음악』50, 낭만음악사, 2001.
박노준 외, 『현대시의 전통과 창조』, 열화당, 1998.
이동순, 「조명암 문학의 복원과 그 의미」, 『한민족어문학』42, 한민족어문학회, 2003.
이동순, 『조명암 시선집』, 선, 2003.
이준희, 「누가 김다인인가?」, 『대중음악』10호, 한국대중음악학회, 2012.
장유정, 「1950년대 대중가요의 이국성 고찰」, 『구비문학연구』제27집, 한국구비문학회, 2008
장유정, 「만요를 통해 본 1930년대의 근대 문화」, 『웃음문화』창간호, 한국웃음문화학회, 2006.
장유정, 「일제강점기 대중가요에 나타난 가족의 양상 고찰」, 『구비문학연구』제30집, 한국구비문학회, 2010.
장유정, 『다방과 카페, 모던보이의 아지트』, 살림, 2008.
장유정, 『오빠는 풍각쟁이야-대중가요로 본 근대의 풍경』, 민음in, 2006.
장유정·주경환 편, 『조영출 전집1-조명암의 대중가요』, 소명출판, 2013.
한만수, 「1930년대 '향토'의 발견과 검열 우회」, 『한국문학이론과 비평』30집, 한국문학이론과 비평학회, 2006.

반야월
낭만적 경향과 사실적 경향의 공존을 보여주다

반야월(진방남)

Ⅰ. 머리말

〈울고 넘는 박달재〉, 〈단장의 미아리 고개〉, 〈산장의 여인〉, 〈무너진 사랑탑〉, 〈아빠의 청춘〉, 〈유정천리〉, 〈소양강 처녀〉 등은 모두 오늘날까지 많은 이들에게 애창되고 있는 대표적인 우리나라의 대중가요이다. 그리고 이 노래들은 모두 반야월이 작사했다는 공통점을 지니고 있다. 이토록 수많은 인기곡을 작사한 반야월(1917.8.1-2012.3.26)은 지난 70여 년간 수천 곡을 창작한[1] 한국 대중음악계의 대표적인 작사가이다.

본명이 박창오(朴昌吾)인 반야월은 경남 마산에서 출생했다. 1939년, 태평레코드사에서 주최하는 가요 콩쿠르에 입상한 그는 1939년에 〈사막의 애상곡〉(김영일 작사, 김교성 작곡, 진방남 노래, 태평 8659A, 1939)을 취입하면서 가수 활동을 시작했다. 그는 가수로 활동할 때 진방남(秦芳男)이라는 예명을 사용하였으며, 1940년에 취입한 〈불효자는 웁니다〉(김영일 작사, 이재호 작곡, 진방남 노래, 태평 8678A, 1940)가 크게 인기를 얻으면서 가수로서의 입지를 굳혔다. 이후, 그는 반야월이라는 예명으로 〈넋두리 이십 년〉, 〈꽃마차〉 등을 시작으로 작사가로 활동하였다. 광복 이전부터 약 70여 년 동안 대중음악 작사에 매진했던 그는 1970년대까지를 통틀어 가장 많은 곡을 작사한 작사가라고도 한다.

본고에서는 반야월이 작사한 대중가요 가사를 중심으로 그 전반적인

---

[1] 『동아일보』 1973년 3월 14일자에는 반야월이 작사한 작품이 오천 곡이 넘는다고 적시되어 있다. 하지만 아직까지 오천 곡의 목록이 정리되어 있지 않다.

양상을 알아보고, 광복 이전과 광복 이후에 가사의 경향이 어떻게 변모하였으며 그 특징이 무엇인지를 살펴보고자 한다. 모든 작품을 일일이 들어서 구체적으로 살펴보지는 못할지라도 이러한 작업을 통해서 반야월이 작사한 작품들의 전반적인 특징을 포착할 수 있을 것이다. 그리고 이를 통해 대중가요에 반영된 당대의 사회와 문화도 엿볼 수 있으리라 기대한다.

이에 2장에서는 반야월의 생애를 살펴보고, 3장에서는 작품의 전반적인 양상을 알아본 후, 4장에서 구체적인 작품의 특징을 고찰하기로 한다. 가사를 위주로 논고를 작성하되, 음악 양식도 고려하여 음악 양식에 따라 가사가 어떻게 달라지는 지도 살펴보기로 한다.

Ⅱ. 작사가 반야월의 생애[2]

1917년 8월 1일, 경남 마산(마산부 원정(元町) 126번지, 현 마산합포구 중성동)에서 아버지 박일몽(朴一蒙), 어머니 이차해(李且海)의 큰 아들로 태어난 반야월은 진해에서 성장했다. 사립 진해농산학교의 모범생이었던 그는 어려서부터 노래를 잘했고 책읽기를 좋아했다. 당시 아버지는 정미소를 운영했는데, 아버지의 친구가 아버지의 재산을 착복하는 바람에 온 가족이 다시 마산으로 돌아와 힘들게 생활을 꾸려갔고, 반야월도 여러 가지 일을 하면서 집안 살림에 도움을 주었다.

가수로 데뷔하기 전인 1937년도에서 1939년까지 반야월은 친척의 소

---

[2] 반야월의 생애는 반야월, 『불효자는 웁니다』, 화원, 2005; 반야월, 『나의 삶, 나의 노래』, 선, 2001; 『TV 자서전-반야월 편』(2011년 9월 25일, 2011년 10월 2일, 2011년 10월 9일 방송)을 참조하였음을 밝혀 둔다.

개로 청주 양복점의 점원으로 일했다. 당시에도 노래를 좋아해서 밤낮으로 노래를 불렀고, 이런 그를 보고 주위에서는 '노래 잘하는 마산 총각'이라며 그를 대우해주었다. 친구의 권유로 1939년 7월, 김천에서 열린 전국 가요콩쿠르에 친구와 함께 참여했다가 친구인 김을재는 예선에서 떨어지고 반야월은 결선까지 올랐다. 당시 심사위원은 〈조선 타령〉과 〈고도의 정한〉을 작곡한 전기현과 작사가 천아토였고,3 태평 음반회사의 문예부원들이 행사를 도왔다.

결선 진출자는 자유곡과 지정곡으로 나누어 두 곡을 불렀는데, 당시 지정곡은 채규엽의 〈북국 오천 킬로〉(박영호 작사, 무적인 작곡, 채규엽 노래, 1939)였다. 반야월은 지정곡에 이어 자유곡으로 〈춘몽〉(김목은 작사, 김용환 작곡, 김용환 노래, 1936)을 기타 반주에 맞춰서 불렀다. 대회에 나가기 전 날, 불이 나는 꿈을 꾸었던 반야월은 결국 1등을 했다. 그런데 1등 발표와 함께 순사가 호루라기를 불었고 〈춘몽〉의 가사를 트집 잡아 반야월을 끌고 갔다. 순사는 반야월이 부른 노래 가사 중, "내 마음은 언제 피나"라는 대목을 들어 그를 문초했다. 겨우 풀려나기는 했으나, 반야월은 이때 무척이나 착잡했다고 회고했다.4

결선에서 1등을 차지한 반야월은 태평 음반 회사에 2년 전속 계약으로 가수 생활을 시작했다. 1939년에 진방남(秦芳男)이라는 이름으로 〈사막의 애상곡〉(김영일 작사, 김교성 작곡, 진방남 노래, 1939)을 발표하여 본격적인 가수 활동을 시작한 것이다. 〈사막의 애상곡〉이 별 반응을 얻지 못한 것과 달리, 1940년에 그가 불렀던 〈불효자는 웁니다〉(김영일 작사, 이재호 작곡, 진방남 노래, 1940)는 당시 최고 음반 판매량을 기록하여 그를

---

3 반야월의 회고에 따르면, 천아토의 본명은 천명철이고, 전기현은 때로 유일춘이라는 예명을 사용했다고 한다.(반야월, 앞의 책, 2005, 88쪽)
4 위의 책, 90쪽.

〈불효자는 웁니다〉 광고(『동아일보』 1940년 7월 18일)

인기 가수 반열에 올려놓았다. 반야월이 일본에서 〈불효자는 웁니다〉를 녹음할 당시 어머니가 돌아가셨다는 소식을 듣고 우는 바람에 당일 날 녹음을 못하고 그 다음 날 녹음을 했다. 작곡가 김교성은 울면 목이 잠긴다며 반야월을 달랬으나, 다음 날 노래를 녹음하면서 울음이 많이 섞여 버렸다. 하지만 오히려 이것이 많은 이들의 공감을 얻어 상해와 만주까지 음반이 팔렸다. 그렇게 〈불효자는 웁니다〉가 인기를 얻으면서 그의 월급이 40원에서 70원으로 올랐다고도 한다.

하지만 그는 일제 말에 군국가요를 작사하고 노래하였고, 이 때문에 2009년도에 친일인명 사전에 등재되기도 했다. 당시 『친일인명사전』에 등재되고 안 되고의 여부는 군국가요를 몇 곡 창작했느냐에 따른 것이었다. 하지만 군국가요를 세 곡 이상 창작하거나 부른 사람은 친일을 한 사람이고 두 곡 이하면 괜찮다고 하는 것은 그 기준이 명확하다고 보기 어렵다. 당시에 유명한 창작자나 가수라면 본인의 의지와 상관없이 군국가요를 창작하거나 부를 수밖에 없던 정황을 고려하지 않은 채 곡수로 친일 여부를 판단하는 것은 애초부터 한계를 노정하는 것이다. 아무튼 반야월은 2010년 6월 9일에 자신이 군국가요를 작사했던 과거의 일을 인정하고 그에 대해 직접 사과하기도 했다.

한편 당시에는 새로운 노래가 나오면 길 가던 사람들이 악기점 앞에 모여 새로 나온 음반의 가사지를 보면서 노래를 합창하곤 했다. 이들을 '거리의 합창단'이라 불렀는데, 반야월은 사람들이 자신의 노래를 합창하는 것을 보면서 눈물이 났다고 한다. 광복 이전에 반야월은 옹골찬 창법으로 인기를 얻었으며 탱고, 만요, 민요에 이르기까지 갈래에 구애받지 않고 다양한 노래를 소화했다. 기생들이 반야월을 자주 따라다녔고 자신들이 쓴 혈서를 그에게 보낼 정도로, 그의 인기는 대단했다.[5] 1942년부터 '반야월'이라는 필명으로 작사를 한 작품으로는 〈넋두리 이십 년〉을 위시하여, 약 14편 정도를 찾을 수 있다.

해방 후에는 태평 레코드가 자연스럽게 사라졌고, 반야월은 1945년에 남대문악극단을 창설해서 악극단 운영을 했다. 반야월이 직접 대본을 써서 남대문악극단이 공연한 〈오리정 사건〉은 방자와 향단이가 하는 놀이를 희곡으로 꾸민 것이다. 〈오리정 사건〉 이전에 방송 희곡 〈허생원〉(1948년)을 써서 입선한 적이 있었던 그는 〈허생원〉이 입선하는 것을 계기로 대본 쓰는 일에 자신감을 얻기도 했다. 자살로 생을 마감한 기생 강명화[6]를 모델로 해서 반야월이 창작한 〈산홍아 너만 가고〉도 인기를 얻었고, 극 속의 〈세세년년〉이란 주제가도 마찬가지로 인기를 얻었다.

한국전쟁이 발발하고 1.4후퇴 이후에 반야월은 고향인 마산에 정착하

---

5 반야월은 하숙집에서 만난 윤경분과 결혼하여 해로였다.
6 기생 강명화는 부유한 집안의 아들 장병천과의 연애 중, 장병천 집안의 반대와 세간의 곱지 않은 시선에 괴로워하다, 장병천의 앞날에 장애물이 되지 않겠다는 마음으로 1923년에 자살하였다. 이 사건이 당시 화제가 되면서 기생 강명화의 얘기는 소설과 대중가요 등으로 만들어졌다. 이에 대해서는 장유정, 「20세기 전반기 기생 소재 대중가요의 노랫말 분석」, 『근대 대중가요의 매체와 문화』, 소명출판, 2012, 346-386쪽을 참고할 수 있다.

였다. 그는 1951년 마산방송국(HLKO)의 문예부장을 지냈고, 이 때 공연단을 만들어 군부대와 피난민을 위로하였다. 1950년대는 한국 영화가 성행했는데, 반야월은 1957년에 영화〈찔레꽃〉의 주제가를 작사하기도 했다. 발표하는 노래마다 홍행에 성공한 반야월은 1950, 60년대 대표적인 작사가로 자리를 잡았다. 남인수·배호·이미자·하춘화 등이 반야월이 작사한 노래를 불러 당대에 인기를 얻었다.

그런가 하면 반야월은 작곡자 박시춘과 명콤비를 이루면서 '히트곡 제조기'로 불렸다. 박시춘이 영화사를 차리면서 반야월이 그 회사의 전속으로 주제가를 만들었던 것이다. 반야월의 독주가 계속 되면서 다른 사람들의 시샘을 받았고, 반야월은 이때 필명을 여러 개 사용해서 사람들의 시선에서 벗어나려 했다 한다. 이때 반야월이 사용한 필명으로는 추미림, 박남포, 옥단춘, 고향초, 금동선, 백구몽, 허구, 남궁려 등이 있다. 아울러 반야월은 이재호와도 콤비를 이루면서 많은 노래를 작사하였다. 1957년에 월북 작사가의 노래가 금지되면서 반야월은 조명암 등의 월북 작사가 노래 100여 곡을 개사해서 자신의 예명으로 발표하였다. 그리고 이때는 주로 추미림이라는 예명을 사용하였다.

반야월은 1961년에는 한국연예협회 분과장을 역임했고, 1964년에는 손목인, 조춘영 등과 한국음악저작권협회를 설립했다. 1970년대까지 활발하게 작사 활동을 했던 반야월은 2012년 3월 26일에 운명하였다. 이상의 내용을 바탕으로 반야월의 생애 연보를 제시하면 다음과 같다.7

  1917년 8월 1일 반야월(박창오) 출생
  1939년 '전국가요콩쿠르 신인가수 선발대회'(태평레코드·조선일보사
    공동 주최)에서 1등 당선,〈사막의 애상곡〉으로 데뷔

---

7 반야월의 생애연보는 반야월, 앞의 책, 2005, 909-910쪽에 상세하게 나와 있다.

1940년 진방남이라는 이름으로 노래한 〈불효자는 웁니다〉 히트
1942년 반야월이라는 필명으로 작사 시작
1945년 '남대문 악극단' 창설
1948년 방송 희곡 공모에서 〈허생원〉 입선
1951년 마산방송국 문예부장
1956년 대한레코드작가협회 창설위원 및 부회장
1960년 아세아음악학원 원장
1961년 한국연예협회 창작분과 초대, 2대 위원장
1962년 한국문화예술인단체총연합회 이사
1964년 한국 음악저작권협회 이사
1967년 한국예술윤리위원회 위원
1974년 한국가요반세기 작가동지회 창설 위원
1977년 반야월가요작가상 제정
1981년 한국음악저작권협회 평의원의장
1998년 한국가요작가협회 원로원 의장
2004년 3월 5일 한국연예협회 가수 분과 특별위원
2005년 5월 12일 한국연예협회 가수 분과 거목회 고문
2012년 3월 26일 반야월(박창오) 별세

이상이 그의 생애를 간략하게 정리한 것이다. 다음 장에서는 그가 작사한 작품의 전반적인 양상을 살펴보기로 한다.

III. 작품의 전반적인 양상

반야월이 작사한 작품은 광복 이전과 광복 이후로 나누어서 살펴볼 수 있다. 먼저 광복 이전에 작사한 작품으로는 약 14곡의 목록을 정리할 수 있다. 반야월은 1942년부터 작사를 시작했는데, 이때는 일제 말이었던지

라 일반적인 대중가요 음반을 발매할 수 없었다. 태평양 전쟁이 발발했던 1941년부터 일제는 검열을 강화했고, 미국과 영국의 음악은 적성국의 음악이라며 부르지도 듣지도 못하게 했던 것이다. 그리고 전시 체제라는 것을 들어 대중가요 대신에 군국가요를 창작하게 하였다. 반야월은 일제 말의, 광복 이전 음반사의 암흑기에 작사를 시작했던 것이다. 광복 이전에 반야월이 작사하여 발매한 노래의 목록을 제시하면 다음과 같다.[8]

표 14 〈광복 이전 반야월 작사 작품 목록〉

제목	작사자	작곡자	가수	음반회사	음반번호	발매연도
결전 태평양[9]	반야월	이재호	태성호, 태평합창단	태평	5024A	1942
국경선 보초병	반야월	이재호	백난아	태평	5031	1942
국경의 여인숙	반야월	김용환	이인권	태평	5086	1943
꽃마차	반야월	이재호	진방남	태평	5032	1942
넋두리 이십 년	반야월	김교성	진방남	태평	5032	1942
돈풍년 쌀풍년	반야월	김교성	진방남	태평	5034	1942
목탄차 여정	반야월	김교성	태성호	태평	5029	1942
삼천포 일야	반야월	김용환	진방남	태평		1943
새 고향 북경차	반야월	전기현	태성호	태평	5033	1942
열녀의 사랑	반야월	김교성	손영옥	태평		1943
용마차	반야월	이재호	진방남	태평	5066	1943
인풍루야 잘 있거라	반야월	이재호	진방남	태평		
일억총진군	반야월	이재호	진방남, 태평합창단	태평	5024B	1942
젊은 기관수	반야월	이재호	진방남	태평		1942

8 일제강점기 음반 관련 자료를 모두 교차 조사했으나, 목록에서 아직까지 네 곡의 음반 번호는 확인할 수 없었다. 앞으로 다른 자료를 찾는 대로 음반 번호 등을 보강하기로 한다.

광복 이전에 작사한 작품으로는 14곡 정도의 목록을 정리할 수 있는데, 대체로 작곡은 이재호와 김교성이 한 것을 알 수 있다. 실제로 작곡자 이재호와 반야월(진방남), 백년설은 태평 회사 시절에 '태평 삼총사'라 불리기도 했다. 그리고 반야월이 작사한 곡을 노래한 가수로는 반야월(진방남) 자신을 비롯해서 백난아, 이인권, 태성호, 손영옥을 들 수 있다.

반야월이 광복 이전에 작사한 노래 중에서 가사를 찾을 수 있는 것은 〈꽃마차〉, 〈넋두리 이십 년〉, 〈돈풍년 쌀풍년〉, 〈삼천포 일야〉, 〈용마차〉, 〈젊은 기관수〉, 〈일억 총진군〉이다. 가사의 내용을 보면, 기존의 신민요와 유사한 내용과 형식으로 이루어진 〈돈풍년 쌀풍년〉이 있고, 이국의 풍경을 중국풍의 선율에 맞춰서 경쾌하게 그려낸 노래로 〈용마차〉와 〈꽃마차〉가 있다. 〈꽃마차〉의 원래 가사 속에 나오는 '하얼빈'은 광복 이후에 '꽃서울'로 바뀌어서 많은 인기를 얻기도 했다.

목록 중에서 〈결전 태평양〉과 〈일억 총진군〉은 군국가요에 해당한다고 볼 수 있다. 당시 군국가요에는 '국민가', '개병가', '애국가', '정책가요'라는 곡종명이 붙었는데, 14곡 중에서 〈결전 태평양〉과 〈일억 총진군〉에 '국민가'라는 곡종명이 병기되어 있는 것이다. 〈결전 태평양〉의 가사는 찾을 수 없었으나 '태평양 전쟁'에 호응하는 작품으로 추정된다. 총 4절로 이루어져 있는 〈일억 총진군〉은 "나아가다 결전이다 일어나거라/ 간닌부쿠로(堪忍袋)[10]의 줄은 터졌다/ 민족의 진군이다 총력전이다. 피 뛰는 일억

---

9 〈결전 태평양〉의 작사자가 반야월이 맞는 지에 대해서는 재고의 여지가 있다. 당시 『매일신보』 1942년 2월 6일, 『매일신보』 1942년 2월 7일, 『매일신보』 1942년 2월 8일 광고에는 〈결전 태평양〉의 작사자에 '문예부(文藝部)'라 적시되어 있다. 다만 이경호 선생님 소장 자료에는 〈결전 태평양〉 작사자가 '반야월'이라 적혀 있다.
10 간닌부쿠로(堪忍袋)를 직역하면 '인내를 담은 주머니'라는 뜻으로, '인내를 담은 주머니의 줄이 끊어졌다'는 말은 더 이상 참을 수 없는 경우에 쓰는 일본의 관

일심(一億一心) 함성을 쳐라"¹¹라는 1절 가사에서부터 일제에 호응하는 내용으로 이루어졌음을 알 수 있다.

반야월이 작사한 14편의 작품 중에서 군국가요는 〈결전 태평양〉과 〈일억 총진군〉이다.¹² 그런데 당시 대중가요의 작사자와 작곡자가 군국가요를 창작한 것은 '친일'이라기보다는 '부역'이라는 입장에서 이해할 수 있다. '동조'와 '절필' 중의 한 가지만을 선택할 수 있는 상황 속에서 많은 문화 예술인들이 생존을 위해 '동조'를 선택할 수밖에 없었던 것이다. 물론 적은 수일지라도 반야월이 군국가요를 작사한 것 자체를 외면할 수는 없다. 군국가요를 작사했던 행적이 사라지거나 그 행적을 무시할 수 없다. 그 때문에 정확한 사실에 대한 확인이 필요하다. 다만 몇 곡의 군국가요로 반야월 작품 모두를 평가하는 것도 한계가 있는 것이 사실이다.

반야월은 진방남이라는 이름으로는 〈불효자는 웁니다〉처럼 부모님에

용적 표현이다.
11 〈일억 총진군〉 가사는 다음과 같다.
  1. 나아가다 결전이다 일어나거라/ 간난부쿠로(堪忍袋)(인내를 담은 주머니)의 줄은 터졌다/ 민족의 진군이다 총력전이다/ 피 뛰는 일억일심(一億一心) 함성을 쳐라
  2. 싸움터 먼저 자간 황군(黃軍) 장병아/ 총후(銃後)는 튼튼하다 걱정 마시오/ 한 사람 한 집안이 모다 결사대/ 아카이타스키(赤い襷)에 피가 끓는다
  3. 올러라 히노마루(日の丸) 빛나는 국ㅇ/ 우리는 신의 나라 자손이란다/ 임금께 일사보국 바치는 목숨/ 무엇이 두려우랴 거리끼겠소
  4. 대동아 재건이다 앞장잡이다/ 역사는 아름답고 평화는 온다/ 민족의 대진군아 발을 맞추자/ 승리다 대일본은 만세 만만세/『진방남 작품집』, 옛 가요 사랑 모임 유정천리 기획, 2013)
12 현재까지 반야월이 작사한 것으로 알려진 군국가요가 수적으로 적고 그 가사는 한 곡만 찾을 수 있었다. 상황이 이러하기에 반야월이 작사한 군국가요만의 특징을 포착하기란 지금으로서는 불가능하다.

대한 그리움을 표현한 노래는 물론, 당시에 많이 창작되고 향유되었던 방랑 의식을 드러낸 노래를 많이 불렀다. 실제로 그는 그러한 노래를 작사하기도 했는데, 〈삼천포 일야〉나 〈넋두리 이십 년〉에서 이를 확인할 수 있다.

한편 광복 이후부터 그가 사망하기 전까지 작사한 작품은 몇 천 곡에 이른다고 한다. 하지만 이 수치는 박영호나 조명암처럼 월북(越北)한 작가들의 작품들을 개사한 작품까지 포함시킨 것이다.13 개사한 작품이 아닌 반야월 자신이 작사한 작품만을 중심으로 현재까지 약 760여 곡의 작품 목록을 정리할 수 있었다. 760여 곡의 작품 목록 중에서 『불효자는 웁니다』에 수록된 가사 등을 참고해 모은 가사가 약 400곡 정도이다. 완전한 것은 아니나, 400곡 정도의 작품으로도 반야월 가사의 대체적인 양상을 살펴보는데 무리는 없을 것이다.

사실상 광복 이후부터 1950년대와 1960년대 음반 정보가 아직 제대로 정리되지 않았다. 심지어 작사가인 반야월 자신이 적시한 연도와 실제 음반 발매 연도가 다른 경우도 많았다. 일단 본고에서는 반야월이 기재한 연도를 기준으로 작품을 정리하였다. 그리고 『불효자는 웁니다』에 수록된 가사를 바탕으로 전반적인 작품 경향을 살펴보려 했다. 반야월의 전반적인 작품 경향을 살펴보는 데 있어서 본고에서 연구 대상으로 삼은 400

---

13 반야월이 박영호나 조명암의 작품을 개사해서 재발매한 것에 대한 평가는 아직 온전하게 이루어지지 않았다. 개사를 통해서라도 월북 작가의 작품을 살려 대중들이 향유할 수 있게 했다는 점에서는 긍정적인 평가가 가능하나, 개사 과정에서 원 가사가 소실되고 훼손되면서 원 자료를 정확하게 기록하는 일이 어려워졌다는 것에 대해서는 부정적인 평가가 이루어질 수밖에 없다. 사실상 아직까지 어떤 작품을 어떻게 개사했는지에 대해 구체적으로 밝혀지지 않았으므로, 앞으로 이에 대한 자료의 보강과 정리, 그리고 분석을 통한 재평가 등이 요청된다. 일단 본고에서는 논의의 편의 상, 반야월의 개사 작품이 아닌 순수한 창작 작품만을 분석 대상으로 삼았음을 밝혀둔다.

곡의 가사가 결코 적지는 않을 것이라 생각한다. 앞으로 실제 음반을 바탕으로 한 음반 정보 사항을 정리할 필요가 있다.14

Ⅳ. 작품의 특징

편의상 광복 이전과 광복 이후로 나누어서 반야월 작품의 특징을 살펴볼 수 있다. 주지하다시피, 광복을 기점으로 우리나라의 음반 산업은 달라졌다. 광복을 맞이하면서 일본 대신에 우리나라가 음반 산업의 주체가 되어 새롭게 대중음악의 역사를 쓰기 시작했던 것이다. 하지만 한국전쟁이 발발하면서 우리나라는 다시 격동과 파란을 겪었다. 대중가요도 이러한 당대의 상황과 조응하면서 다양한 모습으로 존재하였다. 반야월은 광복 이후에 더 활발하게 작사 활동을 했는데, 광복 이후 작품의 특징을 살펴보기에 앞서 광복 이전 작품의 특징부터 서술하기로 한다.

1. 광복 이전 작품의 특징

앞서 3장에서 목록을 제시했듯이, 광복 이전에 나온 반야월의 작품은 약 14곡이며, 발매연도가 1942년과 1943년에 집중되어 있는 것을 알 수 있다.15 이 중에서 가사를 찾을 수 있는 곡을 중심으로 그 작품의 특징을

---

14 대중가요 연구에 있어서 작품의 아카이브 정리가 시급하다. 그나마 오히려 광복 이전 작품은 나은 편이다. 하지만 광복 이후부터 1970년대까지는 정확하지 않은 경우가 태반이다. 따라서 국가적인 차원에서 이에 대한 정리가 이루어져야 한다.
15 본고의 작성을 위해, 찾을 수 있을 만큼 반야월 작품과 그 가사를 찾았으나 앞으로 작품을 더 발견할 가능성이 있음을 밝혀둔다.

보면, 먼저 〈돈풍년 쌀풍년〉은 당시 신민요의 대표적인 주제 중 하나였던 '풍년'을 주제로 하고 있음을 알 수 있다.16

> 에 만경벌 황소가 우네 만경벌 황소가 우네
> 쌀보리 사태가 나네 쌀보리 사태가 나네
> 돈 풍년 쌀 풍년일세 농부야 럴럴 농부야 럴럴
> 어허야 데헤로구나 상사디야
> 우리네 농부들 노래하며 거듬질하세
>
> 에 금강산 백두산일세 금강산 백두산일세
> 노다지 사태가 나네 노다지 사태가 나네
> 금 풍년 은 풍년일세 모타가 빙빙 모타가 빙빙
> 어허야 데헤로구나 상사디야
> 우리네 광부들 노래하며 노다지 개케
>
> 에 영변에 약산 동대에 영변에 약산 동대에
> 진달래 만발하였네 진달래 만발하였네
> 꽃 풍년 임 풍년일세
> 사랑이 둥둥 노래가 둥둥
> 얼씨구 절씨구야 상사디야
> 우리네 벗님아 노래하며 꽃구경 가세
>
> 〈돈풍년 쌀풍년〉(신민요, 반야월 작사, 김교성 작곡, 진방남 노래, 태평 5034, 1942)

---

16 광복 이전 신민요는 크게 '충족'과 '결핍'을 드러낸 노래로 나뉘고, '충족 의식'은 다시 '국토 예찬', '봄맞이', '풍년맞이'로 나누어서 살펴볼 수 있다. 광복 이전 신민요에 나타나는 충족 의식의 세 가지 모습은 장유정, 『오빠는 풍각쟁이야-대중가요로 본 근대의 풍경-』, 민음in, 2006, 245-263쪽을 참고할 수 있다.

신민요라고 곡종명을 부기한 〈돈풍년 쌀풍년〉은 당대 신민요가 보여주었던 특징을 그대로 계승해서 보여주고 있는 작품이다. 구체적인 지명을 사용한 것이나 반복을 활용해서 가사를 구성한 것, 그리고 전통적인 민요의 후렴구를 차용한 것이 그 증거이다. 1절에서는 농사와 관련된 내용, 2절에서는 광업과 관련된 내용, 마지막 3절에서는 임과 관련된 내용이 차례대로 흥겹게 전개되고 있다. 노래 가사에서 알 수 있듯이, 고통과 괴로움은 없고 오직 모든 것이 넘쳐나는 세상이 등장하고 있다. 돈과 쌀이 넘쳐나고 금과 음이 넘쳐나며, 사랑마저 충만한 세상이 그려지고 있는 것이다. 그리고 이는 당대 여타 신민요에서 종종 볼 수 있는 '선취된 미래'를 표현한 것으로도 볼 수 있다.

형식적인 측면에서도 〈돈풍년 쌀풍년〉은 여타 신민요는 물론이거니와 기존의 민요와 잡가에서 나타나는 특징을 계승하고 있다. 예를 들어, '농부야 럴럴', '모타가 빙빙', '사랑이 둥둥'처럼 같은 구절을 반복하고 의성어와 의태어를 사용하여 작품의 리듬감을 강조하고 있는 것에서 이를 확인할 수 있다. '어허야 데헤 로구나'와 '얼씨구 절씨구'도 기존의 민요와 잡가에서 종종 볼 수 있는 후렴을 차용한 것이다. 아울러 '상사디야'도 농부가에 등장하는 후렴의 일부로써, 〈돈풍년 쌀풍년〉이 기존의 민요와 잡가를 계승하였음을 알려준다.

한편 〈용마차〉와 〈꽃마차〉는 이국성을 드러낸 곡들이라 할 수 있다. 선율도 중국풍을 연상시키는 선율을 사용하였는데, 이는 광복 이후에 발매된 〈차이나 맘보〉 등과 궤를 같이하는 곡으로 볼 수 있다.[17]

---

17 〈차이나 맘보〉에 대한 해석은 장유정, 「1950년대 대중가요의 이국성 고찰」, 『구비문학연구』 27집, 한국구비문학회, 2008, 7-12쪽을 참고할 수 있다.

노래하자 하르빈(哈爾濱) 춤추는 하르빈/
아카시아 숲속으로 꽃마차는 달려간다
하늘은 오렌지색 꾸냥의 귀걸이는 한들한들/
손풍금 소리 들려온다 방울 소리 들린다

푸른 등잔 하르빈 꿈꾸는 하르빈 알곰삼삼 아가씨들 콧노래가 들려온다
송화강 출렁출렁 숨 쉬는 밤하늘엔 별이 총총/
색소폰 소리 들려온다 호궁 소리 울린다

울퉁불퉁 하르빈 코코아 하르빈/
뾰죽 신발 바둑길에 꽃양산이 물결친다
이국의 아가씨야 내일의 희망 안고 웃어다오
대정금(大正琴)18 소리 들려온다 노래소리 들린다
〈꽃마차〉(반야월 작사, 이재호 작곡, 진방남 노래, 태평 5032, 1942)

경쾌한 선율로 이루어진 〈꽃마차〉는 '하얼빈'의 이국적인 정취를 드러낸 노래이다. 이국성(異國性: exoticism)을 드러낸 노래는 크게 이국정취(exotic mood)를 묘사한 노래와 이국정서(exotic emotion)를 드러낸 노래로 나눌 수 있다.19

....

18 대정금(大正琴: 타이쇼고토)은 두 줄의 현과 간단한 건반이 달린 일본 악기를 뜻한다. 하르빈에서 일본 악기인 '대정금 소리가 들려온다'는 표현을 통해서 하얼빈에 침투된 일본의 문화를 엿볼 수 있다. 반야월이 이 노래를 작사할 때 얼마나 의식했는지는 알 수 없으나, 이러한 표현을 통해 러일전쟁 당시 일본이 승전한 기억을 은연중에 상기시키고 있다고 할 수 있다. 하지만 전반적인 작품의 내용을 고려할 때, '대정금'은 단순히 이국적인 풍경을 묘사하기 위해 사용한 어휘로도 볼 수 있는 바, 앞으로 텍스트 이외의 자료를 참고하여 이에 대한 종합적인 평가를 시도할 필요가 있다.
19 대중가요에 나타나는 이국성의 정취와 분류는 장유정, 앞의 글, 2008을 참고할

이국정취나 이국정서를 나타낸 작품들이 공통적으로 이국적인 풍물을 상징하는 어휘를 사용하나, 내용에서 차이가 드러난다. 즉 이국정취를 나타낸 작품이 주로 다양하고도 다다한 이국적인 풍물을 드러내는 것 자체에 치중한다면, 이국정서를 지향하는 작품은 그러한 이국적인 풍물을 통해 정서의 감응까지 유도하는 것이다.

〈꽃마차〉는 이국정서보다는 이국정취를 드러내는 데에 치중한 노래로 볼 수 있다. 꾸냥, 송화강, 하르빈, 이국의 아가씨 등을 가볍게 나열한다는 것에서 이를 확인할 수 있다. 사실상 1940년대 초반에는 우리나라에서도 중국에 대한 관심이 높았다. 1940년 1월부터 7월까지『매일신보』에 연재했다가 1941년에 박문서관에서 단행본으로 출간된 이효석의 장편소설 〈벽공무한(碧空無限)〉도 중국 하얼빈으로 배경으로 하고 있다. 그리고 본고에서 언급한 〈꽃마차〉와 같은 대중가요 가사에도 하얼빈이 종종 등장하는 것이다.

이는 당시 중국 진출의 야심을 드러냈던 일제의 관심과도 연관이 있을 것이다. 하얼빈이라는 지역이 러일전쟁 당시 일본이 전승했던 기억을 담지하고 있는 특별한 공간이기 때문이다. 하지만 〈꽃마차〉에서도 보듯이, 이국정서가 아닌 이국정취를 드러냄으로써 오히려 대상을 희화화(戲畫化)시킴으로써 일제의 그런 야심은 오히려 노래에서 조롱된다고도 할 수 있다.[20]

수 있다.
[20] 특정 대중가요의 의미를 포착하는데 있어서 창작자의 창작 의도 못지않게 중요한 것이 그 노래를 향유하는 대중의 의식이다. 〈꽃마차〉의 선율과 가사를 볼 때, 당대인이 〈꽃마차〉를 향유하면서 일제의 야욕에 동조하고 이를 내면화하기보다는 재미를 추구하면서 이러한 노래들을 가볍고 즐거운 마음으로 향유했을 가능성이 높아 보인다. 하지만 본고에서 이것이 일제에 대한 조롱으로까지 이어질 수 있다고 한 것은 당대의 관점이라기보다는 오늘날 관점에서 바라볼 때 그렇

〈꽃마차〉는 전반적으로 흥겹고 경쾌하게 선율에 맞추어서 작품의 내용이 전개되고 한들한들, 알곰삼삼, 출렁출렁, 울퉁불퉁처럼 의성어와 의태어를 사용하여 작품의 리듬감을 강화시키고 있다. 특히 청각적인 이미지를 적극적으로 사용하였는데, 손풍금 소리, 방울 소리, 색소폰 소리, 호궁 소리, 대정금 소리, 노래 소리 등에서 이를 확인할 수 있다. 기본적으로 이 노래는 가볍고도 피상적으로 이국의 정취를 드러내어 즐거움을 유발시키는 것이다. 그리고 이는 일제 말에 우리나라의 대중가요 제작 체제와 음반 유통 범위가 만주 지역으로까지 확장되면서 나타난 상업적 전략의 소산으로 볼 수 있다.

광복 이전에 나온 반야월의 작품 중 세 번째 경향으로는 세태를 반영하면서 방랑의식을 드러낸 것을 언급할 수 있다. 〈삼천포 일야〉와 〈넋두리 이십 년〉이 대표적인 작품이다.

> 눈보라가 휘날리어 얼굴을 치는구나
> 찬 뺨에 흐르는 물 눈 녹음이 아니로다
> 이 한밤 외진 산길 몰아치는 바람길에
> 헤어진 옷자락이 떠는구나 어는구나
>
> 얼어붙은 옛 생각에 서글픈 옛 생각에
> 절절히 사무치는 어리석은 옛 일들아
> 무산령 고개 넘어 몇 천 리냐 몇 만 리냐
> 끝없이 돌아 돌아 정처 없는 나그네야
>
> 울어 십 년 웃어 십 년 청춘이 애달파라
> 넋두리 이십 년에 역사도 한없구나

....
게 볼 여지가 있음을 언급한 것이다.

전봇줄 울어 울어 고향 소식 망망한데
못 잊을 어머님의 주름살이 야속하오
〈넋두리 이십 년〉(반야월 작사, 김교성 작곡, 진방남 노래,
태평 KC5032, 1942년)

〈넋두리 이십 년〉은 당시 대중가요에서 가장 많이 볼 수 있는 '방랑의 식'을 드러낸 노래이다. 노래 속 화자는 고향을 떠나 정처 없이 헤매는 나그네인 것이다. 하지만 그의 방랑길은 기쁨과 희망으로 가득 찬 길이 아니라 서글픔과 눈물로 가득 찬 외로움과 절망의 길이다. 주지하다시피 일제강점기는 자의 반 타의 반으로 고향을 떠나 헤매는 나그네들이 많았 다. 그에 따라 이러한 세태를 반영한 대중가요도 다수 등장하였다. 위기의 상황 속에서 방랑의식을 드러낸 노래가 많이 나온 것은 그런 시대 배경과 무관하지 않다.

노래 속 화자도 고향을 떠나 무산령 고개 넘어 몇 천 리 몇 만 리를 20년째 떠돌고 있다. 하지만 이러한 방랑이 언제 끝날지 기약이 없기에 그 비극성은 클 수밖에 없다. 게다가 화자가 할 수 있는 일이라곤 눈물을 흘리며 고향 소식을 기다리고 늙어가는 어머니를 그리워하는 것뿐이다. 이처럼 〈넋두리 이십 년〉은 당시 대중가요에서 빈번하게 나타나는 '방랑 의식'을 주제로 하는 노래라고 할 수 있다.

그런데 1940년대 방랑의식을 드러낸 노래가 기존에 있던 방랑물의 계 승이 아닌 1930년대 후반 일본 대중가요의 경향 중 하나인 '도추모노(道中 物)'의 영향으로 나온 것으로 보는 입장이 있다. 도추모노는 주로 야쿠자 같은 떠돌이 인생의 의리·인정·유랑 등을 소재로 하는 일군의 작품들로, 제4·7음을 배제한 장조와 율동감이 가미된 2박자 리듬을 사용한다. 그리 고 이러한 음악적 특징이 당시 우리나라 대중가요에도 영향을 끼쳤다는 것이다.[21]

당시 대중가요가 일본 대중가요의 음악적 영향을 받아서 형성된 것은 사실이다. 하지만 가사에 방랑의식이 나타난 모든 노래를 '도추모노'와의 관련 속에서만 파악할 수는 없다. 일단 우리나라에는 일본과 같은 야쿠자 문화가 없다. 야쿠자 문화가 부재(不在)한 우리나라에서 야쿠자 문화와 연관 속에서 발생한 '도추모노'를 당시 우리나라 대중가요에 그대로 대입시키기 어려운 측면이 있는 것이다. 사실상 '방랑'은 우리나라에 대중가요가 등장했을 때부터 당시의 시대적 환경으로 인해 지속적으로 빈번하게 사용되는 소재였다. 그리고 1940년대 '방랑 의식'을 드러낸 노래는 일본 대중가요 중 '북방물(北方物)'의 자장 안에서 창작된 것으로 보는 것이 더 합리적이다. 이러한 상황 속에서 기존에 절절하게 세태를 반영하던 '방랑물(放浪物)'이 추상적이고도 낭만적인 내용을 담지하는 것으로 변하기도 했다.

하지만 당대인에게 이러한 노래가 단지 낭만적으로만 다가오지는 않았을 것이다. '방랑'과 '유랑'은 그들의 일상이자 생존이 걸린 문제였기 때문이다. 게다가 〈넋두리 이십 년〉은 함경북도 부령군과 회령군 사이에 있는 '무산령'이라는 실제 고개를 사용해서 작품의 구체성과 사실성을 확보하였다. 나그네와 방랑자가 넘쳐났던 시기에 나온 반야월의 〈넋두리 이십 년〉은 사실적 경향이 우세한 노래라 할 수 있다.

이상에서 살펴본 바와 같이, 광복 이전에 반야월이 작사한 14편의 작품 목록을 정리할 수 있었고 이 중에서 약 7편의 가사를 찾을 수 있었다. 이 가사들은 크게 세 가지 경향을 드러냈다. 풍년을 주제로 한 작품, 이국성을 드러낸 작품, 방랑의식을 표현한 작품이 그것이다. 그런데 이 중에서

---

21 김창남 엮음, 『대중음악의 이해』, 한울아카데미, 2012, 247쪽. 한편 음악적으로 4.7음을 배제한 장조와 2박자 리듬을 사용한 도추모노(道中物)는 특히 1950년대 우리나라에서 인기를 얻었던 장조 트로트에 영향을 준 것으로 보인다.

풍년을 주제로 한 작품과 이국성을 드러낸 작품은 '낭만적 경향'이 강하다고 할 수 있다. 그리고 '방랑의식'을 드러낸 작품은 '사실적 경향'이 우세하다고 할 수 있다. 광복 이전에 반야월이 작사한 작품의 수가 적어서 단정하기는 어려우나, 반야월의 작품들은 당대의 경향을 충실히 따르고 있다고 할 수 있다.

'낭만적 경향'의 작품은 주로 이국성, 회고주의, 그리고 상상의 세계를 지향하는 반면에 '사실적 경향'의 작품은 세태를 핍진하게 반영하는 양상을 보여준다. 대부분의 대중가요 가사가 이러한 낭만적 경향과 사실적 경향을 드러낸다. 그리고 시대나 그 배경에 따라 낭만적 경향과 사실적 경향을 드러낸 작품 중 어떤 한 경향의 작품이 우세하게 나타나거나 열세해지면서 포물선 그래프를 그려가기도 한다. 반야월의 가사에서도 이러한 낭만적 경향과 사실적 경향을 드러낸 작품을 찾을 수 있다. 다음 장에서는 낭만적 경향과 사실적 경향으로 나누어서 광복 이후에 발매된 작품이 구체적으로 어떤 모습으로 존재하는지를 살펴보기로 한다.

2. 광복 이후 작품의 특징

반야월의 작품을 위시한 대부분의 대중가요 가사는 두 가지 경향으로 크게 나누어서 살펴볼 수 있다. 낭만적 경향과 사실적 경향이 그것이다. 이는 나름대로의 역사적 전통을 지니고 있는 사실주의와 낭만주의와는 구별되는 것으로, 가사가 어느 쪽 경향에 더 가까운 지를 보고 낭만적 경향과 사실적 경향으로 나눈 것이다. 따라서 사실적 경향의 노래가 주로 세태를 반영하는 것에 치중하고 있다면, 낭만적 경향의 노래는 환상과 상상의 세계를 묘사하는데 중점을 둔다고 할 수 있다. 특히 정열적인 자아의 해방, 국민적·지방적 전통으로의 복귀, 자연에 대한 사랑, 명상적 신비주의, 미적 회고주의, 이국성을 등을 통해 발현되는 정서를 표현한 가사는 '낭만적 경향'을 드러낸 것으로 볼 수 있다.22 그러면 먼저 낭만적 경향의 작품의 구체적인 모습부터 살펴보기로 한다.

1) 낭만적 경향의 작품

반야월의 작품에서 낭만적 경향을 드러낸 작품은 크게 이국성, 회고주의, 사랑지상주의, 그리고 청춘 예찬으로 나누어서 살펴볼 수 있다. 이국성을 드러낸 작품으로는 〈그리워라 나포리〉, 〈나포리 연가〉, 〈남국의 향수〉, 〈사랑의 파리〉, 〈스페인의 꿈〉, 〈차이나 아가씨〉, 〈태평양 항로〉, 〈월남 소야곡〉 등을 들 수 있다. 이상의 노래들도 대체로 이국정서보다는 이국정취를 묘사하고 있다. 다만 광복 이전의 작품과 다른 것은, 광복 이후에 나온 노래에서 이국의 개념이 확장된 것을 들 수 있다. 광복 이전에는 만주나 상하이 등 아시아 지역이 이국으로 등장한다면, 광복 이후에는 시대가 변하고 6·25 이후 다양한 외국을 직·간접적으로 경험하면서 프랑스, 이탈리아, 스페인 등도 이국으로 등장한 것이다.

당시 대중가요 중에는 반야월의 노래뿐만 아니라 이국의 정취를 묘사한 노래들이 대거 나왔다. 이는 6·25 이후에 다양한 나라를 접할 수 있었던 시대적 배경과 무관하지 않다. 이에 더해, 당시 한국 대중가요계 분위기의 영향을 받기도 했다. 즉 이른바 자유당 시절에 국내 사정이 좋지 않고 대중가요 가사에 대한 검열이 심해지자 시국과 무관한 이국에 눈을 돌렸고, 이에 따라 이국성을 드러낸 노래가 상당수 등장했던 것이다. 반야월

---

22 필자는 1945년부터 1960년까지의 대중가요의 노래 가사에서 낭만적 경향과 사실적 경향이 시기별로 어떻게 드러나는지를 살펴 본 바 있다.(장유정, 「한국 대중가요의 전개 양상 고찰-1945-1960년까지의 작품을 중심으로-」, 『한국문학논총』제51집, 한국문학회, 2009)

의 기록에 따르면, 〈나포리의 연가〉도 나폴리가 좋아서 만들고 불렀다기보다는 국내 현실에 짜증난 마음을 잠깐 딴 곳으로 돌리고 마음을 가다듬을 수 있는 여유를 주기 위해 만든 노래라 한다.[23]

상황이 이러하다 보니, 이국정서를 강하게 드러내기보다는 표면적으로 이국정취를 묘사한 노래가 대부분을 차지한다고 할 수 있다. 다음의 〈스페인의 꿈〉에서도 이를 확인할 수 있다.

청춘의 부기우기 정열의 부기우기/
새빨간 드레스를 꽃처럼 날리며
미치는 카스타넷 돌아가는 네온싸인/
잔 들어 브라보 노래하자 춤을 추자
황소 뿔과 싸움하는 승리의 날/
그대 사랑 내 가슴에 얼싸 안고 캄인
축복 받는 오늘밤을 영원히 새우리라 부기 멜로디

즐거운 부기우기 희망의 부기우기/
연분홍 부라자가 터질 것 같구나
울어라 색세인코 쏟아져라 진주별아/
다같이 브라보 마시어라 취하여라
돈호세와 칼멘에 물결치는/
가는 허리 쓸어안고 춤을 추자 캄인
불꽃 타는 내 사랑을 영원히 빛내리라 부기 멜로디
〈스페인의 꿈〉(반야월 작사, 송운선 작곡, 박재란 노래, 1963년)[24]

스페인의 정취를 묘사한 〈스페인의 꿈〉은 스페인의 풍경을 흥겹게 묘

---

23 반야월, 앞의 책, 2005, 563쪽.
24 발매 정보와 연도는 모두 위의 책을 따랐음을 밝혀둔다.

사하고 있다. 즉 스페인을 깊게 이해하기보다는 그 정취를 가볍게 묘사하는데 치중하는 것이다. 그에 따라, 가사도 '마시고 취하고 노래하고 춤추자'고 해서 전반적으로 흥겨움과 경쾌함을 강조하는 것으로 나아가고 있다. 이러한 노래들은 외래어도 빈번하게 사용하는데, 〈스페인의 꿈〉에서도 이를 확인할 수 있다. 카스타넷(castanets), 네온

〈스페인의 꿈〉이 수록된 음반 이미지

싸인(neon sign), 브라보(bravo), 색세인코,25 캄인(come in)과 같은 외래어는 이 노래의 이국성을 강화하는 역할을 한다.

다음으로 회고주의를 드러내는 노래로는 〈백제의 밤〉, 〈신라 천년〉, 〈순국처녀 유관순〉, 〈양귀비〉, 〈울어라 진주 남강〉, 〈이차돈의 죽음〉, 〈황진이 사랑〉, 〈님 없는 탄금대〉 등을 들 수 있다. 주로 역사적인 인물이나 역사 속 과거의 왕국을 회고하는 내용으로 이루어져 있다. 〈백제의 밤〉과 〈신라 천년〉이 각각 백제와 신라를 회고한 작품이라면, 〈순국처녀 유관순〉, 〈양귀비〉, 〈이차돈의 죽음〉, 〈황진이 사랑〉은 역사 속 인물을 소재로 한 작품에 해당한다.

　　칠백년 부여 땅에 밤이 내린다/ 변함없이 흘러가는 님 없는 백마강

---

25 반야월은 자신의 책에서 '색세인코'가 새의 이름이라 하였으나, 정확하게 어떤 새인지 알 수 없었다. 그러다 김동욱 선생님의 제보로 이것이 '파랑새'나 '사랑해'를 뜻하는 일본어 세키세인코(せきせいいんこ)라는 것을 알았다. 소중한 제보를 해주신 김동욱 선생님께 이 자리를 빌려 감사의 마음을 전한다.

별빛도 울며 새는 백제의 밤이여/ 달빛도 울며 새는 백제의 밤이여
아 아 아 삼천궁녀 가신 곳이 어디냐 어디메냐

사자수 깊은 물에 밤이 내린다/ 어디메서 들려오는 구슬픈 옥피리
대궐도 사라져 간 백제의 밤이여/ 영화도 사라져 간 백제의 밤이여
아 아 아 낙화암에 물새들만 구슬피 우는구나
〈백제의 밤〉(반야월 작사, 박시춘 작곡, 도미 노래, 1962년)

    회고주의는 현실의 불만과 불평을 해소하는 방법으로 종종 사용되곤 한다. 그리고 이는 현실이 아닌 이미 사라져간 과거를 추억한다는 점에서 낭만적 경향을 보여준다고 할 수 있다. 또한 회고주의를 드러낸 작품은 이를 많은 사람들이 이미 알고 있다는 점에서 공감대를 형성하기에 용이하다고 볼 수 있다. 누구나 백제, 신라, 황진이, 유관순 등을 알고 있기 때문에 이를 소재로 한 노래를 들으면서 대중은 친숙함을 느끼는 것이다. 중요한 것은 회고주의를 드러낸 노래가 트로트의 토착화에 일조했다는 것이다. 트로트가 우리나라 역사와 향토 등을 소재로 다루면서 자연스럽게 토착화되었던 것이다.
    그런데 〈백제의 밤〉이 단순히 백제를 회고하는 것에서 그치고 있다면, 〈순국처녀 유관순〉은 '유관순'에 대한 예찬을 통해 역사의식을 강조하는 기능도 하고 있다.

말없이 흐르는 만화천 저 물결아/ 이 강산 순국 처녀 너도 알지
독립만세 외치던 그 날/ 하늘땅도 따라서 외쳤었네
겨레의 앞장서서 호령하던/ 아 대한의 딸 장하도다 유관순님

압박과 설움의 왜정의 모진 챗죽/ 이 강산 순국 처녀 일어섰네
쇠사슬이 끊어진 그 날/ 산천초목 따라서 춤을 췄네

겨레의 가슴마다 거울이 된/ 아 대한의 딸 거룩하다 유관순님

피 더운 가슴에 단 하나 그 소원은/ 이 강산 조국 땅에 자주 독립
무궁화가 곱게 핀 오늘/ 두손 모아 명복을 빌고 빌어
겨레의 가슴마다 사모치는/ 아 대한의 딸 빛나도다 유관순님
〈순국처녀 유관순〉(반야월 작사, 전오승 작곡, 박재홍 노래, 1960년)

〈순국처녀 유관순〉은 우리나라 사람이라면 누구나 알고 있는 '유관순'이라는 역사적 인물을 내세워서 그녀를 예찬하고 있다. 사실상 현재는 존재하지 않는 역사 속의 인물을 현재에 호명했다는 것 자체가 '낭만적 경향'을 보여준다고 할 수 있다. 특히 가사에서 사용하고 있는 과도한 영탄조와 유관순을 예찬하는 표현들은 이 작품의 '낭만적 경향'을 강화시킨다. 더 나아가 이 노래는 '유관순'이라는 인물을 통해 '애국심'을 환기하는 기능까지 수행하고 있다. 유관순과 '독립만세', '순국', '대한의 딸' 등과 같은 표현을 중첩시키면서 자연스럽게 애국심을 환기하는 것이다.

세 번째로, 낭만적 경향을 드러낸 작품으로는 '사랑지상주의'를 표방한 작품을 들 수 있다. 사실상 사랑만이 전부이고 사랑이 영원할 것이라고 믿는 것은 일종의 '낭만적 신화'라고 할 수 있다. 계절이 변하듯 사랑이 변하는 것은 사랑의 속성이기도 하다. 그래서 소설 〈홍루몽〉에서는 "세상의 모든 좋은 일이면 끝나는 거고, 끝나면 좋은 거다"라고도 했다. 그럼에도 불구하고 사랑이 영원할 것처럼 말하는 것은 '사랑을 우상화'[26] 시키는 것이다. 반야월의 작품 중에서 사랑의 우상화 내지 사랑지상주의를 드러낸 작품으로는 〈님께서 부르시면〉, 〈사랑의 기원〉, 〈사랑〉 등을 들 수 있다.

---

[26] 사랑의 우상화의 위험성에 대해서는 『사랑하면 죽는다』(마르셀라 이아쿱 지음, 홍은주 옮김, 세계사, 2006)를 참고할 수 있다.

언제나 내 사랑이 되어 주오/ 영원히 내 사랑이 되어 주오
비바람이 불어도 눈보라가 쳐도/ 그리운 그대여 나의 사랑이여
변치말자 했지 맹세했지 하늘이 무너져도/
영원히 내 사랑이 되어 주오

언제나 내 사랑이 되어 주오/ 영원히 내 가슴에 안겨 주오
등불 없는 바다도 달 없는 사막도/ 그리운 그대여 나의 사랑이여
걸어가자 했지 맹세했지 상전이 벽해 되도/
영원히 내 가슴에 안겨 주오
〈사랑의 기원〉(반야월 작사, 김호길 작곡, 남인수 노래, 1960년)

〈사랑의 기원〉이 수록된 남인수 음반

〈사랑의 기원〉은 전형적인 사랑지상주의를 보여주는 노래에 해당한다. 종종 낭만적으로 묘사되는 사랑은 인간 삶의 일부이므로 현실이고 일상이다. 그러므로 사랑은 때로 변하기도 하고 사라지기도 한다. 그럼에도 불구하고 낭만적인 사랑의 신화에서 사랑은 영원불변한 것으로 그려지는 것이다. 그래서 화자는 사랑을 맹세하고 변치 않는 마음을 약속한다. 〈사랑의 기원〉에서도 마찬가지다. 화자는 임에게 '비바람이 불고 눈보라가 쳐도 영원히 나의 사랑이 되어 달라'고 말한다. 이처럼 영원한 사랑을 맹세하는 것은 낭만적 경향을 보여주는 대표적인 예이다.

마지막으로 청춘을 예찬하는 내용으로 이루어진 작품도 낭만적 경향을 보여준다고 할 수 있다. 청춘도 언젠가는 사라진다는 점에서 결코 영

원할 수 없다. 게다가 청춘을 지나온 사람들은 알 것이다. 청춘이라는 것이 언제나 장밋빛으로 이루어진 것이 아니라는 것을 말이다. 오히려 그 어떤 것도 확실하지 않다는 점에서 청춘은 불투명성과 불완전성으로 가득 찬 인생의 한때인 것이다. 그럼에도 불구하고 청춘은 행복과 기쁨만이 가득찬 시기로 그려지기도 한다. 반야월의 작품 중에서 청춘을 예찬한 내용으로 이루어진 작품으로는 〈청춘 브라보〉, 〈청춘 만세〉, 〈청춘 맘보〉, 〈청춘 보트〉, 〈청춘 요트〉, 〈청춘 시절〉, 〈청춘 하이킹〉, 〈행복의 일요일〉 등을 들 수 있다.

> 앞산이 부른다 뒷산이 부른다/
> 산토끼가 낮꿈 꾸는 산맥을 타고 가자
> 하늘에는 헬기가 부붕붕 날아간다/
> 야호 야호 야호 야호 대지의 청춘이다
> 자연에 살리라 희망의 메아리/
> 청춘 하이킹
>
> 앞강이 흐른다 뒷강이 흐른다/
> 단풍잎이 곱게 물든 계곡을 따라 가자
> 캔맥주를 단숨에 마시면 기분이다/
> 야호 야호 야호 야호 대지의 사랑이다
> 내일에 살리라 인생의 메아리/ 청춘 하이킹
> 〈청춘 하이킹〉(반야월 작사, 나화랑 작곡, 박철로 노래, 1967년)

〈청춘 하이킹〉도 청춘의 기쁘고 즐거운 한때를 그리고 있는 작품이다. '야호'라는 의성어를 반복적으로 사용하여 작품의 리듬감을 강화하는 것과 동시에 작품에 경쾌함을 더하고 있다. 〈청춘 하이킹〉에서 젊은 날의 고뇌와 고민은 드러나지 않는다. 하이킹을 떠난 청춘의 기쁨과 희망만이 가득 차

있을 뿐이다. 따라서 〈청춘 하이킹〉은 청춘을 낭만적이고도 피상적으로 그리고 있다는 점에서 낭만적 경향을 드러낸 작품이라고 할 수 있다.

2) 사실적 경향의 작품

반야월의 작품 중에서 사실적 경향을 드러내는 작품은 대체로 세태를 반영하는 것에 치중하는데, 이는 실화를 바탕으로 한 것과 방랑의식을 드러낸 것으로 나누어서 살펴볼 수 있다. 먼저 실화를 노래로 만든 것으로는 〈단장의 미아리 고개〉, 〈사백 환의 인생 비극〉, 〈사월의 깃발〉,27 〈오 이 나라 나이팅겔 이효정님〉, 〈겨레의 영광〉, 〈두형아〉, 〈두형이를 돌려줘요〉 등을 들 수 있다.

〈단장의 미아리 고개〉는 반야월 자신이 한국전쟁 당시에 자신의 딸 '수라'를 잃은 실제 사건을 노래로 만든 것이다. 전쟁이 일어나고 반야월은 마산에 내려와 마산 방송국 문예부 책임자로 있으면서 동료들과 콩쿠르 준비를 하느라 집에는 쌀가마니만 팔아놓고 집을 비우곤 했다. 당시

---

27 가요계에서는 4.19를 주제로 한 〈4·19행진곡〉(강남풍 작사, 김부해 작곡, 박재홍·김지녀·박정심·안정애 노래), 〈남원 땅에 잠들었네〉(차경철 작사, 한복남 작곡, 손인호 노래) 등 많이 만들어졌는데, 이 중 〈4월의 깃발〉이 가장 많이 불렸다. 참고로 〈사월의 깃발〉 가사를 제시하면 다음과 같다.
  1. 4월의 깃발이여 잊지 못할 그날이여/ 하늘이 무너져라 외치던 민주 주권/ 그 주권 찾은 날에 그대들은 가셨나니/ 임자 없는 책가방을 가슴에 고이 안고/ 흐르는 눈물 속에 어린 넋을 잠재우리
  2. 4월의 불길이여 피에 젖은 꽃송이여/ 빈 주목 빈손으로 쏟아져 나온 교문/ 어른이 못한 일을 그대들은 하였나니/ 민주 대한 새 터전에 초석된 어린 영웅/ 조국의 품안에서 고이고이 잠드소서
  3. 4월의 태양이여 뭉쳐진 대열이여/ 양처럼 순한 마음 진리는 명령되어/ 거룩한 더운 피를 그대들은 흘렸나니/ 역사 위에 수를 놓은 찬란한 어린 선열/ 조국의 별이 되어 길이길이 빛나소서
  〈4월의 깃발〉(반야월 작사, 박시춘 작곡, 남인수 노래, 1962년)

아내는 미처 서울을 빠져 나오지 못했는데, 9·28 수복 후에 서울에 올라가서 아내를 만난 반야월은 청천벽력의 소리를 들었다. 5살짜리 딸 수라를 업고 화약이 터지는 미아리 고개를 넘던 중 어린 수라가 죽었다는 얘기였다. 아내는 죽은 아이를 이불에 싸서 호미로 땅을 파고 거기에 묻었는데, 깊게 묻지도 못했다. 그 얘기를 듣고 피를 토하는 심정으로 만든 곡이 〈단장의 미아리 고개〉였다.[28] 이러한 노래는 6·25 전쟁이 아니었으면 결코 나올 수 없었던 노래라는 점에서 세태를 반영한 사실적 경향의 노래라 할 수 있다.

다음으로 〈사백 환의 인생 비극〉은 1960년 3월에 부산 국제고무공장에서 화재가 나서 60여 명의 여공이 사망한 것을 노래로 만든 것이다. 당시 그들의 일당이 400환이어서 〈사백 환의 인생 비극〉이란 제목을 붙인 것이다. 그리고 〈사월의 깃발〉은 1960년 4·19 때 희생당한 어린 학생들의 넋을 추모하는 노래이고, 〈오 이 나라 나이팅겔 이효정〉은 이효정이라는 실제 간호사를 예찬하는 노래이며, 〈겨레의 영광〉은 5·16 군사정변을 기념하여 지은 노래이다.

마지막으로 〈두형이를 돌려줘요〉와 〈두형아〉는 1963년에 실종된 '두형'이란 아이를 찾기 위해서 벌였던 '두형이 찾기 운동'의 일환으로 만들었던 노래에 해당한다. 동요 〈산토끼〉를 샘플링한 〈두형이를 돌려줘요〉의 가사는 다음과 같다.

> 두형아 두형아 어디에 있느냐/ 깡충깡충 뛰면서 누구랑 놀겠지
> 여기도 두형이 저기도 두형이/ 서울 부산에도 두메산골에도 두형이
> 어른도 아이들도 두형이/ 두형이를 찾는다 두형아 두형아 두형아

---

28 박찬호, 『한국가요사』2, 미지북스, 2009, 145-146쪽.

(대사) 두형아! 울지마라 응? 착한 애기지.
　　　　울면 바보야.
아저씨 아줌마 말 잘 듣고
엄마 아빠 보고 싶거든
네가 잘 부르던 노래 있잖아? 응!
기타부기 말이야.

두형아 두형아 어디서 노느냐/ 기차놀이 하면서 누구랑 놀겠지
아빠도 두형이 엄마도 두형이/ 대구 광주에도 방방곡곡에도 두형이
낯모른 사람들도 두형이/ 두형이를 찾는다 두형아 두형아 두형아
　　　〈두형아〉(반야월 작사, 라음파 작곡, 남상규·아세아합창단 노래, 1963년)

'두형이 사건'을 다룬 기사(『경향신문』1963년 6월 21일)

　　1962년 9월에 서울 마부구(현재 마포구) 공덕동에 살던 조두형 군(당시 4세, 1959년 생)이 실종되었다. 두형이가 길을 잃은 줄 알고 미아 신고를 한 조두형의 부모는 신문에 후사금 2만 원을 걸고 광고를 냈다. 하지만 여기저기서 돈을 달라는 협박장이 조두형의 집에 도착하였고, 돈 때문에 4살짜리 아이를 유괴했다는 것이 당시 사회에 충격으로 받아들여지면서

각종 언론을 포함한 많은 단체들이 두형이를 찾기 위한 범국민적인 운동을 벌였다. 이러한 운동이 가요계에까지 번져서 〈두형이를 돌려줘요〉와 〈두형아〉와 같은 노래가 나왔던 것이다. 몇 년 동안 신문에 두형이와 관련된 기사가 실리고 대통령까지 대국민 담화를 하였으나, 끝내 두형이의 행방과 생사는 알 수 없었다.

이처럼 세태를 반영한 노래들이 사실적 경향을 보여주는 대표적인 노래라면, '방랑의식'을 드러낸 노래도 사실적 경향을 보여주는 노래라 할 수 있다. 1960년대와 1970년대는 산업화에 따라 농촌의 인구가 도시로 이동하는 이촌향도(離村向都)가 많이 이루어졌다. 그에 따라 고향을 떠나 타향을 헤매는 많은 나그네들이 등장하였다. 하지만 농촌을 떠나 도시로 왔다고 해서 그들에게 성공과 행복이 보장되는 것은 아니었다. 고향을 떠나 방황하는 나그네에게 있어 현실은 녹록치 않았던 것이다. 그 때문에 고향을 그리워하는 노래가 광복 이전과 마찬가지로 많이 등장하였다. 현실이 어렵고 고달플수록 유년의 평화로운 한때를 떠올리게 하는 고향과 부모님이 그리워지는 것이다. 이러한 노래들은 대체로 임의 부재에서 비롯한 임에 대한 그리움과 고향과 부모님에 대한 그리움을 사실적으로 묘사하고 있다.

물론 고향을 소재로 한 노래가 모두 사실적 경향을 드러낸다고 보기는 어려울 것이다. 때로 고향을 낭만적으로 그릴 수도 있기 때문이다. 하지만 가사만 놓고 볼 때, '고향에 대한 그리움'을 표출한 노래는 당시 고향을 떠나 타향으로 가야했던 사람들의 일상을 반영하고 있다. 그리고 구체적인 지명이나 사실적인 묘사를 통해서 노래에서 '사실적인 경향'이 우세하게 나타나기도 한다. 반야월이 작사한 노래 중 '고향'을 소재로 한 노래들을 제시하면 다음과 같다.

〈가거라 슬픔이여〉, 〈가는 봄 오는 봄〉, 〈고향역〉, 〈고향 열차〉, 〈고향의 달〉, 〈고향의 자장가〉, 〈고향친구〉, 〈귀향〉, 〈내 고향 마산항〉, 〈눈물의 목포항〉, 〈돌아가자 하동 포구〉, 〈무명선〉, 〈방랑의 처녀〉, 〈보일 듯이 보일 듯이〉, 〈석류꽃 피는 고향〉, 〈여수 야화〉, 〈외나무 다리〉, 〈울리는 경부선〉, 〈초가 고향〉, 〈한 송이 물망초〉, 〈고향가는 급행 열차〉, 〈고향달〉, 〈고향의 모정〉, 〈고향 포구 님 포구〉, 〈그리운 초가 고향〉, 〈나루터 고향〉, 〈내 고향 인천항〉 〈눈물의 묵호 항구〉, 〈부산 아리랑〉, 〈어머님의 얼굴을 어이 대할까〉, 〈추자도 처녀〉 등이 모두 그러한 예에 해당한다.

고향에 대한 그리움을 표현한 노래가 모두 사실적 경향을 드러내는 것은 아니다. 오히려 고향을 이상적인 공간으로 묘사할 때 고향은 상상과 환상의 공간이 될 수 있다. 하지만 위에 제시한 작품들은 대체로 타향살이의 고달픔을 이겨내려는 방편으로 고향을 그리워하고 있다. 그리고 그 고향은 부산, 묵호 항구, 인천, 마산, 목포 등으로 구체적인 공간이며, 고향은 구체적이고도 사실적으로 그려진다. 따라서 적어도 반야월이 작사한 고향 관련 노래는 '사실적 경향'을 보여준다고 할 수 있다.

또한 〈삼등인생〉, 〈실업자 인생〉, 〈아이 속상해〉, 〈대관령 길손〉, 〈모국이여 안녕〉, 〈모녀비곡〉, 〈밀양에 우는 여인〉, 〈달뜨는 고아원〉 등도 구체적인 실화를 담은 노래는 아닐지라도 당시의 세태를 반영하면서 사실적 경향을 드러낸 노래라고 할 수 있다.

> 조각달이 걸려 있는 남산 마루턱/ 부모 잃은 어린 것들 잠든 고아원
> 배고프면 빵을 주고 울며 코 흘리면 씻어주는
> 마음 좋은 아줌마가 아줌마가 너의 엄마다
> 울지 말고 잘 자라라 착한 아가야
>
> 거리거리 울며 불며 헤매어 봐도/ 더운 손길 잡아주는 사람 없더냐
> 보채면은 달래주고 몸이 아프면은 약을 쓰는

안경 쓰신 아저씨가 아저씨가 너의 아빠다
울지 말고 공부하자 착한 아가야

〈달뜨는 고아원〉(반야월 작사, 이봉룡 작곡,
박재홍 노래, 은방울 노래, 1960년)

6·25 전쟁 이후에 수많은 전쟁고아가 출현하였다. 〈달뜨는 고아원〉은 이러한 세태를 반영하면서 나온 노래라고 할 수 있다. 이 노래는 남산 마루턱에 있는 고아원의 풍경을 묘사하고 있다. 한국 전쟁과 전쟁고아가 아니었다면 〈달뜨는 고아원〉과 같은 노래는 나오지 않았다는 점을 감안할 때, 이러한 노래는 사실적 경향을 보여주는 노래라고 할 수 있다.

이처럼 반야월의 작품은 낭만적 경향과 사실적 경향으로 나누어서 그 구체적인 양상을 살펴볼 수 있다. 반야월이 작사한 400여 곡의 작품은 대체로 둘 중 어느 한 경향을 우세하게 보여주었다. 기존 노래와의 연관성이라는 측면에서 볼 때, 낭만적 경향을 드러낸 노래는 그 표현 방법은 달라도 '사랑'과 '청춘'을 예찬한다는 것 자체에서 광복 이전에 나온 대중가요의 한 경향을 계승한 것으로 볼 수 있다. 반면에 사실적 경향을 보여주는 노래는 세태를 반영하면서 기존 대중가요와는 내용과 표현이 달라진 것을 알 수 있다. 즉 6·25 전쟁과 관련된 대중가요가 나오고 산업화로 인한 이촌향도(離村向都) 현상에서 비롯한 '고향에 대한 그리움'을 담고 있는 가사들이 달라진 세태를 반영한 것이라 할 수 있다.

V. 맺음말

이상으로 반야월의 작품 경향을 살펴보았다. 광복 이전에 진방남이라는 예명을 사용하여 가수로 데뷔했던 반야월은, 주로 반야월이라는 예명으로는 광복 이전부터 광복 이후까지 상당한 수의 작품을 창작한 우리나라의 대표적인 대중가요 작사가이다. 광복 이전에 작사한 작품이 약 14편에 불과한 것과 달리 광복 이후부터 2012년에 운명하기 전까지 반야월이 작사한 작품은 수천 곡에 이르는 것으로 추정한다. 본고에서는 반야월이 광복 이후에 작사한 작품의 약 760여 곡의 작품 목록을 정리하고 그 중에서 가사가 있는 약 400여 곡의 작품을 중심으로 그 대체적인 경향을 살펴보고자 하였다.[29]

구체적으로 2장에서는 반야월의 생애를 살펴보고 3장에서는 반야월 작품의 전반적인 양상을 소개하였다. 이어서 4장에서는 반야월 작품을 광복 이전에 창작한 작품과 광복 이후에 창작한 작품으로 나누어서 그 구체적인 모습을 고찰하였다. 광복 이전에 창작한 작품은 크게 풍년을 주제로 한 작품, 이국성을 드러낸 작품, 방랑의식을 표출한 작품으로 나눌 수 있다. 이 중에서 풍년을 주제로 한 작품과 이국성을 드러낸 작품이 낭만적 경향을 보여준다면, 방랑의식을 표출한 작품은 사실적 경향을 드러냈다.

다음으로 광복 이후에 나온 작품은 낭만적 경향과 사실적 경향으로 나누어서 구체적인 모습을 살펴보았다. 반야월이 작사한 400여 곡의 작품은 대체로 낭만적 경향을 보여주는 작품과 사실적 경향을 보여주는 작품으로 나눌 수 있다. 이 중 낭만적 경향을 보여주는 작품은 크게 이국성, 회고주의, 사랑지상주의, 청춘예찬으로 나누어서 살펴보았다. 마지막으로 사실적 경향을 보여주는 작품은 실화를 노래로 만든 것과 세태를 반영한 작품으로 나누어서 그 구체적인 모습을 고찰하였다. 세태를 반영한 작품은 방랑의식과 결핍과 부재에서 비롯한 동경을 보여주었다.

---

29 반야월의 작품 목록은 반야월, 앞의 책, 2005를 참고할 수 있다.

앞으로 반야월이 개사한 작품의 목록을 정리하고 그 작품이 원 작품과 어떻게 같고 다른 지를 살펴볼 필요가 있다. 또한 반야월이 특히 영화주제가를 많이 작사한 바, 영화주제가에서 드러나는 특징이 있는 지도 고찰할 필요가 있다. 아울러 반야월 작품을 위시해서 광복 이후에 나온 노래들의 정보를 정리하는 아카이브 구축 작업이 요청된다. 우리나라 대중가요의 아카이브 구축 작업이 국가적인 차원에서 이루어져야 이에 대한 연구도 더욱 풍성해질 것이다. 아직까지 반야월이 작사한 가사에 대한 학술적인 연구가 진행된 적이 거의 없는 상황에서 본고가 앞으로 반야월 작품에 대한 깊은 연구와 그를 위시한 대중가요 작사가 연구에 초석을 마련할 수 있을 것이라 기대한다.

* 이 글은 장유정, 「대중가요 작사가 반야월 작품 연구」, 『한국문학논총』제64집, 한국문학회, 2013년을 수정·보완한 것이다.

:: 참고문헌

김창남 엮음, 『대중음악의 이해』, 한울아카데미, 2012.
마르셀라 이아쿱 지음, 홍은주 옮김, 『사랑하면 죽는다』, 세계사, 2006.
반야월, 『불효자는 웁니다』, 화원, 2005.
반야월, 『나의 삶, 나의 노래』, 선, 2001.
박찬호, 『한국가요사』2, 미지북스, 2009.
장유정, 『오빠는 풍각쟁이야-대중가요로 본 근대의 풍경-』, 민음in, 2006.
장유정, 「20세기 전반기 기생 소재 대중가요의 노랫말 분석」, 『근대 대중가요의 매체와 문화』, 소명출판, 2012.
장유정, 「1950년대 대중가요의 이국성 고찰」, 『구비문학연구』 27집, 한국구비문학회, 2008.
장유정, 「한국 대중가요의 전개 양상 고찰-1945-1960년까지의 작품을 중심으로-」. 『한국문학논총』제51집, 한국문학회, 2009.
『TV 자서전-반야월 편』(KBS, 2011년 9월 25일, 2011년 10월 2일, 2011년 10월 9일 방송)

| 종 막 |

감사의 말

"감사하면 아름다우리라. 감사하면 행복하리라. 감사하면 따뜻하리라. 감사하면 웃게 되리라."

-이해인의 〈감사와 행복〉 중-

이 세상에 당연한 것은 없습니다. 당연해 보이는 어떤 것조차 그 이면을 보면, 수많은 사람들의 땀과 노력과 헌신이 숨어 있을 때가 많습니다. 그래서 저는 더 조심하고 더 감사합니다. 책 한 권이 이 세상 빛을 보기까지 얼마나 많은 사람들의 관심과 도움이 있었는지 모릅니다. 그래서 이 자리를 빌려 그분들에게 감사의 마음을 전하고자 합니다.

이 책의 첫 번째 독자이자 필자가 놓친 오자와 탈자를 잡아주신 김동욱 선생님 감사합니다. 김성집 선생님의 아드님이시자 김성집 선생님과 관련된 증언과 사진을 제공해주신 김인범 선생님 감사합니다. 작사자 금릉인의 연희전문(현 연세대) 재학 시절 학적부 등을 공유해주신 민경탁 선생님 감사합니다. 2002년에 학회에서 처음 만나 비슷한 족속임을 알아본 후 지금까지 대중가요 연구하며 의지하고 소통하는 울 언니, 박애경 선생님 감사합니다. 일본에 계시면서 처음 일제강점기 대중가요를 연구할 때 길잡이가 되어주신 박찬호 선생님 감사합니다. 한국유성기음반아카이브를 통해 저희 연구자들이 소중한 자료에 접근할 수 있도록 해주신 배연

형 선생님 감사합니다. 제가 읽지 못한 간자체 한자를 해석해 준 백승호 선생님 감사합니다. 한결같고 올곧은 저의 대학원 지도 교수님이신 서대석 선생님 감사합니다. 선생님의 건강을 기원합니다. 학부 시절에 처음 만나 지금까지 은사로 모시며 많은 것을 배우고 있는 신동흔 선생님 감사합니다. 금릉인과 조명암의 보성고보 시절 학적부 등을 제공해주신 오영식 선생님 감사합니다. 이 책에 제시한 모든 어휘빈도수를 뽑아주신 유혜원 선생님 감사합니다. 종종 이 시기 이야기를 들려주시는, 작곡자 손목인 선생님의 사모님이자 초창기 뮤지컬계의 대모(代母)이신 오정심 선생님 감사합니다. 뇌 과학과 관련된 정보를 알려주신 윤보은 선생님 감사합니다. 유성기 음반 자료에 목말라 있을 때 소중한 음원 등을 공부하라 기꺼이 제공해주신 이경호 선생님 감사합니다. 안서 김억 연구를 시작할 때 소중한 노래책의 복사를 허락해주신 이근태 선생님 감사합니다. 학부 시절에 제게 서울대 대학원에 가라고 조언해주신 이종묵 선생님 감사합니다. 선생님이 제 인생을 바꾸셨습니다. 2000년에 유성기 음반 연구의 단초를 제공해 주었던 이준희 선생님 감사합니다. 가끔씩 전화하면 청아하고 맑은 목소리로 안부 물어주신 조혜령 선생님(조명암의 따님) 감사합니다. 누구보다 열성적으로 조명암 관련 자료를 수집해서 공부할 수 있도록 격려해 주신 주경환 선생님(조명암의 사위) 감사합니다. 이 시기 음악 연주로 저와 교감하고 소통하는 주화준트리오(주화준·Cray Koo·오정택)에게 감사의 마음을 전합니다. 언제나 저를 믿고 격려해주시는 절판 소장 최규성 선생님과 캔디 사모님(최은진) 감사합니다. 애정으로 원로 가요인들의 삶에 관심 갖고 그들의 삶을 구술·채록할 수 있게 도움 주시는 최백호 선생님 감사합니다. 한 번도 닦달하지 않으시고 인내로 오랜 시간 제 원고를 기다려주신 경인문화사 한정희 대표님 감사합니다. 원고를 봐 주신 경인문화사의 편집부 식구들 모두 감사합니다. 나의 가족, 특히 사랑하는 부모님 감사합니다. 당신들이 있어 저는 여전히 힘을 내며 웃을 수 있습니다. 음악이나 문학이란 이름으로 저와 크고 작게 얽혀 있는 모든 분들에게 감사드립니다. SNS 상의 벗님들에게도 감사드립니다. 길에서 저를 스치고 지나가며 제게 미소를 건네주신 모든 분들에게 감사를 전합니다. 저 또한 계속 미소로 화답하겠습니다. 혹시 제가 감사해야 하는데 잊고 있다면 부디 너그러운 마음으로 이해해 주시길 부탁드립니다. 마지막으로 하늘과 바람과 별과 노래에 감사합니다. 하늘과 바람과 별과 노래가 있어 저는 외로운 삶에서도 방향을 잃지 않고 그저 공부하며 살아갈 수 있습니다. 감사의 처음과 마지막을 이해인 수녀의 시로 마무리합니다. "내 하루의 처음과 마지막 기도, 한 해의 처음과 마지막 기도, 그리고 내 한 생애의 처음과 마지막 기도는 "감사합니다"라는 말이 되도록 감사를 하나의 숨결 같은 노래로 부르고 싶다"(이해인의 〈감사와 행복〉 중)

 그러므로 다시 한 번 감사합니다!

장유정

노래에 미쳐 노래에 살고 있는 대중음악사학자이자 대중문화평론가인 장유정은 현재 단국대학교 교양학부 교수이다. 2004년에 서울대학교 대학원 국어국문학과에서 「일제강점기 한국 대중가요 연구-유성기 음반 자료를 중심으로-」라는 논문으로 박사학위를 받았고, 2009년에 인천문화재단 주최 '플랫폼문화비평상' 음악 부문상을 수상했다. 2012년부터 '근대가요 다시 부르기' 프로젝트를 진행하여 2013년에는 『장유정이 부르는 모던 조선: 1930년대 재즈송』 음반을 제작·발매했다. 2006년부터 노래와 강연을 함께 하며 대중과도 소통하는 그는 현재 한국대중음악학회 편집위원장, 한국음악발전소 이사, 한국대중음악박물관 자문위원, 한국대중가요연구소 전문연구위원 등을 겸하고 있다. 『오빠는 풍각쟁이야: 대중가요로 본 근대의 풍경』, 『다방과 카페, 모던보이의 아지트』, 『근대 대중가요의 지속과 변모』, 『근대 대중가요의 매체와 문화』, 『노래 풍경: 장유정의 음악 산문집』, 『한국대중음악사 개론』(서병기 공저) 등의 저서와 다수의 논문이 있다.

사랑과 죽음의 노래:
근대 대중가요 작사가론

2018년 5월 17일 초판 인쇄
2018년 5월 25일 초판 발행

지 은 이	장유정
발 행 인	한정희
발 행 처	경인문화사
총괄이사	김환기
편 집 부	김지선 박수진 한명진 유지혜 장동주
관리·영업부	김선규 하재일 유인순
출 판 신 고	제406-1973-000003호
주　　소	파주시 회동길 445-1 경인빌딩 B동 4층
대 표 전 화	031-955-9300　팩 스 031-955-9310
홈 페 이 지	http://www.kyunginp.co.kr
이 메 일	kyungin@kyunginp.co.kr

ISBN 978-89-499-4746-4　03910
값 22,000원

ⓒ 장유정, 2018

* 저자와 출판사의 동의 없이 인용 또는 발췌를 금합니다.
* 파본 및 훼손된 책은 구입하신 서점에서 교환해 드립니다.